나치형법

카이 암보스 저 | 신동일 · 박경규 역

NATIONALSOZIALISTISCHES
STRAFRECHT

박영사

서문

이 연구는 저명한 아르헨티나 형법학자 유제니오 라울 자파로니가 2017년 발표한 나치형법이론(„Doctrina Penal Nazi", 2017)을 읽으면서 시작되었다. 처음에는 자파로니가 분석한 자료를 살펴보고, 인용된 원전 자료와 제2차 문헌들을 검토하여 짧은 서평을 하나 쓰려다가 점차 독립된 연구로 확장되고 말았다. 국가사회주의(나치즘) 이론은 현재까지도 계속 존재하고 점차 극단화되고 있다는 주장이 있다. 나치형법이란 인종중심적(반유대적)이고 민족적(독일적), 전체주의적 경향을 말한다. 19세기 벨 에포크(Belle Époque; fin-de-siècle)와 바이마르 공화국 시대를 거쳐서 형성된 독일 형법의 권위주의적이고 반자유적인 특성이 오늘날까지 전수 발전된 경향으로 볼 수 있다. 자파로니는 책에서 중요한 독일학자들의 글을 선정하여 체계적으로 분석하고 있다. 그러나 글의 저자들에 대한 도덕적 판단은 치밀하지 못했다. 이 글을 읽는 독자들은 남미 사회가 독일의 (나치주의) 형법을 수입하여 적용했음을 먼저 이해해야 한다.

위에 언급한 연속성이란 나치 정권과 바로 그 직전 시기(벨 에포크)를 연결하는 단어가 아니다. 오히려 나치주의에서 시작하여 현재(본과 베를린 공화국)까지 이어지는 시간적 연속을 의미한다. 나치 형법은 1945년 이후 더 이상 존재하지 않거나 완전히 사라져 버린 것이 결코 아니다. 최근 독일의 위대함을 다시 재건하겠다는 소위 뉴라이트(Neue Rechte) 운동은 바로 나치주의 이념이 계속되고 있다는 연속성의 증거이다. 디지털 시대로 변화된 현재에도 뉴라이트의 포퓰리즘 정치는 논증적인 대화 방식을 거부하고 "허구적인 사이버 공동체에서 얻을 수 있는 직접적이고 신속한 동의" 체계를 도입할 것을 주장한다(2018년 9월 2일자 프랑크푸르트 알게마이네 차이퉁의 뉴라이트 지도자 Stollberg-Rilinger와의 인터뷰

중). 이런 주장들은 나치식 언어와 인종주의적 특성을 강하게 포함하고 있다 (Detering, 2019).

이 연구가 완성되기 전 많은 비판적 조언을 해준 동료들이 있었다. 특히 Thomas Vormbaum과 Fritz Loos, Albin Eser 교수는 초고 전체를 꼼꼼하게 읽어 주었다. Wapler와 Gunnar Duttge 교수, Katrin Gierhake, Luis Greco, Katrin Höffler, Tatjana Hörnle, Günther Jakobs, Urs Kindhäuser, Uwe Murmann, Dietmar von der Pfordten 교수 등은 제4장(나치 형법과 신칸트주의)에 대하여 귀중한 조언을 해주었다. 그리고 Paulo de Sousa Mendes와 Leandro Dias, Michael Kubiciel, Javier Llobet, Eva Schumann, Fernando Velásquez 교수 등은 다양한 관점에 대해 도움을 준 분들이다. Jessberger와 Vormbaum 교수는 자신들이 연구 중인 Henkel에 대한 연구자료를 미리 보내 주기도 하였다. Kindhäuser 교수는 그가 작업하던 논문인 "Günther Jakobs und Hans Welzel"의 초안을 내게 미리 보여주기도 했다. 또한 이 작업을 하는 데 많은 도움을 준 나의 학생 Marieke Buchholz와 Matthias Friese, Leon Augustin Hill, Roman Jusen, Alina Sviridenko, Dara-Lisa Szielinski, Tjorven Vogt에게도 감사하고 싶다(특히 Tjorven은 책에 사용된 이미지들을 고르는 데 많은 도움을 주었다). 박사과정생인 Yingxin He의 중국의 법치국가 원리에 대한 이해 방식의 차이점에 대한 조언도 잊을 수 없다.

Margaret Hiley 박사는 독일어판을 나와 함께 영어로 번역하여 책을 완성하는데 결정적인 도움을 주었다. 또한 Antony Duff 교수는 영문판 서문을 써주었을 뿐 아니라 영어 번역 초안을 읽고 유익한 조언을 해주기도 하였다. 출판업무를 도와준 Rux 교수와 Schwarzenberger 선생은 내가 편안하게 작업할 수 있도록 최대의 도움을 주신 분들이다. 이 연구는 아직 진행 중이어서 영어판에는 독일어판에 비하여 추가적인 내용과 중요 사항들이 더 포함되어 있음을 밝힌다.

2019년 8월 괴팅엔에서 암보스

한국어판 저자 서문

나의 책 나치형법의 한국어 번역판이 출간되어 매우 기쁩니다. 이 책은 1933년부터 1945년까지 독일을 장악하고, 독일과 독일 국경을 넘어 온갖 악행을 자행했던 나치 정권의 법을 비판하기 위하여 기획되었습니다. 그들의 법, 특히 형법은, 나치의 인종차별적이고 반유대적이며 국내외 정책을 공격적으로 달성하려는 수단으로 악용되었습니다. 우리가 전체주의적 정권을 이해하려면, 그 (형)법을 주목할 필요가 있습니다. 책의 주제 — 나치주의와 그 (형)법 — 는 오늘날에도 여전히 중요하지만, 특히 최근 새롭게 독일에서 발생하고 있는 네오나치의 변종 형태를 포함한 뉴라이트 운동을 생각하면 이 주제를 오늘날 다시 심각하게 생각할 필요가 있습니다.

어려운 번역을 맡아준 신동일 교수와 내 제자인 박경규 박사에게 감사의 마음을 전하고 싶습니다. 또한 그다지 상업적으로 이익이 되지 않을 책을 세상에 나오게 해준 박영사에게 감사드립니다. 마지막으로 한국어 번역판을 위해 지적재산권을 파격적으로 양보해준 독일 출판사에게도 특별히 고마움을 전합니다.

2021년 5월 괴팅엔에서 암보스

차례

그림 차례

제1장 서론

1. Zaffaroni의 저서 "나치형법 이론"

이미 서문에서 언급하였듯이, 이 글은 나치형법 이론을 연구한 아르헨티나 형법학자 유제니오 라울 자파로니(Eugenio Raúl Zaffaroni)의 최근 저서 "나치형법"에 대한 필자의 서평을 발전시킨 것이다.

Zaffaroni의 저서는 9개 장(章)으로 구성되어 있다. 초반 3개 장에서는 나치사상의 근본적인 원칙들 그리고 나치국가의 제도적 구조에 대해 서술하고 있다. 제4장부터 제8장에서는 나치 형사정책과 형법이론이 무엇을 지향하였는지에 대해 상세히 다루고 있는데, 특히 이른바 킬—학파 및 이 학파의 대표자라고 할 수 있는 담(Dahm)과 샤프쉬타인(Schaffstein)의 사상에 대해 자세히 살펴보고 있다. 그리고 제9장과 마지막 장에서는 앞에서 검토한 것을 정리·요약하고, 나치형법 사상의 오늘날까지의 연속성(Kontunität)에 관한 중요한 통찰들을 서술하고 있다. 특히 스페인어권에서 에드문트 메츠거 연구를 통해 센세이션을 일으켰던[1] 스페인 형법학자 프란치스코 무뇨즈 콘데(Francisco Muñoz Conde)가 서문을 적었다. 많은 부정확한 서술과[2] 정자(正字)법상의 실수에도[3] 불구하고 자파로니는 인상 깊은 연구를 행하였고,[4] 그의 저서

---

[1] Muñoz Conde (2003).

[2] 유감스럽게도 많은 곳에서 원 근거문헌이 언급되지 않고 있는데, Zaffaroni가 해당 학자를 도덕적으로 잘못된 행동을 했다고 비판하는 경우에 이러한 근거문헌의 누락은 특히 문제가 있다. 예컨대 Zaffaroni (2017), 104, 107, 116-17, 141, 151, 207 그리고 287. 기타 부정확한 서술은 이 책의 관련 부분에서 언급한다.

[3] 자파로니의 해당 저서에는 많은 오탈자가 있는데, 특히 독일 학자의 이름 및 독일 용어의 경우 그러하다. Zaffaroni (2017), 22, 64, 65, 79, 105, 107, 111-12 그리고 204 참조; 독일 용어의 경우 id, 28, 59, 93, 98, 109, 149 그리고 202. 특히, 책의 표지에 샤프쉬타인(Schaffstein)의 성명을 "Shaffstein"으로 잘못 표기된 것은 필자를 당황케 한다.

는 확실히 앞으로 오랫동안 스페인어 및 포르투갈어 권역에서 이 주제에 대한 논
의를 활성화시킬 것이다. 그의 저서는 그가 편집인이고, 잃어버린 형법(penalismo
olvidado)이라는 제목 하에 발행된 몇 권의 연속총서에 실린 그의 선행연구들에 기
초하고 있다.[5]

이 글을 읽는 독자들은, 특히 독일 독자들 그리고 독일과 유사한 형법체계 국
가의 독자들은 자파로니가 저서에서 다루고 있는 주제 뿐만 아니라,[6] 라틴아메
리카에서 독일 형법학이 가지는 중요성, 그곳에서 (특히 아르헨티나에서) 오랫동
안 존재하고 있는 나치 네트워크[7]의 실체와 스페인어 및 포르투칼어 권역에서
의 자파로니의 학자적 명성 때문에 큰 관심을 가질 것이다.

유제니오 라울 자파로니(Eugenio Raúl Zaffaroni)는 1940년 1월 7일 부에노스 아이
레스에서 태어났고, 스페인어권의 (그리고 포르투칼어권의) 많은 사람들이 형법이
론의 기초자로 여기는 루이스 히메네즈 드 아수아(Luis Jiménez de Asúa, 1889-1970)
의[8] 지도하에 박사학위를 취득하였다. 자파로니는 5권으로 구성된 형법기본서인

---

4 그러나 Guzmán Dalbora, RDPC VII (2017), 230에서 'Zaffaroni의 저서는 1930년대 및 1940년대
   독일 형법학의 "완전한(completísima) 재구성"이다'라고 평가하는 것은 좀 과장된 평가이다.
   주 2에서 지적된, 문헌 인용의 부정확성으로 인해 이미 이러한 평가는 적절치 않고, 자파로니는
   독일 논의의 일부만을 저서에서 반영하고 있음을 알 수 있는데, 이러한 문제점은 이 책의 이하
   각 부분에서 언급된다.
5 Zaffaroni, ed (2009a), (2009b), (2011) 및 (2017). 각 총서에서 자파로니는 서론을 집필하였고, 이
   서론들은 이 책이 다루고 있는 자파로니 저서의 기초가 되었는데, 이 책에서 해당 부분이 언급
   될 것이다. 그 총서들은 나치에 대해서만 다룬 것은 아니고, 위트레흐트(Utrecht) 로스쿨에 관
   한 총서도 한 권 있다(Zaffaroni, ed., 2016).
6 자파로니의 저서는, 이 책의 제7장을 (특히 제7장 2) 통해 알 수 있듯이, 라틴아메리카 학자들의
   나치형법에 관한 수많은 연구(단행본 및 단편논문)들 중 하나에 속한다. 여기서는, 아마도 가장
   중요한 단행본이라고 할 수 있는 Llobet (2018)의 연구를 언급할 필요가 있는데, Llobet의 단행본
   은 나치 법제도, 형법 및 형사절차법의 형성에 대해 상세히 설명하고 있을 뿐만 아니라, 한스 벨
   첼(Hans Welzel)의 역할에 대해 특별히 다루고 있다.
7 이에 대한 최근의 다큐멘터리 소설 형태의 설명으로는 Guez (2018), 30, 36, 45 등 (e-book).
8 히메네즈 드 아수아 그리고 그의 연구 — 특히 그의 10권짜리 형법학 연구(Jiménez de Asúa,
   1946-52) 그리고 그의 7권짜리 "Tratado de Derecho penal" (1957-1970)에 대해서는 Oneca,

"Tratado de Derecho Penal"(Buenos Aires 1980-83) 뿐만 아니라 수많은 단행본과 논문 등 훌륭한 저술활동을 하였다. 그는 30개 이상의 대학으로부터 명예박사를 수여받았을 뿐만 아니라, 수를 세기에는 너무 많은 기관에서 초빙강사 또는 방문교수로 활동하였다. 자파로니는 법관으로서도 매우 인상적인 커리어를 쌓고 있다. 그는 1969년부터 1990년까지 지역(Provinz)법관 및 연방법관으로[9] 활동하였고 (중간에 2년 동안은 산 루이스(San Luis) 지역의 Procurador General de Justicia로 활동함), 2003년부터 2014년까지는 아르헨티나 대법관이었으며, 2016년부터는 미주인권재판소(IACHR) 재판관으로 활동하고 있다. 필자의 본 연구 그리고 (본 연구에 대한 반론적 성격을 가지고) 본 연구와 동시에 출판된 자파로니의 "Derecho penal humano"가[10] 보여 주듯이, 그는 아직 전혀 은퇴를 고려하지 않고 있다. 자파로니는 36살의 나이에 이자벨 페론(Isabel Perón) 정부하에서 부에노스 아이레스 자치시의 3명 연방 법관 중 한명으로 임명되어 활동하였고(1975-1976), 그 후 아르헨티나 군사독재 시절에도 법관으로, 정확히는 부에노스 아이레스에서 양형법관(Juez Nacional en lo Criminal de Sentencia de la Capital Federal)으로 활동하였다(1976-1983년) ─ 이 사실은 이 책에서 비판적으로 다루고 있는 자파로니가 행한 연구와 관련하여 특히 그 연구배경을 이해하는데 중요한 역할을 할 수 있다.[11] 이러한 맥락에서 최근에는 그에 대한 비난이 있기도 하다.[12]

ADPCP 23 (1970), 547 이하.

9 아르헨티나 사법시스템은 23개 지역(Provinz)과 부에노스 아이레스 자치시 그리고 연방으로 구성된다.

10 Zaffaroni (2017a).

11 자파로니의 경력은 위키피디아에서도 볼 수 있는데, 아르헨티나 동료를 통해 확인하고, 보완하였다.

12 예컨대, 전 '아르헨티나 강제실종위원회(Comisión Nacional sobre la Desaparición de Personas, CONADEP)'위원이었던 그라시엘라 페르난데스 메이지데(Graciela Fernández Mejide)는 자파로니가 (군사정권 시절인) 1976년에 그녀의 아들에 대한 구속적부심사를 받아들이지 않은 것을 비난하였다(La Nacion, 15 February 2018, https://www.lanacion.com.ar/2109256-mei-jide-revelo-que-le-nego-un-habeas-corpus-por-su-hijo?utm_source=FB&utm_medium=Cali&utm_campaign=2109256, 2018년 10월 22일 최종검색).

제1장 서론

2. 나의 시각

나치형법과 관련하여, 연속성설이 발전된 *급진화설*(die Kontunitätsthese weiterentwicklende *Radikalisierungsthese*)[13]이 폭넓은 지지를 얻고 있다. 필자도 이러한 일반적 이해에 따라 이 책에서 나치형법을 20세기 말 그리고 바이마르 공화국 당시에 있었던, 기존 독일형법의 전체주의적이고 반자유적인 경향을 여전히 유지하면서 발전시킨, 인종주의(반유대주의)적이고 민족주의(게르만주의)적이며 전체주의 지향적인 사고로 정의한다.[14] 그러한 극단화의 한 부분으로 형법은 사회적 요소 대신에, 불가사의하게 부풀려진 인종개념 및 인민·민족(Volk) 개념을[15] 기초로 권위주의적이고 민족주의적인 형법으로 변화하였다 — 나치형법의 맹렬한 비판자 중의 한 명이었던 구스타프 라드브루흐(Gustav Radbruch)

---

13 급진화의 의미에 대해서는 Vormbaum, in Grundmann et al (2010), 523, 534 이하; Vormbaum (2015), 153, 181, 184, 188, 204, 212, 268, 272 (이전판의 영문 번역본은 Vormbaum [2014]) 참조.

14 보다 기초적이고 상세히는 Marxen (1975) (상세 관련 부분은 주 29 참조); 또한 Rüping, in: Dreier/Sellert (1989), 180, 192 (나치국가는 "아무런 원인 없이 인위적으로 생긴 것이 아니다"); Wolf, JuS 1996, 195 ("역사적으로 준비된", "잔혹성을 특징으로 하면서 이를 극대화한"); Hartl (2000), 336 ("수많은 선례"), 377 ("나치시대 훨씬 이전의"); Cattaneo (2001), 223 (그에 의하면 "권위주의적이고 적극적인 범죄이론이 전체주의적 나치이론이 생성될 수 있는 길을 열었다"); Vogel (2004), 8 이하, 18, 20 (주 29의 근거문헌을 함께 참조); Hoyer, GS Eckert (2008), 359 ("1933년 훨씬 이전부터" 존재하던 경향의 정점화); Rüping/Jerouschek (2011), 107 ("이전부터 계속 존재하던 경향"); Zaffaroni (2017), 129 이하; 피해자의 자기책임 관점에서는 Murmann (2005), 126.

15 이러한 국민(nation) 또는 *민족·인민*(Volk)을 강조하는 사고와 그로부터 발생한 특징들이, 이 책 이후 부분에서 서술되듯이(또한 아래 다음 각주 참조), 나치 형법프로그램의 주요 특징이라고 할 수 있는데, — Werle (1989), 45 이하(48, 52)의 견해와 달리 — 이러한 특징은 이미 '프로이센 제안서'와(Preußischer Justizminister, 1933) 나치 지도원칙들(Frank, 35)에서 나타났기 때문에 그러하다. 또한 Gemmingen (1933), 25 이하 참조, 그는 공식적인 프로그램이 없는 경우일지라도 국가사회주의를 특징지우는 몇몇 "가이드라인들"을(*인민공동체*라는 사고, 응보로서의 형벌, 완화 및 윤리화) 제시하고 있다. von Hentig, *MSchrKrimPsych* 24 (1933), 633-4는 프로이센 제안서와 Gemmingen 외에도 Nicolai (1932)를 언급하고 있는데, 이에 대해서는 이 책의 제II장, 1. 참조. 현재의 시각에서는 Rückert, *KritV* 94 (2001), 242 이하, 260 (정책을 가장 중요한 요소로 보면서 비-아리안족에 대한 차별을 "최소한"의 특징으로 여김); 간결히 요약하고 있는 Hoyer, *GS Eckert* (2008), 358; 또한 Gúzman D., in Zaffaroni (2017), 91 (나치형법 이론은 이론적으로 발달된 것이 아닐 뿐만 아니라, 완전한 것도 아니라는 것을 지적하고 있음).

12

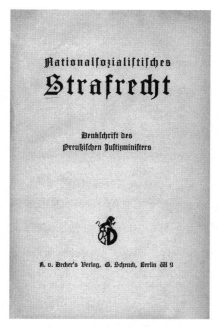

그림 1: 유명한 프로이센 법무부의 나치형법 관련 제안서("Prussian Memorandum", Preußischer Justizminister, 1933)

그림 2: 히틀러의 사상에 따른 형법에 대해 서술하고 있는 게밍엔(Gemmingen)의 책(히틀러의 승인을 받아 저술한 것은 아님), 1933

는 이미 1933년에 이를 명확히 비판하였다.[16]

비록 추방당한 독일인 또는 외국인이 가장 많이 나치(형법)에 대해 문헌으로 비판하였지만, 이미 1930년대 및 1940년대에 독일에서도 나치(형법)에 대한 광범위한

---

[16] Radbruch (1933/1957), 63 (71) ("이러한 개혁을 자세히 살펴보면 사회적 요소들은 완전히 사라지고, 권위주의적 요소들만 남겨졌다는 것을 알 수 있다"), 72 이하에서는 나치형법의 6가지 특징을 제시하고 있다. 마찬가지로 에릭 볼프(Erik Wolf)도 (이에 대해서는 제6장에서 자세히 논한다) 1933년에 사회적 요소들에 비해 민족주의적-권위주의적인 요소들이 우세하였다는 것을 지적하였는데, 이에 대해서는 칼 바르트(Karl Barth)에게 보낸 1945년 10월 15일 그리고 1968년 11월 11일자 서신 참조, 이 편지는 Hollerbach, in: *Heidegger-Jahrbuch* 4 (2009), 288에 실림; 이 편지에 대해서는 제6장 2에서 상세히 다룸.

비판이 존재하였다는 것은 주목할 만하다. 가장 중요한 예로, 오토 키르히하이머
(Otto Kirchheimer)는 1939/40년 영어로 출판되었고, 그후 1976년 독일어로 번역되어
논문집에 실린 글에서 나치형법의 몇 가지 특징을 확정하였는데,[17] 이는 그후의 연
구에 큰 도움이 되었다.[18] 에른스트 프랭켈(Ernst Fraenkel)은 1941년에 영어로 출판되
었고, 1974년에 독일어로 번역되어 재출판된 그의 유명한 저서 "이중 국가(The Dual
State; Der Doppelstaat)"에서 나치의 "긴급조치 국가(Prerogative State; Maßnahmenstaat)"
가 형사사법 등의 분야에서 어떻게 "규범 국가(Normative State; Normenstaat)"를 대체
하고, 전복시켰는지를 잘 보여주고 있다.[19] 나는 여기서는, 이러한 이중적 접근은 나
치형법의 가장 큰 특징이라고 할 수 있는, 총체적인 정책의 우위성(정책 유보)과(이
에 대해서는 곧 상세히 다룸)[20] 합치하기 어렵다는 문제점이 있다는 것만 지적하고
자 한다. 마지막으로, 프란츠 노이만(Franz Neumann)은, 마찬가지로 처음에는 1942년
영어로 먼저 출판되고 1984년 독일어로 번역되어 재출판된, 그의 저서 "베헤못
(Behemoth 거대한 상상의 동물 — 역자)"에서 형법 등 나치 "테러"법을 분석하였고,
키르히하이머(Kirchheimer)의 설명을 가장 적절한 것으로 칭찬하였다.[21] 흥미롭게
도, 노이만(Neumann)은 1944년에 출판된 영어본 2판의 서문에서, 프랭켈(Fraenkel)의
이중적 접근법과 달리, "여전히 존재하는, 국가와 정당을 달리 취급하는 사고"는 곧
사라지고, "나머지, 이성적 그리고 행정적 국가라는 측면"은 "확실한 형태 및 체계가
없는 운동의 형태로 대체될 것이고, 따라서 남아 있는 나치형법의 잔여물은 정도의
차이는 있을지라도 조직화된 무정부주의(organised anarchy)로 변화될 것"이라고 주
장하였다.[22] 좀 더 이론적 측면에서 비판한 학자로, 앞에서 언급한 스페인-아르헨

17 Kirchheimer, in *Studies in Philosophy and Social Science* VIII (1939/40), 444 이하; id, in id (1976), 186 이하 (특히, 의사·의도(will)를 중요시하는 형법, 형법의 윤리·도덕화(ethicisation), 단체이론(theory of agency), "국민의 건전한 정서"를 강조하는 형법, "실질적인 잘못·위법"이라는 사고, 사형 등 엄한 처벌을 특징으로 언급하였음); 나치형법의 기타 특징에 대해서는 또한 id., *KJ* 9 (1976), 41 이하를 보라.
18 관련 다른 근거문헌도 언급하고 있는 Rückert, *KritV* 94 (2001), 240-1 참조.
19 Fraenkel (1941), 31-3, 41-3, 49-53; id. (1974), 59-62, 70-2, 79-83.
20 정책의 우위성에 대해 비판적인 Fraenkel Rüthers, *JZ* 2015, 799.
21 Neumann (1942), 440-458 (452 이하, 각주 88에서 키르히하이머를 언급하고 있음); id. (1984), 509-30 (524 이하, 각주 100에서 키르히하이머를 언급하고 있음).
22 Neumann (1944), xii.

티나 학자 히메네스 데 아수아(Jiménez de Asúa)는 1933년 초에 특히 악명높은 '프로
이센 제안서(Prussian Memorandum)'를 다루면서 나치형법을 강하게 비판하였다.[23]
프랑스 학자 앙리 돈디유 드 바브르(Henri Donnedieu de Vabres)는 (그는 나중에 뉘른
베르크 국제군사재판소의 법관으로 활동하였다) 1938년에 나치형법의 세 가지 특
징을 나열하였다.[24] 히메네스 데 아수아는 이를 수용하여 통합·단결을 위한 범죄행
위의 인정을 네 번째 특징으로 추가하였다.[25]

일련의 (독일) 형법학자들은 연속성설을 받아들이고 있는데, 그들은 주로 이
론적 관점에서 나치형법에 대해 연구하기 위해 이 견해를 수용하고 있다.[26] 예
컨대 클라우스 막센(Klaus Marxen)은 나치 "분기자(stirrup holders)"[27]로 기능

---

23 Jiménez de Asúa (1933), 374, 377 이하(381) ("최대한의 과장", "권위주의적 경향"[377], "서툰
엄한 처벌"[torpe crueldad], "원시성"[381]은 "독일 형법 기술"의 사망을 초래할 것이다
[382]). 물론, 그는 이전에는(1920년 그리고 1922년) 위험을 초래하는 행위자의 행위를 형법을
통해 규율하는 것 즉, 전(前)-범죄적 행위에 대해 강제적 수단을 인정하는 이른바 "위험국가"
를 (이에 대해 자세히는 Mercurio, 2013, 350 이하) 찬성하였었다.

24 Donnedieu de Vabres (1938), 71 이하, 92 (*의사형법*[Willensstrafrecht], 인종적 형법 그리고 "*건
전한 인민정서*[gesundes Volksempfinden]"의 지향).

25 Jiménez de Asúa (1947), vol VII, p 63-186, 141-2. 이 인상적인 연구에서 히메네즈 드 아수아는
"독일 제3제국의 권위주의적 형법"을(74) 19세기 말 그리고 바이마르공화국의 자유주의적,
계몽적 형법(65 이하)과 대조되는 것이라고 하면서 러시아 및 이탈리아의 권위주의적 형법과
비교하였고(67 이하), 가장 대표적인 나치형법 이론가뿐만 아니라(76 이하)-그들 중 많은 자들
이 "즉흥적 형법학자(penalistas improvisados)"라고 함(79)-나치형법의 가장 중요한 형법이론
테마였던(95 이하), "새로운 질서"(95)를 위한 개혁 계획과 법(108 이하, 116 이하, 124 이하)에
대해 서술하였다. 마지막으로, 그는 나치형법에 대한 외국에서의 비판을 요약하였는데, 놀랍
게도 이미 1930년대 및 1940년대에 외국에서 광범위한 비판이 있었다(142 이하); 외국에서의
비판에 대해서는 또한 Blasco y Fernández de Moreda, *Criminalia* (Mexico) IX (4/1943), 235, 247
이하(이 저자에 대해 좀 더 상세히는 Zaffaroni, in Zaffaroni, 2011, 29 이하 참조) 참조; 이러한
비판적 문헌과는 대조적으로, (비록 나치형법의 함의를 시인하기는 하지만) 주로 보고적·묘
사적으로(descriptive) 설명하고 있는 Cavaleiro de Ferreira (1938), 72 이하 (각론 부분에서 국가
에 대한 범죄, 유추의 허용, 의사[will]의 강조를 통한 형법의 주관화, 상습범죄자에 관한 법률
을 논하고 있음; 그의 법치주의에 대한 믿음을 강조하면서, 그가 나치 법률가들과 친하였다는 점
을 다루고 있는 Sousa Mendes [2013], 36-7 그리고 id, in Sousa Mendes [2018], 21 이하).

26 앞의 주 13과 14의 근거문헌을 보라.

27 이 표현은 Sontheimer (1962), 376 (나치를 위한, 보수적이고 반-민주적인 우파의 "분기자로서
의 역할(stirrup-holding role)"에 대해 서술하고 있음)에서 사용되었다.

제1장 서론

하였던 1930년대의 반 – 자유주의적 형법 학자들의 "시각이 여전히 계속 유지
되고 강화하고 있다"고[28] 분석하였다. Marxen의 분석은 형법이론에 관한 고전
학파와 근대학파의 사고에서[29] (예컨대, 국가와 형법에 관한 빈딩(Binding)의 권위주
의적 사고[30] 그리고 리스트(Liszt)의 범죄자 분류[31]를 참조) 그리고 또한 입법을 통해
서도[32] 확인된다. 이러한 점에서, 제3장에서 설명되는 바와 같이, 일반적인 추
측에 비해 이른바 '*학파 논쟁*[학파 간의 이론적 논쟁]'은 나치형법과 관련하여
큰 차이가 없었던 것으로 드러난다. 요아힘 포겔(Joachim vogel)은 나치형법은
20세기 형법이 (확장, 실질화, 윤리화, 주관화, 사회적 기능화) 다섯 가지 경향으로
발전하는데 근본적인 영향을 미쳤는데, 이러한 경향은 1933년부터 1945년 사
이의 나치통치 기간에 급진화 되었을 뿐만 아니라, 오늘날에도 계속 영향을 미
치고 있다고 한다.[33]

　이러한 학문적 연구에 비추어 볼 때, 나치형법은 신고전적이고 "목적론"적인
범죄이론이 정치화되고 급격화된 것이라고 할 수 있다.[34] 이는 "마부르크 학

---

28 Marxen (1975), 247.
29 요약은 Marxen (1975), 247 이하, 270-1, 272, 275 참조; (나글러(Nagler), 자우어(Sauer) 등) 이른
　바 신고전학파 및 그들이 권위주의 국가와 전통적 국가주의(nationalism)를 지향하였다는 점
　에 대해서는 ibid, 121, 128 이하, 131, 158; "젊은 형법학자들"과 "보수적 개혁"에 대해서는 ibid,
　153 이하; 근대학파의 반-자유주의 성향에 대해서는 ibid, 159 이하.
30 주 262 이하를 포함하여 제3장을 보라.
31 이에 대한 최근 문헌으로는 Vormbaum, in: Jeßberger/Kotzur/Repgen (2019), 409-10; 보다 상세
　히는 주 270 이하를 포함하여 제3장을 보라.
32 이에 대해서는 예컨대 Schreiber, in: Dreier/Sellert (1989), 151, 166 이하 (개별 나치입법을-50개
　이상의 법률 및 명령-대상으로 하여 특별히 나치적, 테러적 입법인 경우와 "바이마르 공화국
　의 형법 정책 또는 오스트리아 모델에 기초한" 입법인 경우를 구별함); Werle (1989), 57 이하
　는 실체법 분야에서의 입법에 대해 상세히 설명하고 있다; Hoefer, *JCL&Crim* 35 (1945), 386 이
　하는 간략히 요약하고 있다.
33 Vogel (2004), 14 이하, 43 이하 (근거문헌을 들면서).
34 Marxen, in: Rottleuthner (1983), 55, 57 이하(국가사회주의의 계속[57], Schwinge/Zimmerl
　(1937) 그리고 Dahm/Schaffstein (1933)에서 나타나는 정치화의 경향[58]-이들은 모두 똑같이
　나치국가의 민족주의 프로젝트를 지향하였다[62 이하]); Marxen, in: Reifner, (1984), 77, 82 이
　하; Marxen, *KritV* 73 (1990), 287 이하(예컨대, "정점"으로서의 *의사형법*[294]) 참조. (신)고전
　학파의 이원적 접근법(객관적 구성요건 vs. 주관적 구성요건)과 달리, 인간행동에 대한 특별
　한(존재론적이고 의사를 기초로 한) 이해방식에 근거하고 있는, 벨첼의 목적론자적인 이론에
　대한 영어판 설명은 Ambos, *Cardozo Law Review* 28 (2007), 2649-50.

파"(대표자는 Schwinge 그리고 Zimmerl)와 "킬 학파"(대표자는 Dahm 그리고 Schaffstein)와 같은 주요 두 학파가 모두, (고전적인 "법무(Justiz)"형법은 경찰에 의한 범죄투쟁의 분야로 이해되었고, 조직·제도상으로 형법에 부수적인 것으로 이해되었음에도 불구하고[35]) 형법이라는 수단을 이용하여 민족주의적, 인종주의적 그리고 전체주의적인 나치국가를 실현하는 것[36] 즉, (형)법학의 **정치적 임무수행**을 주장함으로써 이루어졌다.[37] 법학에 대한 이러한 정치적 접근은 한편으로는, 법 또는

---

35 이를 설득력 있게 입증하고 있는 Werle (1989), 730 이하 및 여러 군데에서; 간략히는 Stolleis (2016), 30 이하. Hoefer, *JCL&Crim* 35 (1945), 390에서는 1945년에 이미 "적법행위 및 위법행위의 이중성"이 지적되고 있는데, 게슈타포를 위법행위의 담당자로 보고 있다. Dahm, *DRWis* 1938, 148은 수사경찰과 검찰의 관계에 대한 그 당시의 일반적 논의와 다른 견해를 주장하고 있다. (그는 범죄투쟁에서 경찰이 주된 역할을 하는 것은 "합목적성"이라는 관점에서[154] 이해될 수 있고, 경찰과 검찰은 근본적으로 다른 성격을 가지기에 경찰을 검찰의 하부기관으로 통합시키는 것은 적절치 않다고 본다. [150 이하]; 대신에 그는 범죄에 있어서 경찰만 가지는 권한과 — 그러나 그는 어떠한 통제로부터 자유로운 "경찰의 독립적인 범죄조사절차(Aufklärungsverfahren)"에 대해서는 반대하였다. [161] — 검찰의 기소 및 기소유지 권한을 명확히 구분하고[161 이하], 검찰이 경찰수사에 대해 보다 덜 통제하도록 하되[166 이하], 경찰의 강제조치권한이 예방적 행정작용 이외의 수사활동에서 확대되는 것은 바람직하지 않다고 하였다. [168-9]).

36 민족·국가-인종적인 법적 사고에 대해서는 예컨대 Alexy, in: Säcker (1992), 219-20 참조; 또한 Murmann (2005), 127 ("인종적·민족적인 색채로 법을 재구성하는 최선의 실현방안을 법학이 경쟁적으로 모색하도록 한 것은 나치의 법정치적 목표").

37 상세한 설명은 Schaffstein (1934), 6 이하. ("정치의 우위성"은 "모든 학문적 통찰·인식의 전제조건에 해당하기에 학문의 통일성을 담보하는 공통적인 근본원칙"이라는 점에서 "정치적 형법학", 6), "국가를 중요시하는 사고", "국민의 생활질서", 15), "새로운 국가에서 국가사회주의의 전체주의에 의해 정치란 국가사회주의적인 정치와 동일시됨으로써 정치는 … 형법적인 개념형성의 원칙이 됨", 23), "이것이 바로, 현 시점에서는 '올바른' 국가사회주의가 무엇이고, 올바른 국가사회주의를 어떻게 실현해야 하는가라는 문제가 당면과제가 되고 있는 이유이다." 23 이하]; 또한 Schaffstein, *ZStW* 56 (1937), 104, "새로운 제국"에서 채택된 "완전히 다르게 사고할 것"이라는 요구는 "정치적 요청"으로 이해되었다. Schwinge/Zimmerl (1937)은 "위대한 사고"(13)와 "정치의 우위"를 인정하고(75), 뿐만 아니라 "새로운 국가라는 사고"를 해석을 통해 보충할 필요성을 인정하였다.(76); 두 저자에 대해 좀 더 상세히는 제4장의 2를 보라. 또한 Welzel (1935), 57-8 ("역사적 상황의 구체적인 가치를 탐구하는 것" 그리고 "역사적인 시대의 구체적인 생활 '스타일'에 합치하거나 반하는 것에 대해 판단하는 것"은 "정치적 임무"이고, 이것은 "현재의 *인민적*, 국가적 공동체의 운명"에 의해 형성된다.), 75-6 ("민족적·국가적 공동체"의 "구체적인 시대상황에 맞는 당시의, 삶과 죽음에 관한 운명"에 따른 *인민적*·국가적 공동체의 "실제"에 대한 "법적인 가치판단"을 지향하는 것이 "정치적 임무") 그리고 Henkel, in Krieck/Staufing (1933), 19 이하. (19-20, 22-3: "전제조건 없는" "중립적인" (법)학을 거부하고, 대신에 국민 및 민족과 연관시켜 "법학의 민족·국가와의 관련성 및 기속성"을 인

제1장 서론

법이론이 국가사회주의 지도자들의 형사정책적 판단·결정에 종속되도록 하는 현상 즉, 정책적 판단·결정이 모든 것을 좌우한다는 *정책유보(Politikvorbehalt)* 현상을 초래하였다. 법은 "나치정책의 수단"[38]으로 되었고, 나치는 형법에서 "정치의 엄청난 영향력"을[39] 재빨리 인식하였다. 구체적으로 표현하면, 기존 법은 (명시적으로) 나치의 *가치관·세계관(Weltanschauung)*에 맞게 새로운 법으로 대체되거나("법의 변경") 새롭게 해석·조정되었다.[40] 다른 한편, 이러한 경향에 내재하는 ("지도자의 국가" 그리고 "지도자의 원칙"이라는 사고를 포함하여)[41] 전체주의적 또는 권위주의적 형법에 대한 열망은 이중적 세계관(Two World Theory)이라는 의미에서의,[42] 법과 이데올로기의 이원성을 배제한다.[43] 따라서 모든 나치형법 이론에서는 나치의 목적 및 목적성(Finalität)이 결정적인 역할을 하였고, 그 이론들은 "목적론자적 시각에 기초하여 형성된" 것이었다.[44] 나치형법이론이 벨첼의 *목적적 행위론*과 용어·표현상 근접성을 나타내는 것은 단지 단순한 우연은 아니다.[45]

정함. 2차적 근거문헌으로는 Marxen (1975), 55, 169 이하; Marxen, in: Rottleuthner (1983), 58-9 ("킬 학파에 의한 법학 정치성의 이론화" 그리고 "정치적 리더쉽의 우위화" in Schwinge/Zimmerl); Stefanopolou, *JoJZG* 2010, 112 (샤프쉬타인에 대해서). 법과 정치를 연관시키는 것은 전체주의의 특징임을 적절히 지적하고 있는 Gúzman D., in Zaffaroni (2017), 89.

38 Rückert, *JZ* 2015, 797, 799-800, 802; id, in id (2018b), 361 ("ein Annex der NS-Politik"); id, *ZDRW* 2019, 32, 44 이하; 이전 문헌으로는 id, *KritV* 94 (2001), 223 이하, 242 이하("정책의 우선성 [Politikvorrang]", "정책의 우위[Primat der Politik]") 참조.
39 Stolleis (2016), 29 ("현저한 정치의 기능·영향력").
40 이러한 "이원적 전략"에 대해서는 Rüthers, *JZ* 2015, 802를 보라.
41 이에 대해서는 제2장 1과 2에서 자세히 다룸.
42 부흐하임(Buchheim)과 예거(Jäger) 뿐만 아니라 기타 참조문헌을 언급하고 있는 Werle (1989), 30 이하 참조.
43 Hartl (2000), 39 참조, 그는 타당하게 나치형법은 "나치 이데올로기에 의해서만 설명될 수 있는 것"이라는 점을 강조하고 있다(그는 나치 이데올로기를 국가주의·국수주의자적 사고, 정통적인 국민이라는 사고, 반-맑스(Marx)주의자적 사고 그리고 권위주의적 사고 등 다양한 사고의 "복합체"로 묘사하고 있다[40]).
44 Marxen, in: Rottleuthner (1983), 63 ("목적론자적 시각을 특징으로 하는[von einer finalistischen Grundhaltung geprägt]").
45 막센(Marxen)과 마찬가지로, 나치사고는 목적론적 시각 그리고 근본적인 사항에서 킬 학파의 사상과 일치한다는 점을 근거로 국가사회주의 사고가 계속되고 점진화되었다고 하는 Matus, *ZIS* 9 (2014), 622 (623, 625); Frommel, *JZ* 2016, 920 그리고 각주 43 (목적론적 이론과 나치 의사형법의 밀접한 관련성) 참조. 이 문제에 대해서는 이후 다시 다룬다(주 798 이하 및 관련 본문

그림 3: 샤프쉬타인이 라이프치히 대학교에서의 취임강의내용을 바탕으로 저술하였고, '정치적 형법학'에 대해 근본적으로 다루고 있는 그의 저서. 1934

시간적 관점에서 고찰할 때, 급진화설과 연속성설 양자 모두 나치 통치시기 전후를 모두 고려하는 접근법을 취하고 있다. 나치형법은 *불쑥 생겨난 것이 아닐 뿐만 아니라, 1945년 이후에 자취를 감춘 것도 아니다.* 역사적 측면에서 볼 때, 나치형법은 하나의 사건·에피소드에 관한 것이 아니라, 권위주의적 형법이 지배하는 시기·시대에 관한 것이다.[46] 그리고 그러한 권위주의는 물론, 형법에 한정된 것이 아니다.[47] 이 책의 이하의 서술에서 알 수 있는 바와 같이, 권위주의적 형법은 19세기 형법이론가의 저술 및 독일 관념적 사고에 그 뿌리를 두고 있고, 따라서 바이마르 공화국 이전의 시점으로부터 기원한다.[48] 1945년 후에도

을 포함하여 제7장 2).

[46] Rückert, *KritV* 94 (2001), 227 이하 참조, 그는 2가지 역사적 현상을 원칙적으로 구분하고 있다 (자유주의적 형법이 지배하는 시대에서 독재정권이 등장하는 경우와 독재정권이 지배하는 시대에서 자유주의적 형법이 등장하는 경우).

[47] Rückert, in Rückert/Willoweit (1995), 4-5; Klippel, in Rückert/Willoweit (1995), 31, 53-4 참조.

[48] 이에 관한 좋은 예는 사비니(Savigny)의 *민족정신(Volksgeist)*인데, 이는 일련의 나치 저술가들에 의해 근거로 이용되었고(예컨대 Dahm/Schaffstein, 1933, 5; 더 많은 예는 Rückert, *ZRG-GA*

나치형법은 계속되고 있는데,[49] 인적 측면[50] 및 내용적 측면[51] 양자에서 그러하

103 [1986], 200 이하를 보라; 외부적 시각에서 바라보는 Friedmann [1967], 213), 나치의 *건전한 국민·민족정서*(gesundes Volksempfinden)라는 슬로건에 적어도 개념표현상으로 영향을 미쳤다. 이와 관련하여 양자의 차이점에 대한 세밀한 분석은 Rückert, op. cit., 238 이하에 의하면 양자 간에 방법론적 그리고 사고적인 유사성이 존재하지만, 사비니는 민족정신이라는 개념을 제한적 의미에서 예컨대, 죄형법정주의 및 책임주의를 유지하는 한도에서 사용하였는데 반해, 나치는 그 개념에 형법확장이라는 "기능변화"를 가져와 결정적으로 정치적 남용수단으로 이용하였다.

49 요약으로는 Wolf, *JuS* 1996, 189 이하; Rüthers, *JZ* 2017, 457 이하; 공법과 관련하여서는 Stolleis (2016), 144 이하.

50 Maus, in: Dreier/Sellert (1989), 80, 81-82; Wolf, *JuS* 1996, 189; Gross (2010), 각주 43을 포함하여 position 395; Rüping/Jerouschek (2011), 110; Görtemaker/Safferling (2016), 86 이하; Rüthers (2017), 16 이하; Frei et al. (2019), pos. 326 (서독), 686 (동독); 쉴레스비히-홀스타인주와 관련하여서는 Vormbaum, *GA* 1995, 147-8 (Godau-Schüttke를 비판하면서); 헤센주를 중점적으로 다루면서 Falk (2017), 1, 4; 전형적인 나치지지자인 공법학자 테오도르 마운츠(Theodor Maunz)에 (그는 극우신문인 독일 National-Zeitung(NZ)에 기고하는 등 언제나 — 익명으로 — 나치를 지지하였고, 1937년에 프라이부르크 대학교에서 교수직을 얻은 후 1952년에는 곧 뮌헨 대학교로 옮겼다) 대해서는 Stolleis (2016), 306 이하.

51 근본적이며 상세한 설명은 Marxen (1975), 254 이하 (부적절한 부작위책임 관련 사례를 예로 들면서, 나치 유산을 간과한 채 나치형법을 비정치화함으로써 그 관련성을 덮어버려, 새로운 출발을 하는 대신에 나치형법적 특징에 대한 비판 없이 그러한 특징이 계속되고 있다고 한다); Marxen, *KritV* 73 (1990), 287 이하 (유추금지 및 의사형법과 관련하여); Wolf, *JuS* 1996, 189 이하 (계속되고 있거나 수용된 국가사회주의적 형법[190, 191 이하] 및 이론[191], 예컨대 정범판단에서의 주관주의 경향, 행위결과라는 불법성보다는 행위의 불법성이라는 행위반가치성의 강조 경향[193 이하], 1871년 형법전의 자유주의적인 색채로의 회귀가 필요[195]); Hartl (2000), 334 이하, 380-1 ("의사형법적인 사고"가 계속되고 있는데, 나치형법은 "주관주의적 경향의 선구"[337]; 의사형법적인 주관주의 및 범죄전치화가 행위반가치를 강조하는 책임형법으로 발전함, 물론 이를 의사형법과 "일괄적으로 동일시" 할 수는 없지만, 337 이하, [375]; 총칙에서의 잔재[범죄가담형태론, 미수범 분야의 경우, 342 이하] 및 각칙에서의 잔재[예컨대 특정 예비행위의 가벌성, 365 이하]); Hoyer, *GS Eckert* (2008), 360 이하 (법익침해 대신에 의무침해, 개인적 법익 대신에 집단적 법익이 강조되고, 법률주의 대신에 유추적 해석이 이루어지고, 비난받을 만한 신념/사고(Gesinnung) 및 도덕위반이 형벌근거로 기능하는 것); 또한 Stefanopolou, *JoJZG* 2010, 116-7 (신분범 및 행위반가치); Höffler, in: Schumann/Wapler (2017), 61, 69-70 (소년범죄와 관련하여); id, *FS Kreuzer* (2018), 240 이하 ("해악행위의 습성") 참조; 간략히는 Vormbaum, *GA* 1995, 148; Rüping/Jerouschek (2011), 110-11; Görtemaker/Safferling (2016), 358; 독일 형법 제323c조에서 나치의 배경·영향에 대해서는 Harzer (1999), 57 이하. 더 세밀한 검토는 Alexy, in: Säcker (1992), 224-5, 그는 "이론적·내용적 측면에서 상대적으로 약한 정도로 계속되고 있다"고 하는데, 그는 인종·민족적 및 국민·국가적 사고와 관련하여서만 이러한 평가를 하고 있지, 그 스스로도 여전히 계속되고 있다고 보고 있는 권위주의의 경향 및 신헤겔주의적 법적 사고까지 포함시켜 그러한 평가를 하고 있는 것은 아니다; 나치형법의 핵심특징(인종차별적 성격)이 계속되고 있다는 것에 대해서는 반대하고 있는 Rückert, *KritV* 94

고, 무엇보다 특히 학문의 영역에서 그러하다.[52] 이에 대해서는 이 책의 여러 군
데에서, 대개는 지나가는 말로, 그러나 두드러진 글씨체로 "계속되고 있는 것"
을 강조하면서 다시 언급한다.[53] 어쨌든 우리는, 내용적으로 계속되고 있는 것
은 대부분의 경우 계속되고 있다는 것을 쉽게 알아차리기 어려운데 이는 나치
에 의해 사용된 표현은 법률과 학문적 논의에서 다른 표현으로 대체되었기에
그러하고,[54] 기초·배경이 되는 법적 사고와 구조적인 전제는 크게 변하지 않았
다는 것을 알아야 한다.[55]

이러한 계속성은 광범위한 "소통적·암묵적 침묵(kommunikatives Beschweigen)"[56]
을 — 이것은 국가사회주의의 유산에 대해 연구하는 것이 불가능하지는 않을지

(2001), 248 이하, 261, 262-3, 그러나 그는 (중한 나치입법의 폐기 등) (연합국의) 탈나치화 정책
이 주류적인 법적 논의 및 실무에서 제대로 지지를 받지 못했다는 것을 인정하면서도 그러한
정책의 시행을 너무 강조하고 있다; 일부 공법학자 및 민법학자와 관련하여 좀 더 비판적인
Rückert, in Lehmann/Oexle (2004), 664 이하. 놀랍게도 Hartung (1971), 123은 "상습범죄자법
률"과 관련하여, 나치입법의 잔재가 계속되고 있는 것을 환영하고 있다("근본적으로 중요한
개선 … 현재에도 계속되고 있는", 실제로 이렇게 서술하고 있음!).

52 일반적으로, 나치 관련 학자들은 기껏해야 "지지자들"로 평가되었고, 기한부로 교단을 떠나
는 제재를 받았기에(대개 금전적 제재는 부과되지 않았다) 일정 시간이 지난 후에는 다시 교
단으로 돌아올 수 있었다, 예컨대 헨켈(Henkel)에 대해서는 주 157을 비롯하여 제2장 1,
Dahm/Schaffstein에 대해서는 제5장 1 이하 참조. Wolf, *JuS* 1996, 189는 그러한 학자로 메츠거,
헨켈, 샤프쉬타인 및 브룬스(Bruns)를 들고 있다. 나치 관련 법학분야 출판사 및 그 계속성에
대해서는 Rüthers/Schmitt, *JZ* 1988, 369 그리고 최근문헌으로는 Amos, *LTO* 7 August 2019를
보라.

53 내용적 계속성의 경우, 예컨대 *유추의 허용*과 관련하여서는 제2장 2, *미수범(Unternehmensde-
likt)*과 관련하여서는 주 249를 포함하여 제2장의 3 그리고 *배임*과 관련하여서는 주 595 이하
및 해당 본문을 비롯하여 제5장의 4를 참조하라.

54 아마도 가장 적절하고, 전형적인 예로는 악명높은 "건전한 국민정서"가 "Verwerflichkeit(지
탄받을 만함)"이라는 개념으로 대체된 것을 들 수 있다; 예컨대 1943년 5월 29일의 "형법동화
를 위한 법규명령(Strafrechtsangleichungsverordnung)"(RGBl I 341)에 기해 개정된 제국형법
전 제240조 제2항의 강요죄와 현행 형법전상의 해당 표현을 참조하라. 제국형법전 제330c조
(RGBl I 1935, 839)의 구조불이행죄에서도 "건전한 국민정서"라는 표현이 사용되었는데, 이
규정에의 표현은 1953년에서야 변경되었다(BGBl I 735).

55 Rückert, in id (2018a), 284-5 ("자신 스스로 방법론상 *실재론자적 법적 사고*에 기속시키는 것"
그리고 구조적인 전제들이 계속되고 있다고 함) 참조(이탤릭체는 원문에서의 강조).

56 Lübbe (2007), 32; 또한 Wolf, *JuS* 1996, 189, 195 (공개적으로 논의하지 않음); Stolleis (2016), 127
("무례한[taktlos]"것으로 여겨지는 대화) 참조; 최근 문헌으로는 Frommel, *JZ* 2016, 916, 919;
id, *JZ*, 2017, 455 ("침묵의 카르텔"); Rüthers, *JZ* 2017, 458 ("침묵의 나선", "침묵을 요구").

라도 어렵도록 하였다[57] ─ 설명해 줄 뿐만 아니라, 왜 수많은 법률가들이 나치 치하에서의 그들의 행동에 대한 책임을 지지 않았는지를 설명해 준다.[58] 책임을 제대로 지지 않는 것은 최상위 차원에서는 아데나워(Adenauer)정부의 "백지 상태 정책(tabula rasa policy)"에 의해 인정되었다.[59] 윤리학적 관점에서 보자면, 나치주의 경향이 잔존·계속하고 있는 것은 나치의 윤리·도덕이, 1945년 이후에도 오랫동안 독일 사회에 계속 영향을 미칠 수 있고, 나치주의자들이 여전히 독일사회에 잔존하는 형태로 전후의 사회통합이 이루어질 정도로 강하게, 독일 사회에 나치적 윤리·도덕이 닻을 내렸었기 때문이다.[60] 정체성 사고를 통해 독일 신화를 재구성하려고 하는[61] 현재의 이른바 *뉴라이트*(New Right) 운동은 끊임없이 나치 이데올로기가 계속되고 있다는 것을 보여주는 또 다른 현상이다.[62]

---

57 이러한 분위기에서 나치의 유산에 대해 학문적으로 연구하는 것은 커리어에 전혀 도움이 되지 않았는데, 예컨대 헤르베르트 예거(Herbert Jäger)가 그의 지도교수 헨켈(Henkel)로부터 이에 대해 주의·권고를 받았다고 언급하고 있는 것(Jäger, in Horstmann/Litzinger, 2006, 49) 또는 Hoyer, *GS Eckert* (2009), 351(왼른 에케르트(Jörn Eckert)가 킬 학파 등 국가사회주의의 법적 역사에 대하여 분석한 것이 "누군가의 둥지를 더럽게 하는" "위협"으로 표현됨)을 참조하라. 1965년 이전에는 *하빌리타치온*(독일 그리고 오스트리아, 폴란드, 스위스 등에서 교수자격을 획득하기 위해 거쳐야 하는 박사후과정의 논문) 과정에서 나치의 유산에 대해 연구하는 것은 매우 큰 장애물과 직면하였다(Stolleis, 2016, 43).

58 이에 대한 최근 문헌은 Safferling, in: Lüttig/Lehmann (2017), 19 이하 (기타 참조문헌을 비롯하여); 나치 관련 법관들이 그들의 행동에 대한 책임을 지지 않았다는 것에 대해서는 Graver, *GLJ* 19 (2018), 845, 848.

59 사면(amnesty)에 관한 논의가 이루어지던 때 1949년 6월 29일의 제7차 각료회의에서 콘라드 아데나워(Konrad Adenauer)는 다음과 같이 방침에 관해 얘기하였다: "우리들 뒤에 있었던 시기는 매우 혼란스러운 시기였기에 일반적인 tabula rasa(백지 상태 또는 빈 석판)를 만드는 것이 바람직하다."(http://www.bundesarchiv.de/cocoon/barch/0000/k/k1949k/kap1_3/para2_4. html에서 확인가능, 2019.8.9. 최종검색)

60 이에 대해 아주 상세히는 Gross (2010), position 24 이하, 165 (반-유대주의적 차별에 대해), 2519 이하 ("나치의 이상과 사고 패턴이 전수됨"으로써 "통합이 달성되었다"); 나치의 사회적 재통합에 대해 상세히는 Frei (1996), 7 이하; Czollek (2018), 47 이하 (기타 참조문헌과 함께).

61 Geyer, FAZ, 7 June 2018, 13 참조. 독일 국가사회주의자들이 법을 어떻게 이해하였는지에 대해서는 주84 및 관련 본문을 비롯하여 제2장 1을 보라.

62 정체성 관련 운동에서 나치 경향이 계속되고 있다는 것에 대해서는 예컨대 "New Right"의 아이콘으로 여겨지는 카롤리네 좀머펠트(Caroline Sommerfeld)를 보라: "백인 아닌 사람이 독일인이 될 수 있는가라는 질문에 그녀는 다음과 같이 대답하였다: 'No!' 독일인인지 여부는 순전히 인종적 문제라고 할 수는 없다. '그러나 독일인인지 여부를 결정함에 있어서 확실히 인종적

물론, 시간적으로 국가사회주의 통치시기 전(포스트-바이마르)과 후(본 공화국) 양자를 함께 고찰하여 국가사회주의가 계속되고 있다고 하거나 급진화(계속화의 의미에서) 되고 있다고 하는 것은 나치 − *불법국가*(Unrechtsstaat)가 계속되고 있다는 것을 뜻하지는 않는다. 불법국가는 나치 통치시기에만 존재하였다.[63] *바이마르 공화국과 본 공화국 양자* 모두 자유 및 법치주의를 지향하였고, 특히 본 공화국은 "베를린 공화국"으로 바뀌면서 "전후 시기의 보호적 경향(Schonraum der Nachkriegszeit)"을 멀리하였다는 점에서 법치주의를 더욱 지향하고 있다고 할 수 있다.[64]

이하에서는 나는 관련인들의 저작 등을 체계적으로 분석함으로써 연속성설과 (좁은 의미에서의) 급진화설의 주장을 확인하고자 한다. 나는 국가사회주의적 저작물을 남긴 저자들에 대해 윤리적으로 판단하기보다는 저작물 자체의 분석에 초점을 두고자 하는데, 윤리적 판단은 판단자가 자기 자신 또한 나치 통치시기에 놓고, 즉 사전적 관점에서(ex ante) 판단하는 경우에만 적절하기 때문이다. 일부 초기의 나치 관련 글은, 이 책의 이후 부분을 통해 알 수 있듯이, 새로운 (더 나은) 독일 국가를 위한 새로운 (더 나은) 형법에 대한 희망과 함께 이상주의 그리고 때로는 종교적 열정으로 가득 차 있었다.[65] 아마도 그러한 문헌의 저자들

요소는 근본적 중요성을 가진다. 독일 국적을 가진 것만으로는 충분하지 않다'"(*Kazim*, 2018). 뉴라이트와 나치의 유사성에 대한 최근 문헌은 Czollek (2018), 13-4, 33.

63 이와 관련하여 Werle (1989), 6-7, 27, 733 이하 참조, Werle는 나치 통치시기의 형법은 "변종적(entartet)"이었다고 하면서, 나치 통치시기에는 명백히 법치주의 발전의 단절이 있었다고 한다(734). 그는 나치적 사고가 계속되고 있는가라는 질문에 대해 대답하지 않을 뿐만 아니라, 나치적 사고가 계속되고 있는지에 대해 명시적으로 평가하고 있지 않지만(733), 그는 적어도, 형법에 어느 정도 나치적 개념·사고가 수용되어 있다는 것을 (경고적으로) 시인하고 있다. 이러한 점에서 베를레에 대해 비판적인 Rückert, *KritV* 94 (2001), 240, Rückert 스스로는 국가사회주의가 계속되고 있다는 주장에 완전히 동조하지는 않는다(이에 대해서는 앞의 주 51에서 자세히 다룸),

64 Krüper, in: Duve/Ruppert (2018), 238 이하 ("Schonraum der Nachkriegszeit") 참조.

65 우리는 이미 여기서 게밍엔(Gemmingen)의 1933년 글을 예로 들 수 있다. 그 글에서 게밍엔은 ─ 정당으로부터 승인받지 않고(6)─ "불합리하고 부적당한 형법의 잔인화(sinn- und zweck-widrigen Barbarisierung des Strafrechts, 18)"를 피해야 한다고 하면서도 히틀러가 원하는 대로 나치형법을 발전시키려는 시도를 하면서 "보다 높은 ... 장래목표(höheres... Fernziel)"로 "형법을 극복할 것(Überwindung des Strafrechts)"을 주장하였다(18 이하).

이 그 당시에 젊었다는 것 외에도 다른 원인이 있지만,[66] 적어도 그러한 희망적인 열정은 나중에 비판적 입장을 취한 자들 중 일부도 왜 초기에는 나치주의 사고에 열광하였는지를[67] 설명해 준다.

독자들은 나치 저작물을 읽어보면 글의 서술내용 그 자체를 통해 그 저작물 저자가 나치 법률가인지, 아닌지를 판단할 수 있기에 여기서 따로이 "나치 법률가"의 개념을 정의하거나 누가 나치 법률가에 해당하는지를 분류할[68] 필요는 없다.[69] 그러나 나치 법률가로 지칭되고 있는 형법학자 중 단지 1명만이[70] *공개적*으로 이전의 자기 견해를 반성하였다는 것은 좀 놀랍다.[71]

---

66 물론, 젊었다는 것은 확실히 한 원인이었는데, 이에 대해서는 예컨대 Riemer, *MSchrKrimPsych* 24 (1933), 223을 보라 ("바로 젊은 세대가 절대적 권위에 관심을 가진 것은… 결코 우연이 아니다. 그들이 쓸모없는 것/수치스러운 것(nichtswürdig)으로 여긴 허무주의(Nihilismus)에서 … 그 당시의 젊은 세대에 방향성이 없었다는 것(Desorientiertheit)을 보여준다").

67 에베하르트 쉬미트(Eb. Schmidt)는 그러한 사람의 대표적인 예인데, 이에 대해서는 주 512 말미를 포함하여 제5장 1을 보라.

68 한 분류시도는 Marxen (1975), 152 이하 참조; 개념정의 시도는 Schumann, in: BMJ (2013), 70 이하 참조 (그에 의하면 적어도 뉘른베르크 법률가재판에서의 피고인들 그리고 법왜곡죄로 유죄판결받은 자들은 나치 법률가에 속한다. 그러나 그는 1946년 10월 12일자 통제위원회지침 제38호에서 나타나는 연합국의 범행자 분류 즉, 주된 범죄자, 범죄자, 경한 범죄자 및 추종자라는 범행자 분류는 신뢰할 수 없고, 따라서 학문역사적 관점에서 "나치화 및 비나치화(Nazifizierungs- und Entnazifizierungsvorgänge)"가 이루어질 필요가 있다고 한다).

69 (Freisler와 같은) "나치 법률가"/"법률가적 나치"와 (Schaffstein과 같은) "국가사회주의자 법률가"의 차이점에 대해서는 Batista, in Zaffaroni (2017), 103.

70 Friedrich Schaffstein이 그러하다. 다만, Schaffstein이 얼마나 예전의 입장과 다른 입장을 취하였는지에 대해서는 견해가 나뉘는데 이에 대해서는 주 517을 포함하여 제5장 1을 참조하라. Dahm은 Eb. Schmidt에게 보낸 편지에서 사적으로만 자기가 "착오와 실수"를 범했다는 것을 시인하였는데, 이에 대해서는 주 512를 포함하여 제5장 1을 참조하라. 마찬가지로 Erik Wolf도 Karl Barth에게 보낸 편지에서 사적으로 이전의 입장과 다른 견해를 표시하였는데, 이에 대해서는 주 766을 포함하여 제6장 2.

71 Vogel (2004), 109는 나치 법률가와 관련하여 여타 어떠한 판단을 내리지는 않지만, 이것을 "심각한 학문윤리적 잘못(schweres wissenschaftsethisches Versagen)"이라고 하고 있다.

제2장 나치형법의 기초

1. 인종주의, 인민공동체, 지도자의 국가, 지도자의 원칙 그리고 배제

자파로니는 그의 책 서론에서 라틴아메리카에서 독일 형법이론의 영향력 특히, 1933년~1945년 사이 라틴아메리카에서의 형법이론의 발전에 독일 형법이론이 미친 영향력을 강조하고 있다.[72] 이러한 영향력으로 인해 그의 책은 특히 독일 독자에게 중요하다. 그는 독일 형법이론이 라틴아메리카에서 성공할 수 있었던 여러 이유들을 언급하고 있는데, 무엇보다도, 독일 형법이론은 합리적이거나 적어도 완전히 비합리적이지 않은 해결안을 제공한다는 점을 한 이유로 들고 있다.[73] 동시에 그는 독일 형법이론을 수용함에 있어서 그 이론의 역사 — 나치 제노사이드를 "가장 정교하게(feinst)" 정당화한 나치형법을 포함하는 역사[74] — 에 대해 유의하여야 함을 경고하고 있다. 나치형법은 불쑥 생겨난 것이 아니라, 인종차별주의자 시각이 급진화 되고, 강화된 "인종차별적인 유럽"의 산물이라고 한다[75] — 인종차별주의자 시각은 이미 19세기 독일의 아프리카 점령지에서 지배적이었다[76]는 점이 인정되어야 한다.

뿐만 아니라, 미국의 이민 및 인종에 관한 법의 영향도 과소평가되어서는 아니 된다. 최근에 휘트먼(Whitman)에 의해 서술된 바와 같이 나치는 아메리카의 "역사적인 인종차별주의적 경향", "아메리카 지배층에서 나타나는" "세계지배

---

[72] Zaffaroni (2017), 27 이하.

[73] Zaffaroni (2017), 31 ("innegable capacidad de proporcionar soluciones racionales o, por lo menos, con menores niveles de irracionalidad y arbitrariedad").

[74] Zaffaroni (2017), 31 ("legitimación genocida más finamente elaborado de todos los tiempos").

[75] Zaffaroni (2017), 32.

[76] Grill (2019), 57, 58, 63, 70, 97, 147 (나치 정책과 프로파간다와 관련하여) 참조; 독일점령지의 형법이 모범으로 기능하였다는 것에 대해서는 Vormbaum (2015), 140-1.

에 대한 아리안족의 열망"을 인식하였고,[77] "아메리카의 백인우월주의는 …
1930년대 나치즘에 어느 정도 실무적 기초를 … 제공하였다."[78] 나치는 미국의
인종차별주의 모델을 수정없이 그대로 따르지는 않았지만,[79] — 무엇보다도, 나
치는 흑인이 아니라 유대인을 주된 대상으로 하였고, 나치는 미국과 다른 독일
의 법적 전통과 사회적 맥락을 바탕으로 하였는데, 독일의 법적 전통과 사회적
맥락은 인종분리정책에 이용되지는 않았었기에 나치가 보기에 일부 미국의 조
치들은 너무 가혹한 것이었다[80] — 미국의 인종차별주의 모델은 확실히 나치의
인종차별정책에 영감(inspiration) 및 정당성을 제공하는 역할을 하였다.[81] 따라
서, 이는 "세계적인 인종주의 역사"에서 미국의 역할과 "미국의 법문화적 성격"
에 대한 근본적인 의문을 제기한다.[82] 특히 트럼프 대통령 치하의 미국이 그러
하다. 어쨌든, "미국의 인종차별주의"가 나치에 영향을 미쳤다는 것을 고려하
면, '연합국 통제위원회'의 한 국가로서 그리고 점령국으로서, 하드코어 (인종차
별적인) 나치입법을 제거하도록 가장 강하게 몰아붙인 것은 그 당시의 미국 정
부라는 점은 조금 아이러니 하다.[83]

---

77 Whitman (2017), 71; 상세한 분석은 Rückert, ZRG-GA 135 (2018), 669 참조.
78 Whitman (2017), 145.
79 Ibid., 70 (수정없이 차용한 것이 아님).
80 Ibid., 131 ("결국, 나치는 미국의 차별 제도·정책을 수정없이 그대로 가져오기에는 미국의 분
류기준은 너무 가혹하고, 미국의 인종문제는 독일의 인종문제와 너무 다르다고 여겼다"); 나
치가 너무 가혹하다고 여긴 "한 방울의 피-규칙"에 대해서는 ibid, 77, 128, 135 참조("한 방울의
흑인 피"만 섞여도 인종적으로 불순하다고 보는 이 "규칙"은 남부지역 상원의원 Bilbo가 히틀
러의 '나의 투쟁(Mein Kampf)'을 언급하면서 "창안"하였다[77]).
81 Ibid, 16 ("1930년대 초반에 나치 법률가들은 반-혼혈주의 법 그리고 인종에 기초한 이민·귀화
및 2등급 시민에 관한 법을 바탕으로 하는 인종적인 법을 만드는 일을 하였다. 그들은 외국의
관련 모델을 연구하였고, 미국에서 그러한 모델을 발견하였다"), 139 ("나치가 반복적으로 인
용한 것은 미국의 이민, 시민 및 반-혼혈주의에 관한 법이었다"), 160 ("미국은 독일이 본받을
만한 것들을 가지고 있었다: … 감탄할 정도로 제약을 받지 않는, 인종차별적인 법학·판례
(jurisprudence) … 그러한 법학·판례에서는 법적 정교함이 강하지 않기에 '우리에게 완벽히
적절한'[Freisler] … 미국은 … '인종국가(race state)'를 계획하는 자에게는 진정으로 '흥미로
운'[Freisler] 혁신적 제도들(innovations)을 만든 국가").
82 Ibid, 137.
83 이러한 맥락에서 획기적인(groundbreaking) 연구로는 Etzel (1992), 특히 80 이하; Waibel
(1996), 37 이하 (미국의 차별적 정책의 영향에 대해), 166 이하 (나치입법의 제거에 대해); 요약

1. 인종주의, 인민공동체, 지도자와 국가, 지도자의 원칙 그리고 배제

자파로니는 타당하게, 국가사회주의는 역사적·정치적으로 계속되었다고 하면서 이를 특히, 형법이론과 관련하여 증명하고자 시도하였다. 그는 타당하게, 국가사회주의자 사고의 핵심을 다음과 같이 요약하고 있다: 게르만족 아리안이라는 생물학적·낭만적 사상을 기초로 독일 "*인민공동체(Volksgemeinschaft)*"를 인종적으로 우위에 두는 것.[84] 그리고 나서 그는 특히 나치 **인종주의**가 법에서 어떤 형식으로 나타났는지를 다루고 있는데,[85] 법에서의 나치 인종주의는 계속되고 있다는 것을 강조하고 있다. 그는 독일 *인민공동체* 그리고 독일 지도자라는 사고를 근본으로 하고 이러한 사고에 반유대주의 요소가 가미됨으로써 나타나고 있는 법의 낭만화 현상이 계속되고 있다고 본다.[86] 그는 나치 인종주의를 유럽의 신식민지 국가에서 발생한 제노사이드와 유사한 성격을 가지는 것으로 이해하지만[87] (앞에서 언급한 미국의 영향은 간과하고 있음[88]), 허버트 스펜서 (Herbert Spence)의 영국 진화적 인종주의와는 구별하고 있다. 스펜서에 의하면 ── 자파로니의 약간 부족한(deficient)[89] 설명을 보충하는 차원에서 언급하자면 ── 사회는 (발전이라는 의미에서) 진화하여 왔는데, 보다 강한 백인 "인종" 사회

적으로는 Kroeschell (1992), 123 이하; Rückert, *KritV* 94 (2001), 245 이하; Stolleis (2016), 250 이하.

[84] Zaffaroni (2017), 37. 게르만 형법을 기초로 한 학자의 예로는 Dahm (1935a), 6; 국가사회주의에서 나타나는 게르만법적 사고에 대해 일반적으로는 Klippel, in Rückert/Willoweit (1995), 39 이하 (특히, 로마법상의 개인주의적 사고와 대비되는지를 다루고 있음). 게르만법에 기초한 것은 "무책임한 뒷걸음"이라고 비판하고 있는 Gemmingen (1933), 16-7, 불복종을 처벌의 근거로 이해한 것은 책임원칙에 반한다고 본다.

[85] Zaffaroni (2017), 41 이하.

[86] Zaffaroni (2017), 42 이하, 61 이하.

[87] Zaffaroni (2017), 43.

[88] Zaffaroni (2017), 151에서는 1907년 미국 인디애나 주에서 발효된 강제낙태·불임(sterilisation)에 관한 법에 대해 긍정적으로 서술하고 있는 *ZStW*에 실린 한 글만을 근거문헌으로 들고 있다. 추측컨대 *ZStW*에 실린 그 글은 강한 비판을 받았을 것이고(Zaffaroni도 "reacción sumamente negativa"라고 기술하고 있음), 이는 Liszt 스스로도 다른 견해를 가지도록 압박하였을 것이다. 그러나 Zaffaroni는 그의 서술·주장에 대한 정확한 근거문헌을 제시하지 않고 있다. 그가 참조하고 있는 Wetzell (2000), 163에서도 관련 다른 근거문헌을 찾을 수 없다. 직접 *ZStW* 27 (1907)을 살펴보아도 마찬가지로 그러한 다른 문헌을 찾을 수 없다.

[89] Zaffaroni는 본문 또는 본문에 대한 각주로 Spencer의 서술을 직접 인용하고 있지 않을 뿐만 아니라, Spencer의 문헌을 참고문헌으로 들고 있지도 않다.

가 확립된 것은 사회진화론적 선택에 기한 것이다.[90] 반면에 나치 인종주의는 아르튀르 드 고비노(Arthur de Gobineaur)의 주장과 같은[91] "퇴행적(involutive)" 인종주의인데, 퇴행적 인종주의에 의하면 — 진화적 인종주의와의 두드러진 차이점으로서 — 먼저 (지배층 인종으로서의 아리안 인종과 같은) 인종적으로 순수한 사회가 실현되어야 했다. 따라서 퇴화적·회귀적 인종주의에 의하면 독일 *인민공동체*에서는 먼저, 회귀(regression) 또는 과거상태로의 회복(involution; Rückbildung)을 위해 "비순수한" 요소들이 청소되어야 했다.[92]

마찬가지로 미국의 인종주의에 강하게 영감을 받은[93] 프라이슬러는[94] **인민공동체**를 *인종과 혈통의 관점에서* 이해하였고, 이를 나치 형법의 기초로 삼았다.

---

90 특히, Spencer (1864) 참조, Spencer는 Darwin의 저서 "*종의 기원*"에서 주장된 "가장 적합한 종이 생존한다"는 캐치프라이즈를 수용하여 그것을 사회학과 윤리학에 적용하되 다윈이 얘기한 자연적 선택 대신에 자신의 사회이론을 바탕으로 하였다. 오히려 그의 사회적 진화론은 프랑스 생물학자 라마르크(Jean-Baptiste Lamarck)가 주장한 (복잡한), 획득한 일부 특성이 유전될 수 있다는 이론에 영향을 받았다(이에 대해서는 Spencer [1851] 그리고 *The Westminister Review* 17 [1860] 참조).

91 Gobineau (1853-1855).

92 Zaffaroni (2017), 45-6, 그러나 여기서도 Zaffaroni서술에 대한 보충적 설명이 필요하다. Gobineaur가 나치 인종주의에 영향을 미쳤는지에 대해서는 논란이 있는데, 이에 대해서는 Kale, *MIH* 7 (2010), 33, 59 이하 참조(Kale에 의하면 Gobineaur는 "역사에서 인종은 결정적 요인이라는 것을 이론화한 최초의 인물이고, 그의 일부 사고는 나치주의에서 반복되었기에 그를 나치주의의 선구자로 볼 수 있지만, 그가 주장한 기본적·원칙적 근거들은 독일의 인종주의 사고에서 무시되었거나, 변형되었거나 취해지지 않았다." "따라서 Gobineaur가 독일 인종주의에 미친 영향은 반복적으로 과다 서술되었다.").

93 이는 특히, 독일제국 법무부장관 Franz Gürtner가 위원장이었던(Gürtner, 1934 and 1935를 보라) '법개혁 위원회'에서 있었던 토의를 통해 알 수 있는데, 토의내용은 Regge/Schubert (1989), 22 이하에(37th session, 5 June 1934) (비편집본은 277 이하) 재정리된 회의록에 기록되어 있다. 이 회의에서 Gürtner, Freisler 등은 "인종보호" 주제와 관련하여 아주 상세히 미국 입법과 실무를 참조하였다; 그들은 또한 "인종에 대한 공격"이라는 범죄를 제안한 '1933년 프로이센 제안서(Prussian Memorandum)'(Preußischer Justizminister, 1933, 47-9)의 제안에 가장 찬성하였는데, 그 제안서는 여러 곳에서(ibid, eg 48, 62, 143) 미국의 인종에 관한 입법을 참조하였다. 또한 Whitman (2017), 1-2, 93면 이하를 보라, Whitman은 6.5일자 회의와 관련하여 "참가자들은 명백히 미국 각 주의 법으로부터 무엇을 배울 수 있는지에 대해 진지하게 관심을 가졌다. 그리고 … 해당 미국의 인종관련 입법은 급진당이 몰아부친 것이었다"(112); '프로이센 보고서'의 관련 부분은 ibid, 76, 83면 이하.

94 다른 나라에서의 Freisler 이론의 수용에 대해서는 Arnedo, in Zaffaroni (2017), 9 이하 (프라이슬러의 경력 및 형법이론에 대한 설명과 함께).

1. 인종주의, 인민공동체, 지도자와 국가, 지도자의 원칙 그리고 배제

그림 4: 롤란트 프라이슬러

그러나 이와 관련하여, *인민공동체*는 전통적인 독일적 사고방식인 "공동체"라는 사고에 그 뿌리를 두고 있는데, 나치 법정책 및 법과학의 주된 구성요소로 되었다는 것을[95] 주목할 필요가 있다. 나치는 *인민공동체*에서 점점 더 '공동체'의 본래적 의미·사고를 사라지게 함으로써 *인민공동체*라는 개념을 부풀려 도구로 사용하였다.[96] 게르만족(아리아인, 북유럽인)의 사고방식은 조직적, 구체적, 생활 및 사람 기반적 등의 특징을 가지는데 반해, "로마 – 유대인"적 사고방식은 자유적, 이성적, 실증주의, 추상적·개념적, 개인적 등의 특징을 가지는 것으로 선전되었다.[97] 우리는 이 책에서 이러한 반대되는 특성·식별인자(qualifiers)들에 대해서 살펴볼 것이다. 프라이슬러에 의하면, 나치 형법은 "인민(people; Volk)의 정신적 태도를 반영"하고, "인민과 인민의 혈통 및 운명 공동체를 보호하고",[98] 인민의 "인종적 명예를 보호"[99]하기에 "외국 혈통이 유입되지 않도록

---

95 Stolleis (2016), 9 이하 참조.
96 Ibid, 115-6 (관련 입법을 예로 들면서).
97 Ibid, 114.
98 Freisler, in Preußischer Justizminister (1933), 6 ("인민 자체, 인민의 혈통공동체 및 운명공동체

하고, 타락한·변질된(degenerate) 혈통을 제거하는 것"은 "최고의 명령"[100]이며, "인민의 생존을 보장하기 위한 조치들을 취할 것이 요구된다[101]."

아마도 "*독일의 혈통 및 독일의 명예를 보호하기 위한 법률*"[102]은 그러한 조치 중 가장 강력한 법적 조치였다. 마찬가지로, 국가는 인민의 "외부적 형태"로서 그리고 국가사회주의운동(NSDAP)은 "국가 이상을 실현하는 심부름꾼"으로서 보호되어야 했다.[103]

헬무트 니콜라이(Helmut Nicolai)는 국가사회주의 인종이론을 얄팍한(vulgar) 철학적 사고로 뒷받침하고자 시도하였고,[104] 이는 (좀 놀랍게도) 에릭 볼프의 지

를 보호"); 또한 Freisler, in Frank (1934), 7-8 ("혈통에 기반한 지도이념의 형성"은 "인민의 삶의 성서를 위한 전제조건") 그리고 8 ("혈통과 뿌리"를 보호)을 보라; Thierack, in Frank (1934), 25-6 ("독일 인민의 신성한 특징으로서의 혈통과 뿌리", "혈통공동체"를 형성하는 "삶의 원천"으로서의 "혈통"); 법을 "혈통을 기반으로 하는 공동체라는 사고의 표현"으로 이해한 것에 대해서는 Dahm (1935a), 17을 보라.

99 Thierack, in Frank (1934), 26 ("인종이론"; "인종적 순수성은 인종적 의식, 인종적 자부심을 필요로 하고," 형법을 통한 보호가 필요하다).

100 Freisler, in Frank (1934), 8 ("낯선 혈통을 멀리하고, 변질된 혈통을 축축하는 것 …최고의 명령"); 유사한 사고는 Preußischer Justizminister (1933), 22 ("독일 혈통공동체를 순수하게 유지하는 것"); Thierack, in Frank (1934), 26 ("낯선 혈통을 멀리하고, 유전적으로 흠결 있는 혈통 … 타락한 혈통 … 오염된 혈통은 … 퇴치되어야 한다").

101 Freisler, in Frank (1934), 8 ("인민의 구성요소를 보전하기 위한 조치들을 취할 것"). 그는 그러한 조치로 "낙태, 소녀 매매를 근절하기 위한 투쟁 및 모성보호"를 언급하였다. 같은 주장은 Thierack, in Frank (1934), 26.

102 RGBl I 1146.

103 Freisler, in Frank (1934), 8-9 ("외적 형태", "국가사상의 실현자"). NSDAP는 "국가와 불가분적으로 연결되어" 있지만, "결코 국가기관은 아니다". 프로이센 제안서는 국가에 대한 범죄를 제일 앞에 위치시킴으로써 강화된 국가보호사상을 표현하였다, Preußischer Justizminister (1933), 13 이하. 이것은 반자유주의 운동의 주요 요청 중 하나였는데, 이에 대해서는 Marxen (1975), 124-5 참조.

104 Nicolai (1932), 42 이하 (범죄를 유전적 기질에 의한 것으로 이해하고, 범죄자를 "법의 보호 밖에 두는 것" 즉, "범죄자를 인민이라는 공동체로부터 배척하고, 이를 통해 그들이 인민공동체에 후세를 두는 것을 불가능하게 하는 것"이 필요하다고 함; "법의식이 순수한 (unadulterated: unverfälscht) 자만이 권리향유자, 법공동체의 구성원, 인민공동체의 구성원이 될 수 있다"; "인간적인" 형법은 "어떤 높은 문화적 상태"를 반영하지는 않기에 엄격한 형법을 통해 "명예롭지 못한 범죄자를 퇴치"). Nicolai의 국가사회주의자적 사고에 대해서는 Marxen (1975), 90-1, 14 이하, 153을 보라; 그가 동성애 혐의로 1935년에 소추된 것에 대해서는 Whitman (2017), 74. 나치 인종이론에 대해서는 또한 Hartl (2000), 42-3 참조 (그는 반유대주의를 나치 인종이론의 핵심으로 본다).

그림 5: 독일제국 형법위원회의 성과·작업에 대한 보고서, 위원회 위원장은 제국 법무부장관 귀르트너(Gürtner), I권 (Vol. I)은 총칙에 대한 것(Gürtner, 1934: 각칙에 대한 II권은 1935년에 발간됨)

그림 6: '(나치) 독일법 아카데미' 형법분야 중 양분과의 독일형법 주요 특징에 대한 제안서(Frank, 1934)

지를 받았다.[105] 니콜라이는 인종이 범죄율에 영향을 미친다고 보았고, 따라서 형법을 북유럽인종 및 게르만족에 속하지 않는 주민들에게 대항하여 투입하고자 하였다.[106] 여기서 우리는 국가사회주의는 ─ 확실히 존재하였던[107] ─ 범죄

---

[105] Wolf는 명망 높은 *ZStW*의 서평에 실은 "Rechts- und Staatsphilosophie"라는 글에서 Nicolai의 글을 다룸으로써(*ZStW* 53 (1934), 560, 572 이하) 당시의 주요 법철학 저작물과 동등한 위상을 그의 글에 부여하였을 뿐만 아니라, 나치주의 법이상에 대한 Nicolai의 설명을 단지 약간의 "불균형(Unausgeglichenheiten)"을 포함하고 있지만, 이는 "어쩔 수 없는 것(nicht anders sein kann)"이고, "편견없고, 대담한(unbefangen und unerschrocken)" "국가사회주의 이론의 시작(Anfang nationalsozialistischer Rechtslehre)"이라고 칭찬하였다, 573-4; Nicolai의 인종이론에 대한 비판은 아래의 각주 참조. Von Hentig, *MSchrKrimPsych* 24 (1933), 633도 유사하게 Nicolai의 글을 긍정적으로 평가하였다("솔직하고, 숙고되었으며, 체계합치적 ... 읽어볼 가치 있는").

생물학 및 사회진화론에 기초한 초기 범죄학적 시각을[108] 인종적 생물학으로 발전시켜 "외국적"요소를 가진 자들을 차별하는 형법을[109] 정당화하는 수단으로 제도화되었다는 것을 알 수 있다.[110] 그러나 범죄학적 연구에 의한 지원은 한정적이었다.[111]

---

106 Nicolai (1932), 43 (그는 "범죄율 조사에 따르면 북유럽 인종 및 게르만족 주민이 많을수록 범죄율이 낮다"고 하였다); 이에 대해서는 또한 Zaffaroni (2017), 147.

107 20세기 말 그리고 바이마르공화국 시대의 그러한 범죄생물학적 그리고 인류학적 연구에 대해서는 Dölling, in: Dreier/Sellert (1989), 195-6, 222-3; Vormbaum (2015), 155 이하; Hilliger (2018), 293 이하; 또한 Ambos, in Dessecker et al (2019); 20세기 초에는 Wolf (1933), 13 이하 (특히, 이탈리아 실증주의자를 다루면서).

108 예컨대 Exner (1939), 149 이하 ("유전적 요소" 및 "범죄자적 기질"의 중요성); 또한 id (1949), 272 이하 (환경의 영향력을 인정하지만, "기질·성향" 및 "유전적 요소"의 특별한 중요성을 강조하고 있음); Mezger (1934), 18 (롬보로조(Lombroso)의 "생래적 범죄자"이론을 거부하고 있지만, "그들이 가지는 고유한 기질·성향 때문에 범죄자가 될 수밖에 없는 사람들이 있다는 것을 부인할 수는 없다"는 것을 인정하고 있음), 54 ("정신병적 범죄자"의 특별한 "병리학적 기질·성향"이 그를 특히 위험한 사람으로 만든다), 104 이하 (범죄를 생물학적으로 접근하면서 "조상대대로 내려오는 유전적 요소"를 강조하고 있음); 생물학적 관점을 바탕으로 (그 결과로) 유전적으로 흠있는 아동의 출생을 막는 것에 대해서는 Mezger (1942), 79 이하, 269 이하; 또한 Dölling, in: Dreier/Sellert (1989), 198, 202, 209. 우리는 Exner와 Mezger는 로베르트 리터(Robert Ritter)와 같은 나치이론가에 의해 주장된 순수한 '유전자 및 인종에 의한 결정론'을 거부하고, 원칙적으로 기질·성향과 환경의 복잡한 상호작용을 인정하였다는 것을 간과하여서는 아니 된다. 이에 대해서는 아래의 각주 참조; 보다 상세한 분석은 Ambos, in Dessecker et al (2019) 참조. 미국 우생학적 사조의 영향에 대해서는 Whitman (2017), 8-9 (특히 Kühl의 *The Nazi Connection*, 1994를 근거로 들면서).

109 이른바 외국민족 형법(Fremdvolkstrafrechte) 또는 "외국인을 위한 형법"(예컨대 폴란드인을 위한 형법으로서의 폴란드인형법) 그리고 유대인을 위한 특별한 형법에 대해서는 Werle (1989), 351 이하, 449 이하, 603 이하, 698 이하, 723-4, 725-6 참조.

110 일면적으로 기질·성향만을 강조한 학자로는 예컨대 Dahm, *MSchrKrimPsych* 24 (1933), 162, 172 이하, 176; Schaffstein (1934), 19 ("유전적 차이"로 인한 나치 "인종 사상"의 "우월성"); Schaffstein, *ZStW* 55 (1936), 276, 282 이하 (두 문장을 통해 교육에 대한 과도한 강조를 비판하고, "교육될 수 없는 자"를 중화할 것(neutralise)을 요구하고 있음). 또한 Werle (1989), 698, 700; Zaffaroni, in Zaffaroni (2009a), 15 (나치는 인종적 생물학주의를 완성시킨다) 참조.

111 매우 상세히는 Wetzell (2000), 179 이하 참조, Wetzell의 분석결과에 의하면 나치는 그들의 우생학적·생물학적 범죄시각을 뒷받침할 범죄생물학적 연구를 필요로 하였지만, Mezger 및 Exner와 같은 (ibid, 209 이하) 주요 범죄학자들은 단지 부분적으로만 근거를 제공하였는데, "범죄를 유전적 산물로 보고, 인종적으로 설명하는 것은 범죄생물학 및 범죄학에서 주류적 입장은 아니었고, 주류 범죄학은 … 범죄를 증가하는 방법론적 복잡성이 계속되는 과정·절차의 산물"(ibid, p 230)로 보았기 때문이다. 범죄생물학에 근거한 나치의 선별정책은 *Monatsschrift für Kriminalpsychologie und Strafrechtsreform* (오늘날의 *MSchrKrim*)의 설립자

어쨌든, ─ 인종 및 혈통의 공동체라는 의미로 사용된 ─ *인민공동체*라는 개념의 중요성은 과장되어서는 아니 된다: 그것은 나치 (형)법의 출발점인 동시에 목적이었고,[112] 국가사회주의자들이 특히, 유명한 "뉘른베르크 법"을[113] 이용하여 보호하고자[114] 한 (즉, "순수하게" 유지하고자 한[115]) 주된 대상이었다. 나아가, *인민공동체*라는 개념은 (형)법에서 규범적 근거를 제공하였을 뿐만 아니라,[116] 유

이자 발간인인 구스타프 아샤펜부르크(Gustav Aschaffenburg)에 의해 옹호되었지만, 나치는 그의 유대교 신념을 이유로 그를 추방하였다 (186 이하); 뿐만 아니라, 헬무트 마이어 (Helmuth Mayer) 등의 법률가들은 "범죄생물학과 인종주의 (반유대주의를 포함하여)" 간에 관련성이 없을 뿐만 아니라 (187), "나치 법률가와 범죄 생물학자 간에 자연적인 친화성"이 인정될 수도 없다고 하면서 국가사회주의사고에 기초한 범죄생물학적 연구를 비판하였다 (202 이하); Ritter 그리고 그의 "반사회적 인간" 특히, 집시에 대한 연구에 대한 비판은 219 이하 ("Ritter의 연구는 단순하고, 방법론적으로 퇴보한 것이며 그를 제3제국의 학자로 가속화 시켰다", 229). 그러나 Wetzell은 Mezger에 대해 과도하게 긍정적으로 평가하고 있다; Mezger 에 대해 자세히는 주 297 이하 및 관련 본문을 포함하여 이 책의 제4장 1을 보라; 나치 통치세기 범죄학의 역할에 대한 보다 세분화된 분석은 Ambos, in Dessecker et al (2019) 참조. 기질·성향 및 환경의 상호작용을 강조하는 견해로는 예컨대 Wolf, *ZStW* 53 (1934), 573-4 (Nicolai 의 순전히 인종에 기초한 기질·성향 이론을 비판하면서); Gemmingen (1933), 14 이하에서는 놀랍게도, 히틀러는 "환경요소"의 중요성을 강조하였기에 기질·성향만을 일면적으로 강조하는 것에 반대하였다고 하면서 세분화하여 파악하는 견해를 제시하고 있다.

112 Zaffaroni (2017), 72 이하. 또한 예컨대 Gemmingen (1933), 14 참조, Gemmingen에 의하면 히틀러의 "종합적 목표(umfassende Ziel)"는 "자유주의 및 개인주의 사상에 따라 이해된 사회가 조직 및 윤리라는 사고에 따라 이해된 공동체로 즉, 인민으로(*Volk* 또는 people) 되도록 교육시키는 것(die Erziehung der (liberalistisch-atomistisch gedachten) Gesellschaft zur (organisch-völkisch gedachten) Gemeinschaft, also zum 'Volk')"이었다. 근래에 이에 대해 보다 상세히 요약하고 있는 Hartl (2000), 43 이하.

113 엄밀히 얘기하면, 이른바 "뉘른베르크 법"은 1935년 9월 15일 뉘른베르크에서 개최된 독일 '자유를 위한 제국의회 정당대회(Reichsparteitag der Freiheit)'에서 채택된 2개의 법률 즉, 이미 앞에서 언급한 "혈통 및 명예를 보호하기 위한 법률"(앞의 주 102) 그리고 "*제국시민법*"(Reichsbürgergesetz; Reich Citizenship Law, RGBl I 1146)을 포괄하여 지칭한다; 뉘른베르크 법 그리고 미국의 이민·귀화 및 인종 관련 입법의 영향에 대해서는 Whitman (2017), 1-2, 29 이하, 73 이하 ("수정없이 받아들인 것"이 아니라, 더욱 급진적인 나치에게 근거를 제공한 것 [이에 대해서는 이미 주93에서 언급함], "명백히 출중한 '인종차별적 국가'의 예" [113]).

114 Preußischer Justizminister (1933), 13 참조(가능한 새로운 형법전을 제안하면서 형법전 초반부에 '국민공동체의 보호'를 제시하고 있음); 독일 국민, 독일 국가 등을 보호하는 것을 목적으로 한 관련 나치 명령/법률에 대해서는 Werle (1989), 64 이하, 700 이하 참조.

115 앞의 주 100 그리고 뒤의 주 232를 비롯하여 이 장의 2 부분 참조.

116 예컨대 Schaffstein, *ZStW* 53 (1934), 603, 624 참조 ("국가 및 법에 대한 국가사회주의자의 이해·사고에 있어서 개인초월적인 전체로서의 인민은 최상의 유일한 직접적인 가치였고, 그로부터 기타 모든 법적 가치가 간접적으로 도출되었다[Für die nationalsozialistische Staats-

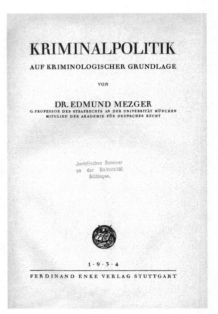

그림 7: 니콜라이의 인종이론, 1932

그림 8: 그 당시 영향력 있었던 메츠거의 "형사정책" 저서, 1934년에 제1판이 발간되었고(위 그림), 제2판은 1942년에 발간됨: 메츠거는 1931년에 매우 영향력 있는 형법 교과서도 발간하였는데, 이 교과서는 그 후 몇 번에 걸쳐 새로운 판으로 출판되었다.

명한 "건전한 인민감정(gesundes Volksempfinden)"이라는 사고/개념을 통해[117]

und Rechtsauffassung ist das Volk als transpersonale Ganzheit höchster und einziger unmittelbarer Wert, aus dem sich alle anderen Rechtswerte mittelbar ergeben]"). Zaffaroni는 Schaffstein의 이 글을 근거로 참조·인용하지는 않고 있다.

117 Freisler, in Frank (1934), 11 ("인민의 법·정의에 대한 인식은 법규범"); Freisler, *DJ* 97 (1935), 1251(인민의 건전한 감정은 국가사회주의 법의 법원[法源]); Schaffstein (1934), 24 (Memorandum of the Preußische Justizminister [1933]을 인용하면서 "진정한 법원"이라고 함); Schaffstein, *ZStW* 53 (1934), 605, 607 (NS법의 법원으로서의 "국민의 정의에 대한 인식·감정"); Henkel (1934b), 28-9 ("법적 통찰의 근원"으로서의 *인민공동체*가 인식하는 가치"); Mezger, *DJZ* 41 (1936), 602 ("건전한 인민감정"은 "법질서 및 도덕질서에 대한 인민의 독립적이고, 현재적인 표현형태"로서 "형법전의 근본사고"로 반영됨. 따라서 개정된 형법전 제2조의 1차적 준거) 참조. 또한 Marxen (1975), 70-1; Rückert, *ZRG-GA* 103 (1986), 222-3 (214 이

법원(法源)으로도 기능하였다. 개인과 국가는 양자 모두 *인민공동체*를 위한 봉사자로 기능하였다. 이것은 개인에게서, 궁극적으로 보호되어야 할 존재로서의 그들의 지위를 빼앗고[118] (아마도 나아가 그들의 계층적 아이덴터티까지도 빼앗아),[119] 개인에게 충성의무(Treue)를 지우는 것이었다.[120] 동시에 국가는 — 전통적으로 국민과 국가를 구별하는 사상을 극복하여 — 독특한 파시스트 국가로 되었다.[121]

하에서 '건전한 인민감정'이라는 개념·사고가 반영된 여러 나치 법원[규범, 판례법, 학자의 견해]을 나열하고 있음); Werle (1989), 145; Hartl (2000), 54; Zaffaroni (2017), 78 이하를 보라 — *건전한 국민감정*은 형법이론상의 수많은 개별 문제들에 대한 해결안에도 영향을 미쳤는데, 예컨대 부작위범에 대해서는 주 579를 비롯하여 제5장 4 참조; 법률의 착오 사안에서 해당 법률의 착오가 "적법과 부적법에 대한 건전한 인민의 인식과 합치할 수 없는 경우 법률의 착오는 고려될 수 없다"는 해결안에 대해서는 주 315 및 관련 본문을 비롯하여 제4장 1 참조; 정당방위의 제한에 대해서는 Preußischer Justizminister (1933), 137 그리고 Freisler, in Frank (1934), 17 ("건전한 인민의 인식·이해·가치관을 따라[nach gesunder Volksanschauung]"을 따를 때 정당방위법의 남용에 해당하는 경우를 논하고 있음) 참조; 기타 더 많은 예를 이 두 문헌에서 발견할 수 있다.

118 예컨대 Preußischer Justizminister (1933), 4-5 (개인은 "인민이라는 유기체[Volksorganismus]"의 구성부분이고, 따라서 개인은 "자신의 모든 행동에서 국가의 존재와 안녕을 유지하기 위해 필요한 것에 대해 고려해야 한다"); Freisler, in Frank (1934), 9 ("개인은 전체를 위한 경비자의 지위를 가진다[Treuhänderstellung des Einzelnen in Bezug auf die Gesamtheit]") 참조; 유사한 견해 Thierack, in Frank (1934), 28; 또한 Gerland, *DJZ* 38 (1933), 860 ("공동체 앞에서 개인은 단지 개인이 공동체를 위해 가지는 의미 그 한도에서만 중요성을 가진다[Vor der Gemeinschaft bedeutet der Einzelne nur so viel, als er für sie bedeutet]"); Dahm (1935a), 12 ("어느 구체적인 한 공동체의 구성부분으로서의 개개 인민[Volksgenosse, als Glied einer konkreten Gemeinschaft]"); 비형법학자의 예로는 Lange (1934), 34 ("너는 아무 것도 아니고, 너의 인민이 모든 것이다[Du bist nichts, dein Volk ist alles]", "공익이 사익에 우선한다[Gemeinnutz geht vor Eigennutz]"); 이와 관련하여서는 또한 예컨대 Alexy, in: Säcker (1992), 225 이하; Hoyer, *GS Eckert* (2008), 353 ("집단의 우위성[Suprematie des Kollektivs]"); Rüping/ Jerouschek (2011), 98; 반개인주의, 반자유주의 및 공동체 관련 사고에 대해서는 또한 Hartl (2000), 47 이하; Murmann (2005), 126 이하 참조 — 그러나 담(Dahm)은 1933년까지는 "개인에게 자유를 부여하지 않고, 우리의 차별화된 문화라는 고유성을 고려하지 않는 독일형법을 생각할 수 없다(kein deutsches, der Eigenart unserer differenzierten Kultur entsprechendes Strafrecht denkbar, das nicht dem Einzelnen Spielraum ließe)"는 견해를 가지고 있었다, Dahm, *MSchrKrimPsych* 24 (1933), 162, 174.

119 Hartung (1971), 120-1 참조 (*인민공동체*라는 사고는 가장 낮은 "제4계급[vierten Standes]"에 대한 차별을 상당부분 없앴다고 주장하고 있음).

120 Thierack, in Frank (1934), 27 ("지도자, 인민 및 국가에 대한 충성의무[Treuepflicht gegenüber Führer, Volk und Staat]", "독일국민의 으뜸가는 전통[vornehmstes deutsches Erbgut]"으로서의 충성).

121 이와 관련하여 국가사회주의 독일과 파시스트 이탈리아의 차이점에 대해서는 Dahm

이것은 앞에서 설명한 *인민공동체*의 실현을 목표로 하는, **국가사회주의 국가의 제도화**에 이르게 한다.[122] 이와 관련하여, 자파로니는 1935년 독일 법학대회에서 괴링(Göring)이 한 유명한 연설에서[123] 많은 부분을 인용하고 있는데, 그 연설에서 괴링은 국가사회주의 국가는 그 자체가 목적이 아니라, 목적달성을 위한 수단, 즉 "동종의(artgleich)" *인민공동체*의 실현이라는 목적을 달성하기 위한 수단이라는 것을 강조하였다.[124] 괴링은 "남태평양" 사람들은 북유럽 – 게르만족 법을 이해할 수 없고, 남태평양 사람들의 법을 "우리는 이해하지 못하고 거부한다"고 하면서 "남태평양" 사람들에 비해 아리안 인종 및 아리안 인종에 의한 북유럽 – 게르만법이 우수하다고 선전하였다.[125] 자파로니는 이러한 차별

(1935a), 6 이하 참조, 그에 의하면 전자의 경우 *인민공동체*가 주된 초점이고, 국가는 인민공동체의 목적에 봉사하지만, 후자의 경우 국민(nation)은 전체적 국가에서 실현되기에 "국가통제주의가 특징적"이다 (유사한 견해 Grispigni [1941a], in Zaffaroni [2009a], 70 및 각주 12 ["국가"를 "인민"으로 대신함]). 반면에 국가사회주의 국가의 경우 기껏해야 젊은이들에 대한 전체주의적 동원이 있을 수 있지만, 전체주의적 국가로 발전하지는 않는데, 국가는 "인민(Volkstum)에 의해서 설립되고 정당화되기" 때문이라고 한다(Dahm, 1935a, 7). 어쨌든, 독일인과 이탈리아인은 다른 성격을 가지는데, 이것은 이로 인해 "깊은 본질적 차이"가 있음을 암시한다고 한다 ("tiefgreifenden Wesensunterschied", 7). 국가사회주의와 전체주의 국가의 차이점에 대해서는 또한 Gúzman D., in Zaffaroni (2017), 89 ("visión sustancialista" [NS] versus "supraindividual") 참조; "국가"를 "인민"으로 대신하는지와 관련한 차이점에 대해서는 또한 Grispigni (1941a), in Zaffaroni (2009a), 70 및 각주 12; Rückert, *ZRG-GA* 103 (1986), 206; id, *JZ* 2015, 797 (국가를 중요시하기보다는 "인민을 중요시하는[völkisch]") 참조.

122 Zaffaroni (2017), 85 이하 (제3장).

123 Göring (1935).

124 Göring (1935), 6 ("지도자는 우리의 국가를 인민을 위한 국가로 만들었다 … 따라서 우리의 국가는 그 자체가 목적이 아니라, 목적달성을 위한 수단이다[Unseren Staat hat der Führer für das Volk geschaffen … Unser Staat ist daher nicht Selbstzweck, sondern Mittel zum Zweck]"); 이에 대해서는 Zaffaroni (2017), 85 이하. 유사한 표현은 Preußischer Justizminister (1933), 4.

125 Göring (1935), 13 ("따라서 같은 혈통을 가지고 같은 인종에 속하는 사람들은 그들의 법을 가지고 있고, 그것을 이해한다. 여러분은 아래 남태평양에서는 북유럽-게르만법을 이해할 수 있는 사람을 발견할지 못할 것이다. 거기서 개인에 의해 법개념으로 이해되고, 영원한 법으로 유효한 것은 우리에 의해 이해될 수 없고, 거부된다 [Und darum haben die Blut-und Artgleichen ihr Recht und verstehen es. Sie werden vielleicht unten in der Südsee keinen Menschen finden, der nordisch-germanisches Recht verstünde. Das, was dort als Rechtsbegriff von jedem einzelnen aufgefaßt wird und als ewiges Recht gilt, wird von uns nicht verstanden und zurückgewiesen]").

은 라틴아메리카를 향한 것이 아니라, 이탈리아를 향한 것이라고 주장한다.[126] 그러나 이러한 주장의 적절성은 의문스럽다. 먼저, "남태평양 섬사람들"이라고 지칭하면서 행해지는 차별은 식민지시대의 법적 사고의 표현으로서 "새로운 세계(new world)"를 겨냥한 것으로서 그 당시에 일반적이었고, 가끔 오늘날에도 그러한 표현을 찾아볼 수 있다. 다음으로, 이탈리아 파시즘은 여러 면에서 나치에 대한 모델로 기능하였다.[127]

*인민공동체*는 나치 프로젝트의 중심축으로 기능하였기에 자파로니의 이어지는 핵심적 비판의 대상이다. 그는 타당하게, "인민의 공동체"는 선험적으로(a priori) 존재하는 어떤 집합체가 아니라, 국가사회주의자들이 실현하고자 하였던 *정치적 프로젝트*였다는 것을 여러 번 강조한다.[128] 그 실현은 형법을 통해 강제될 필요가 있었는데, 동종인종으로 구성된 인민공동체가 이미 이루어졌다면 이러한 강제는 완전히 불필요한 것이었고, 인종적으로 동일한 국민의 구성원들인 "*인민동지들(Volksgenossen)*"(라렌츠, 이에 대해 보다 상세히는 뒤에서)은 완전한 조화 속에서 함께 살아가면서 리더쉽에 관한 국가사회주의자들의 주장을 아무런 소동 없이 받아들였을 것이기 때문이라고 한다.[129] *인민공동체*를 논하면서 자파로니는 — 좀 놀랍게도 — 여러 곳에서 "인민의 공동체"라는 사상에는

---

126 Zaffaroni (2017), 86, 96.

127 Hitler는 무솔리니(Bemito Mussolini)에 대해 감탄을 표하였고 (이에 대해서는 Nolte [1963], 32-3, 50, 55, 291), 많은 나치 상징물은 이탈리아 파시즘에서 유래하였다 (나치 경례는 "로마경례"를 본받았고, NSDAP는 "로마식" 편성으로 이루어졌다; 로마제국이 모범으로 기능하였다는 점에 대해서는 ibid, 500; 국가사회주의와 이탈리아 파시즘의 유사성 및 차이점에 대해서는 ibid, 343 이하); 독일 형법전 제86a조에 따를 때 "로마경례"의 가벌성에 대한 최근 문헌으로는 Caroli, *JJZ* 19 (2019), 48 이하). 다른 곳에서는 차이점을 강조하면서도 (앞의 주 121 참조), Dahm/Schaffstein은 이탈리아 파시즘을 "국수주의적이고 전체주의적인 국가관"의 예로 들고 있는데, 주 535 및 해당 본문을 포함하여 이 책의 제5장 2를 보라. 같은 취지에서 서술하고 있는 Grispigni (1941a), in Zaffaroni (2009a), 70 및 각주 12 ("doctrinas...completamente análogas").

128 예컨대 Zaffaroni (2017), 128 ("no era más, que un proyecto politico para imponer"), 293 ("programa político por realizar o en vías de realización")을 보라.

129 Zaffaroni (2017), 127-8 ("si la sociedad estaba tan integrada éticamente como se pretendía, no se explica por qué fueron necesarias leyes penales tan draconianas y extremas y un ejercicio de poder punitive tan fuertemente verticalizador").

"사회를 시스템적으로 바라보는 생각(systemic conception of society)"이 내재한다고 한다.[130] 그러나 그는 '시스템적 생각'이라는 서술에서 '시스템적(systemic)'이라는 용어를 유기적 생물체와 관련된 의미로, 즉 도미니크회 수사 요하네스 니더(Johannes Nider)가 "개미 사회(ant society)"를 정의하면서 사용한 바와 같은 의미로 사용하고 있고,[131] 사회학적 체계이론(sociological systems theory)에서 의미하는 '체계'의 뜻으로 사용하지는 않는다. 자파로니는 결론적으로 다음과 같이 명시적으로 서술한다: "*인민공동체*는 시스템적 사고였지만, 단순한 체계이론에 따른 사회학이 아닌 의미라서 분명히 구분되어야 한다."[132] 따라서 종합하면 자파로니는 "사회를 생물학적 유기물로 보는 생각"이라는 의미에서 "시스템적"이라고 표현하고 있다.[133] 그러나, 우리는 국가사회주의는 위에서 정의된, 사회를 시스템적으로 바라보는 사고에 반대하여 *인민(Volk)*과 *인민공동체(Volksgemeinschaft)*를 이해하였다는 사실을[134] 간과하여서는 아니 된다. *인민*이라는 사고는 "국가가 개인을 파괴할 수 있다는 역할을 가능케 하였다."[135]

동시에 "아리안 *인민공동체*"에 속하지 않는 시민들은 **비인격화되고**, *그들의 권리를 빼앗겼다*.[136] 이와 관련하여 자파로니는 정확하게, 칼 라렌츠(Karl Larenz)에 의해 고안된 정당화 근거를 언급하고 있는데, 라렌츠는 ― "후기 자연법의 주관적 ― 윤리적 개인주의"를 의식적으로 거부하고,[137] "*인민공동체*의

---

130 Zaffaroni (2017), 72, 78, 80-1, 214-5, 217, 290, 302.

131 Nider (1473); 이에 관해서는 Zaffaroni (2017), 37 이하.

132 Zaffaroni (2017), 290 ("La *comunidad del pueblo* era un concepto sistemico, pero no una simple sociología sistémica, de la cual se la debe distinguir cuidadosamente" [이 책의 필자(K.A.)가 한 번역, 이탤릭체는 원문에서의 강조]).

133 Zaffaroni (2017), 291 ("concepción orgánica de la sociedad").

134 Freisler, *DJZ* 97 (1935), 1247, 1248 (사회를 조직 · 유기체로 이해하는 사고); 2차적 근거로는 Rüping (1989), 180; Murmann (2005), 129 이하.

135 Murmann (2005), 130 ("für den Staat ebenso konstitutiv wie er für den Einzelnen vernichtend").

136 Zaffaroni (2017), 97 이하. 나치의 한 전략으로서의 "권리박탈(Entrechtlichung)"에 대해서는 최근의 문헌으로 Gusy, *ZDRW* 1 (2019), 8을 보라.

137 Larenz, in Dahm et al (1935), 225, 228 ("subjektiv-ethischen Individualismus des späten Naturrechts"). (개인지향적 법으로 오해되고 있는 로마법과 대비시켜, 사회-공동체 지향적 법으로 오해되고 있는) 게르만법을 근거로 하여 주관적 권리를 거부하고자 한 것에 대해서

생활형태로서의 법"이라는 사고를 수용하여[138] — "*인민동료(Volksgenossen)*"만
이 독일 국민·인민·민족(Volk) 및 독일혈통에 속하기에 그들만이 법공동체의
완전한 구성원 즉, "*법동료(Rechtsgenossen)*"로서 법적 거래와 소통에 완전히 참
여할 수 있는 권리를 가질 수 있다고 하였다.[139] 이것은 단지 *인민동료*만이 *인민
공동체* 및 지도자에 대해 완전한 의무를 부담한다는 것을 의미하였다 — 종국적
으로 그들은 더 이상 권리를 가지지는 못하고, 의무만 부담하는 것이다.[140]

는 Klippel, in Rückert/Willoweit (1995), 39 이하 (49 이하); Luig, in Rückert/Willoweit (1995),
95 이하. 공동체라는 사고를 정당화하기 위해 게르만 형법을 근거로 들었던 Dahm (1935a), 6.

138 Larenz, in Dahm et al (1935), 238-9 ("Recht als Lebensform der Volksgemeinschaft"). 여기서
"*인민을 중요시하는* 법적 사고(*völkisches* Rechtsdenken)" 그리고 Schmitt의 *(사회적) 질서
사고(Ordnungsdenken)*"에 기초한 "구체적이고 일반적인 근본개념(konkret-allgemeinen
Grundbegriffen)"이라는 사고의 중요성이 명확해 지는데, Larenz (1933), 9, 43 이하, 52 참조.
그러한 사고의 역할은 핵심에 있어서, 인종적으로 정의된 *인민공동체*를 지향하면서, 개념변
경을 통한 "*인민적인* 법변경(völkischen Rechtserneuerung)"을 통해 사회의 실제모습을 나치
주의적으로 변화시키는 데 있었다; 이에 대해서는 Rüthers (1989), 58-9, 76 이하, 95 이하; "일
상법으로서의 법[Recht als Lebensrecht]" 그리고 법역사적 관점에서 구체적인 질서라는 사
고에 대해서는 Rückert, in Rückert/Willoweit (1995), 177 이하 (국가사회주의 법은 "법치주의
를 지향한 구 법원론에서의 자유주의적 사고"를 포기하고, "모든 구체적인 생활질서로의 상
시적 침투"를 공개적으로 선전하였다고 결론내리고 있음, 234-5); 또한 Rückert, in id (2018a),
274 이하 (Schmitt 및 Larenz에 대해) 참조.

139 Larenz (1935), 241 ("Rechtsgenosse ist nur, wer Volksgenosse ist; Volksgenosse ist, wer deut-
schen Blutes ist"). 이것은 "모든 인간은" 법적 행위능력을 가진다고 규정하고 있는 독일 민법
전(BGB) 제1조를 변경하는 것을 목적으로 하였다. Larenz에 의하면 *인민공동체*에 속하지 않
는 외국인은 *인민공동체*에 의해 그들에게 허가된 "제한된 법적 행위능력"을 향유하고, "손
님으로 취급된다"(als Gast geachtet, 241-2). 이것은 유대인 시민 그리고 다른 아리아인 아닌
시민들에게 그들의 권리를 빼앗기 위한 작은 발걸음이었는데, 보다 상세히는 Rüthers (1989),
88 이하 (91: "시민의 권리를 불인정하기 위한 도구"); Larenz의 경력과 형법이론에 대해 매우
상세히는 Schild, in Asholt et al (2014), 122 이하 (Larenz는 많은 나치 단체의 구성원이었지만,
제3제국의 "수석 법률가(Kronjurist)"는 아니었는데, 그의 "영향력은 미미하였기"[weitge-
hend wirkungslos, 126] 때문이다, 128 이하 (Hegel 철학과의 복잡한 관계), 142 이하 (Larent
의 형법이론은 "인종동지[Rassegenossen]"인 *인민동료*의 생활질서[Lebensordnung der
Volksgenossen]"를 지향하고, 범죄를 "공동체법 위반행위[Gemeinschaftsrechtswidrigkeit]"
로 이해하여 범죄자를 공동체 밖으로 추방하고, 그의 명예를 상실시키는 것을 정당화시킨다;
"인종적으로 그리고 운명적으로 이해된 인민의 생활을 기초로 하고, 같은 인종에 속하지 않
는 자는 아무런 법적 지위를 가지지 않으며, 가질 수 없다[auf ein...Leben eines rassistisch und
schicksalhaft aufgefassten Volkes aufgebaut, in der die Rassefremden keinerlei Rechtsstellung
haben und haben können, 153]").

140 Zaffaroni (2017), 101.

이러한 모델에서는 **법관의 역할**도 *인민공동체* 및 지도자에 봉사하는 것이었
다. 그에 따라 법관의 임무는 신분 및 업무상 독립을 보장받은 채 새로운 국가의
형벌권을 한정하는 것이 아니라, ― 그들 스스로 나치주의 리더로서[141] ― 나치
국가를 실현한다는 목표를 위해 행동하는 것으로 되었는데,[142] 이는 물론 범죄
혐의자의 희생을 대가로 이루어졌다.[143] 보다 더 상세히 얘기하면, Dahm 등[144]
이 제시한 가이드라인에 따르면, 법관들은 "현재 독일인민의 구성부분으로
서(Glied in der lebendigen Gemeinschaft des deutschen Volkes)" " *인민적* 공동
체의 구체적인 질서를 유지하고, 유해한 사람 등을 박멸하고, 공동체질서를 위반
하는 행위를 처벌해야(die konkrete völkische Gemeinschaftsordnung zu wahren,
Schädlinge auszumerzen, gemeinschaftswidriges Verhalten zu ahnden)" 한다. 그
리고 이러한 활동은 정당강령에서 나타나고 있는 "나치주의자 *세계관*(National
Socialist Weltanschauung)"에 기초하여 (정당강령은 그 자체로 法源으로 기능함)[145]
그리고 *지도자*의 성명·선언에 기초하여 ― 지도자의 결정은 반박될 수 없다
("kein Prüfungsrecht") ― 이루어져야 된다고 한다.[146] "국가사회주의(자) 개혁"

---

141 Vormbaum (2015), 205 이하 참조.
142 예컨대 Siegert (1934), 19 참조, 그에 의하면, 해당 문제와 관련하여 성문규범 또는 관습법이
 존재하지 않는 경우 법관은 "인민 그리고 지도층의 정신에 따라 행동해야(im Geist des
 Volkes und der Führung zu handeln)" 한다; 유사한 주장은 Gürtner (1936), 11 이하 (법관은
 "인민적 생활의 요구[die Forderungen des völkischen Lebens]"와 지도자의 원칙에 기초하여
 "법흠결의 공백을 메워야[Ausfüllung verbliebener Lücken]" 한다. "법원의 지배자(Gerichtsherr)"
 로서의 히틀러 그리고 그 결과 사법부가 지도자의 의지를 지향하고, 지도자의 의지를 무조건
 적으로 실행한 것에 대해서는 Werle (1989), 19 이하, 151, 270 이하, 577 이하, 602, 682, 690-1,
 692 이하, 715; 또한 Rüping (1989), 182; Maus (1989), 88 이하; Hartl (2000), 53 이하, 262 이하;
 Rückert, JZ 2015, 804; Zaffaroni (2017), 101 이하; Arnedo, in Zaffaroni (2017), 63 이하를 보라.
143 예컨대 Dahm, DStR 80 (1934), 88 참조, 여기서 그는 위법성조각사유와 책임조각사유는 "범
 행자에게로만 유리하게 작용"한다는 것을 근거로 그러한 사유의 충족여부를 판단함에 있어
 서 "법관의 재량이 확장"될 필요성이 있음을 서술하고 있다.
144 Dahm et al, DRWis 1 (1936), 123-4; 이에 대해서는 Rüping (1989), 182.
145 따라서, 바이마르 헌법 제정 이전에 이미 "쉔펠더(Schönfelder)"라는 법률집이 C.H.Beck 출
 판사에 의해 출판되었음에도 불구하고, 국가사회주의 통치시기에는 정당강령이 최고의 法
 源으로 기능하였다고 할 수 있다; Rückert, JZ 2015, 801 참조.
146 법관은 "명백히(unzweideutig)" "법을 제정할(Recht zu setzen)" 의도로 이루어진 지도자의
 결정에 기속된다고 한다(Dahm et al, DRWis 1 (1936), 124).

이전부터 존재하던 규범들은 "그러한 규범을 적용하는 것이 현재의 건전한 국민감정에 부합하지 않는다면" "적용되어서는 아니 된다"고[147] 하였다. 아이러니하게도, 그 가이드라인들은 행정부 등의 지시 등으로부터 법관의 "독립성"과 자유가 보장되어야 한다고 하면서 마무리하고 있다.[148] 그 가이드라인은 스스로 사법에 대한 행정부의 많은 개입행위들[149]과 사법에로의 개입을 위한 구체적인 지침들 — 예컨대 1942년부터 제국법무부장관에 의해 발간된 유명한 "Judges' Letters(*Richterbriefe*)" [*역자 주: 법무부가 국가사회주의적 시각에 따라 판결에 대해 평석하고 의견을 제시한 법무부장관 명의의 출판물] — 을[150] 무시하면서 뻔뻔스럽게 사법부의 독립에 대해 서술하고 있다. 어쨌든 법관들은 법을 (재)해석하는 폭넓은 권한을 가졌거나 심지어 나치-*세계관*에 부합하는 방향으로 법을 해석·적용하였고[151] — 실제로 나치-세계관은 모든 법률가에 대해 해석의 기준으로 작용하였다[152] —, 많은 법관들은 이 새로운, 적극적인 역할을 진지하게 받아들였고, 나치주의 포로젝트를 실현하는 데 기여하였다.[153] 이러한 점에서,

---

147 Ibid ("... dürfen nicht angewandt werden, wenn ihre Anwendung dem heutigen gesunden Volksempfinden ins Gesicht schlagen würde").

148 Ibid.

149 내부자의 시각에서 서술하고 있는 글로는 예컨대 Hartung (1971), 107 이하 (특히, 1942년 4월 26일 "Großdeutschen Reichstage(Greater German Diet; 대독일 제국의회일)"에서 히틀러가 행한 유명한 연설은 사법부독립에 대한 직접적인 공격이었음을 상기시키고 있음).

150 Maus (1989), 90; Kroeschell (1992), 113-4; Rüping/Jerouschek (2011), 105를 보라.

151 이에 대해서는 Rüther의 상세한 연구 "unlimited interpretation" (1968/2017, 175-6; 또한 id, 2017, 47, 54) 참조, Rüther는 나치-*세계관*을 실현하기 위해 법관에게 폭넓은 해석권한을 부여한 것을 특징화하기 위해 "(주관적) 재해석"이라는 표현을 사용하고 있다. 다른 견해로는 Stolleis (2016), 11.

152 1942년에 제안된 '국민법(Volksgesetzbuch)'초안의 규칙 제20조, 제21조 및 제23조 참조, 이 초안은 '독일 법학회(Academy of German Law)'의 조사·연구보고서(working paper)로 제안되었고, 법관, 공증인, 변호사들에게 항상 "국가사회주의자 *세계관*"을 따를 것을 요구하고 있다; 국민법 초안의 발췌본은 Rückert, in: Lück/Holänd (2011), 122-3.

153 예컨대 Falk (2017), 4-5 참조 (법관/사법부는 단지 나치에 대항하지 않은 것은 아니라, "오히려 기꺼이·순응하여 불법국가의 성립 및 유지를 위한 본질적인 기여를 행하였다[vielfach willfährig ihren konstitutiven Beitrag zu Errichtung und Fortdauer des Unrechtsstaates geleistet]"; 노동운동 및 노동자계층의 저항은 "사법부의 큰 협력 하에 ... 거의 사라졌다[mit maßgeblicher Hilfe der Justiz ... ast vollständig ausgeschaltet]"; 법관들은 "유대인 주민 그리고 다른 ... 소수인종들에 대한 차별과 소추를 통해[bei Diskriminierung und Verfolgung der jüdi-

뉘른베르크 법률가재판에서의 유명한 *문구*(*dictum*)인 "살인자의 칼은 법률가의 법복 아래로 숨겨졌다"는[154] 말에는 비록 과장된 면이 있지만, 일부 진실이 포함되어 있고, 쉬미트(Eberhard Schmidt)의 견해[155]와 달리, 사법부는 모든 책임을 입법부에 돌린 채 자신의 책임을 완전히 피할 수는 없다. 그러나 추가적인 연구·조사가 필요하다는 것은 사실이다.[156] 우리가 뒤에서 보는 바와 같이(제5장 3) 국가사회주의 프로젝트를 실현하는데 있어서 법관들이 행한 주요 역할은 특히 킬 학파에 의해 시인되고 정당화되었다.[157]

---

schen Bevölkerung und anderer ... Minderheiten]" 나치의 기대를 충족시켰다; 사법부는 국가사회주의 국가가 몰락할 때까지 국가사회주의국가의 "본질적인 구성부분[essentieller Bestandteil]"이었다; 사법부는 전통적으로 보수적이며 반공화적 성향을 가진다는 것을 논거로 들면서 유사한 견해를 제시하고 있는 Braun/Falk, in: Form et al (2015), 21 이하. 반면에 사법부에 대해 호의적·긍정적 입장에서 서술하고 있는 Graver, *GLJ* 19 (2018), 845 이하 (그에 의하면, 비록 어떤 조직적인 "저항"은 없었고, 간헐적인 "반대"와 "다른 의견"(occasional "opposition" and "dissent")만이 있었지만 [864, 예시사례는 853 이하], 당초에는 사법부의 독립이 보장되었고 [853], 이것은 독일의 전통에 따른 것이었다 [Graver는 이것을 "경로의 존성(path dependency)"이론과 "거주중심(habitus)" 이론을 이용하여 설명하고 있다, 871 이하]; 유사한 견해로는 Hoefer, *JCL&Crim* 35 (1945), 392 이하 ("나치주의 통치 초기에는 사법부가 "어느 정도의 독립성"을 가지고 있었고, 나치는 이를 파괴하고자 하였다"). 많은 근거사례들을 조심스럽게 정리하고 있는 Kroeschell (1992), 113 이하, 241 이하; 보다 비판적으로 평가하고 있는 Rüping/Jerouschek (2011), 101 이하, 107; Stolleis (2016), 23-4.

154 *U.S. v. Altstoetter et al.* ("The Justice Case"), in TWC III (1951), 985.

155 Schmidt (1947a), 231 ("사법부가 아니라, 입법자만이 정의의 깃발을 버렸다[nicht die Justiz, sondern ganz alleine der Gesetzgeber hatte die Fahne des Rechts verlassen]").

156 예컨대 제국법원의 역할에 대해서는 여전히 논란이 있다: Schmidt-Leichner, *DStR* 9 (1942), 14-5는 제국법원 판결을 포함하여 판례법이 어떻게 나치주의자의 정의개념이 돌파구를 마련하는데 기여하였는지를 보여주는데 반해, Hartung (1971), 106 이하 그리고 Zimmer, in: *HRG* IV (1990) 578-9는 비록 짧지만, 사법부에 긍정적으로 평가하고 있다("많은 법관들 ... 나치주의자 아닌 자 ... 가능한 최대한 법치주의 원칙에 따라 판결하였다[viele Richter ... keine Nationalsozialisten", "soweit irgend möglich weiter nach rechtsstaatlichen Grundsätzen judizierten]" ibid, 579).

157 "킬 학파"뿐만 아니라, "마부르크 학파"에 속하는 Schwinge와 Zimmerl도 법관의 역할을 강조하였는데, 이에 대해서는 각주 345, 374 및 해당 본문을 비롯하여 제4장 2를 참조하라. 뿐만 아니라, Henkel의 2개 문헌도(1934a 그리고 1934b) 있는데, 그는 법관들은 "*인민적인*지도자국가의 지도원칙들에 기속된다"는 것을 강조하였고("Bindung an die leitenden Grundsätze des völkischen Führerstaats", 1934b, 21), 법관들의 임무는 "현행법률을 가능한 현재의 법적 인식·이해·견해에 따라 해석하는 것"이라고 하였다("dem geltenden Gesetz nach Möglichkeit eine der gegenwärtigen Rechtsanschauung entsprechende Auslegung zu geben", ibid, 28); 그렇게 함으로써 그들은 "국가지도층에 의한 지도원칙들이 법관의 재량행사실무에서 표현되도록" 해야 한다 ("in seiner Ermessenspraxis die leitenden Grundsätze der Staatsführung zum

1. 인종주의, 인민공동체, 지도자와 국가, 지도자의 원칙 그리고 배제

그림 9a: Trial re 20 July 1944; 왼쪽에서부터 오른쪽으로-헤르만 라이니케(Hermann Reinicke; 장군, 배석판사), 롤란드 프라이슬러(Roland Freisler; 재판장) 그리고 하인리히 라우 츠(Heinrich Lautz; 검사)

Ausdruck", ibid, 31). 이와 관련하여서는 또한 Werle (1989), 147 이하; Jeßberger, in: Jeßberger/ Kotzur/Repgen (2019), 240 이하 참조-**Henkel의 국가사회주의와의 관련성**에 대해 비판적인 Wolf, JuS 1996, 189; 더욱 상세하고 세분된 설명은 Jeßberger, in: Jeßberger/Kotzur/Repgen (2019), 236-7, 251 이하 참조 (초기에 헨켈은 "국가사회주의자의 법개혁 프로젝트에 깊이 관 여하였고", "급진적 지지자"로서 "추종자"에 해당하였는데["tief in das 'Projekt' nationalso-zialistischer Rechtserneuerung verstrickt", "radikaler Parteigänger", "Mitläufer"]), "함부르크 시기 Henkel"은 무엇보다도, 국가사회주의 범죄와 관련하여 공소시효를 연장하는 것을 옹 호하였다는 것을 근거로 "초기 Henkel"과 "함부르크시기 Henkel"을 구분하고 있음). "후기 Henkel"에 관한 다른 주목할 만한 사실은 그의 강좌/세미나에서는 국가사회주의 범죄에 대 한 많은 토론이 있었고 (Duve, Ein Gespräch mit Claus Roxin (15 May 2006), <www.forhistiur. de/2006-05-duve/>, mn 6 참조), 그의 제자 Roxin (GA 1963, 193) 그리고 Jäger (1967)는 — Henkel의 지원하에 — 양자 모두 과거 나치주의 시기의 형법에 대해 조사하고 연구하는데 큰 기여를 하였다는 점이다. 예거(Jäger)는 Henkel의 이론·사고를 "되돌아 보면서(im Rückblick)" "Henkel 이론·사고에서 나치주의 사상에로의 근접성(Nähe zu nationalsozialistischem Gedankengut)"을 확인하였지만, Henkel이 "진정으로 나쁜 일들(wirklich Böses)"을 할 수 있 는 능력을 갖지는 않았다고 생각하였다; Henkel은 Jäger가 국가사회주의와 관련하여 교수자 격논문을 쓰려고 시작할 때 "매우 부드럽게 경고"하였지만, 그 후에는 "매우 강하게 그를 지 지하였다" (Jäger, in Horstmann/ Litzinger, 2006, 47, 49).

그림 9b: Trial re 20. July 1944: 왼쪽에서 오른쪽으로-헤르만 라이닉케(Hermann Reinicke; 장군, 배석판사), 롤란드 프라이슬러(Roland Freisler; 재판장) 그리고 하인리히 라우츠 (Heinrich Lautz; 검사)

그림 9c: Trial re 20. July 1944, 베르톨트 폰 샤우펜베르크(Berthold von Stauffenberg) 오른쪽 에서 두 번째

그림 9d: 몰락한 국민재판소(Volksgerichtshof; People's Court of Justice), Berlin, 1951

Der Oberreichsanwalt
beim Volksgerichtshof
_O J 44/44_

Berlin W.9, den 8. März 1945
Bellevuestraße 15
(2) Postleitstelle Potsdam

An

Herrn Rechtsanwalt Dr. Thilo von B o e h m e r
__in Berlin-Nikolassee__
‾‾Prinz Leopold Str. 4‾‾

Der ehemalige Oberstleutnant Hasso von B o e h m e r
ist wegen Hoch- und Landesverrats vom Volksgerichtshof des
Großdeutschen Reiches zum Tode verurteilt worden.
Das Urteil ist am 5. März 1945 vollstreckt worden.
Die Veröffentlichung einer Todesanzeige ist unzulässig.

그림 10: 하쏘 폰 뵈머(Hasso von Boehmer) 관련 국민재판소 검사의 사형집행 통지서; 사형은 1945년 3월에 집행되었다; 사망고지의 공개는 금지되었다.

마지막으로, 자파로니는 그 당시 독일의 헌법학자들(Staatsrechtslehrer) 중에서 대표적인 "뉴 라이트"의 주창자에 해당하였던 에른스트 루돌프 후버(Ernst Rudolf Huber), 에른스트 포르스트호프(Ernst Forsthoff) 그리고 칼 쉬미트(Carl Schmitt)를[158] 헌법분야에서의 **지도자국가** 이론의 개척자로 보고 있다.[159] 쉬미트에 대해 여러 가지를 비판하면서(예컨대 그의 반-유대주의[160]) 자파로니는[161] 쉬미트가 *nulla poena sine lege(법률 없으면 처벌 없다)* 원칙을 *nullum crimen sine poena(처벌 없으면 범죄 없다)* 원칙으로 대체하였다고 비판한다.[162] 그러나 쉬미트의 목적은 그것을 훨씬 넘어선 것이었다. 그의 목적은 *법치국가*라는 자유주의적 사고를 나치주의 사고로 대체하는 것이었다— 그 목적에 의해 실제로 *법치국가* 사고의 왜곡이 초래되었다.[163] 쉬미트는 지도자국가를 주창하고, *지도*

---

158 그에 대해 그리고 그 당시 공법학계에서의 다른 (4가지) 흐름·경향(strands)에 대해서는 Stolleis (2016), 130 이하. (133); Schmitt에 대해서는 Cattaneo (2001), 181 이하. Priemel (2016), 260 이하에서는 그 학자들 및 독일 "법학계보(geojurisprudence)"에 대해 잘 설명하고 있다; 그 학자들에 대해서는 또한 Ambos, *CLF* 29 (2018), 39 이하 참조.

159 Zaffaroni (2017), 87-8.

160 Zaffaroni (2017), 66 이하.

161 Zaffaroni (2017), 92.

162 Schmitt, *JW* 63 (1934), 713; 또한 ibid, *DJZ* 39 (1934), col 691 (693). 이러한 비판에 대해서는 또한 Walther, in: Dreier/Sellert (1989), 323, 337-8; Cattaneo (2001), 206 이하; Vormbaum (2015), 180 및 각주 198 참조.

163 Schmitt, *JW* 63 (1934), 715-6 ("우리는 법치주의 개념·사고가 국가사회주의에 선재하는 것으로 보아 법치주의로부터 국가사회주의를 정의하는 방식을 취하지 않고, 반대로 국가사회주의로부터 법치주의를 정의한다"[Wir bestimmen also nicht den Nationalsozialismus von einem ihm vorgehenden Begriff des Rechtsstaates, sondern umgekehrt den Rechtsstaat vom Nationalsozialismus her, 716]). 따라서 (Schmitt의 서술에 의하면) 법을 형식적이고 실증적으로 이해하는 사고방식을 실질적으로 이해하는 사고방식으로 즉, 국가사회주의로 대체하면 죄형법정주의는 거부될 수 있고, 이로부터, 다른 것 외에 무엇보다도, 모든 정의되지 않은 법적 개념 및 백지조항은 "절대적으로 그리고 무조건적으로 국가사회주의 이념에 따라" (unbedingt und vorbehaltlos im nationalsozialistischen Sinne, 717) 해석되어야 한다는 점이 도출된다; 법적 개념에 대한 각자의 재해석 또는 왜곡에 대해서는 Rückert, *JZ* 2015, 802; id, *ZDRW* 2019, 31, 35-6 ("법적 개념들을 달리 생각함[Umdenken der Rechtsbegriffe]")을 보라. 뿐만 아니라, Schmitt는 어떠한 국가도 "강력한 국가사회주의-국가가 행할 수 있는 정도로 동일하게 법적 안정성과 예측가능성을 실제로 보장할 수는 없고, 국가사회주의-국가가 반대자들의 '예측과 기대'하에 놓일 것을 기대할 수는 없다고 주장하였다(in gleichem Maße wie der starke nationalsozialistische Staat imstande, wirklich Rechtssicherheit und Berechenbarkeit zu

*자의 원칙(Führer Principle)*뿐만 아니라 지도자에 대한 숭배를 선전하였다.[164] 자파로니는 타당하게, 국가사회주의 국가 및 지도자는 국민의 정의감에 의해 정당화되는데 국민은 약한 정의감을 가질 수 있다는 모순이 있음을 지적한다.[165] 국가사회주의자들의 시각에서는 이러한 모순은 지도자를 국민의사의 중개자라고 하여 지도자와 국민을 밀접하면서면도 내재적·본질적으로(intrinsic) 연결시킴으로써 해결되어야 했었다.[166]

2. 실질적 정의개념 및 위법개념, 윤리화, "전체적" 형법 그리고 비공식화

이미 앞에서 서술하였듯이, 인종 및 혈통에 기반을 둔, *인민공동체*, 지도자 국가 및 지도자원칙 이라는 개념·사고가 **"정치적" 형법학**의 가이드라인으로 되

---

gewährleisten, daß er sich den 'Berechnungen und Erwartungen' seiner Gegner unterwerfe, Schmitt, *DJZ* 39 [1934], col 695). — Schmitt의 견해는 현 시대에 법치주의를 권위주의적이고 독재자적인 입장에서 이해하는 견해와 두드러진 유사성을 보여주고 있는데, 예컨대 2017년 10월 18일 중국 공산당 전국대표대회에서 "리더" 시진핑이 보여 준 "법치주의"의 개념정의 및 이해방식(신화통신의 공식 영어 번역본은 <http://www.xinhuanet.com/english/special/2017-11/03/c_136725942.htm>), 중국 공산당 규약의 내용 그리고 최근의 중국 공산당 중앙위원회 의결(중국 Central Compilation and Translation Bureau에 의한 영어 번역본은 <http://book.the orychina.org/upload/2017-19D-EN-2/> and <http://book.theorychina.org/upload/ae0b0 b63-7c4a-4f50-b978-3ddceafabb89/>)을 보라 (모든 인터넷 자료의 최종검색은2019.8.9).

164 Schmitt, *DJZ* 39 (1934), col 934; 또한 id, *DJZ* 39 (1934), col 695 ("지도자의 의사[Wille des Führers]"는 법적 기초); Freisler, *DJ* 98 (1936), 155는 보다 더 멜로드라마 같은 어조로 서술하고 있다(지도자는 "핵심 의사기관[als das zentrale Willensorgan]", "지도자의 법률[Gesetze des Führers]"은 "지도자 의사·의지의 표현으로서 그 자체가 가장 고귀한, 지도자의 명령을 전달하는 수단[Äußerungen dieses seines Willens und als solche heiligste Arten, Formen übertragungsmittel des Führerbefehls]"); 그리고 id, *DJ* 96 (1934), 850 (Röhm을 제거한 것을 열광적으로 정당화하면서). 법역사적 관점에서 지도자, 리더십 및 지도자 원칙에 대해 다루는 Kroeschell, in: Rückert/Willoweit (1995), 55 이하; 요약적으로 설명하고 있는 Hartl (2000), 45-6.
165 Zaffaroni (2017), 97.
166 Marxen (1975), 65, 213, 253 참조; 중개자로서의 "지도자의" 역할에 대해서는 또한 Rüping (1989), 181-2 (국민의 의사는 "지도자의 의사에서 표현되고", "지도자의 역사적 위대성은 국민의 '실제적인' 의사가 언제나 착오없이 전달되도록 담보한다[offenbart sich fortgesetzt im Willen des Führers, historische Größe garantiert, den 'wirklichen' Willen des Volkes stets unfehlbar zu finden]); Werle (1989), 146-7, 691; Murmann (2005), 134 참조.

었다. 따라서 그러한 가이드라인은 나치 형법학자들[167]에 의해 선전되었는데, 예컨대 한스 프랑크(Hans Frank), 롤란드 프라이슬러(Roland Freisler) 그리고 칼 지게르트(Karl Siegert)가[168] 그러한 형법학자이고, 지게르트는 (유대인이었던) 괴팅엔(Göttingen) 대학교 법정대학 교수 리카르트 호니히(Richard Honig)의 후임이었는데,[169] 호니히는 괴팅엔대학교 교수직에서 강제로 퇴직되었다.[170] 독일제국 법무부장관 프란츠 귀르트너(Franz Gürtner)는 1935년에 개최된 제11회 '형법 및 교도소에 관한 국제학술대회(International Criminal Law and Prisons Conference)' 개막사에서[171] 형식적 죄형법정주의를 실체적이거나 **실질적인 정의개념 및 불법개념**으로 대체하고, 정의 및 불법의 실질적인 내용은 "인민의 생활·삶으로부터의 요구들" 및 "지도자의 원칙"에 기초하여 법관에 의해 정해져야 한다고 하였다.[172] 몇 년 후에 법무부에서 지도적 위치에 있는 공무원

---

167 (단지 "나치주의적 법률가(National Socialist jurists)"가 아니라) Batista, in Zaffaroni (2017), 103에서 뜻하는 바와 같은 "나치 법률가" 또는 "법률가 나치" (이에 대해서는 이미 앞의 각주 69를 포함하여 제1장 2에서 언급함).
168 Siegert는 괴팅엔대학 교수진을 "아리아인화" 하면서 스스로를 위한 특별한 이름을 만들었다; Siegert에 대해서는 Schumann, in: Schumann (2008), 89-90, 96-7 (경제학자 리하르트 파쏘(Richard Passow)를 제거함에 있어서 Siegert가 한 역할을 예로 들면서), 100 이하 (그의 괴팅엔 대학 교수진 증원 제안에 대하여), 103 이하 (쉬어만, 라트, 지게르트(Schürmann-Rath-Siegert)를 "테러리스트 그룹"이라고 하면서, 또한 ibid, 95 참조).
169 Honig는 처음에는 1933년 4월 25일자로 휴직처분을 받았고(Siegert는 1933년 11월 1일자로 그의 직을 이어 받았다), 그 후 1933년 12월 31일자로 강제퇴직을 당했다 (1933년 4월 7일에 제정된[RGBl 1933 I, 175] '직업공무원직의 복구를 위한 법률[Gesetz zur Wiederherstellung des Berufsbeamtentums]' 제3조 제1항에 근거하여). Honig는 망명하여 이스탄불 대학교에서 활동하다가(1933-1939) 그 후에는 미국으로 건너갔고, 미국에서 그는 (다른 저작들 외에도) 미국형법에 대해 근본적으로 다루는 논문을 Mezger(!) 등에 의해 발간된 논문뭄음집에 실었다 (in: Mezger/ Schönke/Jescheck (1962), vol IV, 7). 1945년 이후 그는 괴팅엔 대학교의 과거 직에 복귀하는 것을 거절하였지만, 1954년 이후 괴팅엔 대학교에서 시간강의를 하였다. 오늘날 그의 사진은 괴팅엔 대학교 법학도서관에 걸려 있다. Honig에 대해 보다 상세히는 Schumann, in: id (2008), 65, 89, 108, 110 이하.
170 Zaffaroni (2017), 93 이하. 형법을 반자유주의적으로 이해하는 측에서 국가를 자유주의적으로 이해하는 사고에 가한 비판에 대해 보다 상세히는 Marxen (1975), 56 이하 (기타 근거문헌을 포함하여).
171 Gürtner (1936), 4 이하.
172 Gürtner (1936), 9 이하 ("Forderungen des völkischen Lebens", "Führerprinzip"). 또한 Frank (1935), 13, 16 (guidelines 9, 11, 26) 참조("실질적인 정의[materiellen Gerechtigkeit]"의 사상을 지향함).

2. 실질적 정의개념 및 위법개념, 윤리화, "전체적" 형법 그리고 비공식화

이 1924년 뮌헨 반역죄 재판에서 있었던 *지도자*의 최종진술에 대한 자신의 이해를 바탕으로 하여 실질적 정의·불법개념의 "관철(Durchbruch)"에 관한 글을 적었는데, 그 최종진술은 영원하고, 신성한 정의를 암시하였었고,[173] 그것을 특히 *nulla poena* 원칙으로 대표되는 형식적 정의개념과 대비시켰었다.[174] 마찬가지로, 롤란드 플라이슬러도 자유롭고 실질적인 법개념을 통해 불법 개념을 지나치게 제한하는 것에서 벗어날 것을 요구하였다. 이 사고는 "인민의 윤리질서"에 "뿌리를 두고",[175] 그 내용은 "건전한 인민감정"[176]으로 구성되어 이제는 "法源으로" 인정되어야 한다[177]고 하였다.

이와 같이 법을 이해하는 경우 더 이상 도덕과 법은 구분되지 않고,[178] — 나아가, "*구성요건 기술(Tatbestandstechnik)*" 즉, 객관적 구성요건요소를 해석하는 원칙에도 영향을 미쳐[179] — 이제 **유추**가 허용되어 버린다.[180] 그러나, 1935년

---

173 Schmidt-Leichner, *DStR* 9 (1942), 2에 의하면 Hitler는 특히(inter alia) 다음과 같이 말하였다: "당신이 아니라, 나의 주인들이 우리에게 판결을 선고한다, 그 판결은 영원한 역사의 법정에서 선고된다 … 그러나 그 법정은 우리에게 묻지 않을 것이다: 너희들은 반역죄를 범하였느냐, 그렇지 않느냐? … 당신은 우리에게 천번 유죄선고를 할 수 있을 것이다, 영원한 역사의 법정의 여신은 웃으면서 … 그 법원의 판결문을 찢어버릴 것이다; 여신은 우리에게 무죄를 선고하기 때문이다."(Nicht Sie, meine Herren, sprechen das Urteil über uns, das Urteil spricht das ewige Gericht der Geschichte … Aber jenes Gericht wird uns nicht fragen: Habt Ihr Hochverrat getrieben oder nicht? … Mögen Sie uns tausendmal schuldig sprechen, die Göttin des ewigen Gerichts der Geschichte wird lächelnd … as Urteil des Gerichts zerreißen; denn sie spricht uns frei. [Not you, sirs, will pronounce judgment upon us, that judgment will be pronounced by the eternal court of history … ut that court will not ask us: did you commit high treason or not? … You may pronounce us guilty a thousand times, the goddess of the eternal court of history will tear up the court's judgment with a smile; for she will acquit us.)].

174 Schmidt-Leichner, *DStR* 9 (1942), 2 이하.

175 Freisler, *Willensstrafrecht* (1935), 32 ("völkischen Sittenordnung … wurzelt").

176 Freisler, *DJ* 97 (1935), 1251.

177 앞의 주 117을 비롯하여 제2장 1을 참조하라 ("als Rechtsquelle").

178 Freisler, *DJ* 97 (1935), 1250.

179 Freisler, *DJ* 97 (1935), 1251 ("규범적 구성요건들, 일반조항들 … 건전한 인민감정을 法源으로 인정하고 그러한 법을 직접 인식하는 것을 허용[Normative Tatbestände, Generalklauseln … Anerkennung des gesunden Volksempfindens als Rechtsquelle und Zulassung der unmittelbaren Erkenntnis dieses Rechts]"). NS 입법에서 정의되지 않은 용어·개념들에 대해 상세히 다루고 있는 Werle (1989), 716 이하.

180 보다 자세히는 Freisler, in Frank (1934), 10 이하 ("법적 유추(Rechtsanalogie)"를 허용하여 "국민에게 유해한 어떤 행동[volksschädliches Verhalten]"을 처벌하는 것, 그것이 "국가사회주

에 개정된 제국형법전(RStGB) 제2조는 여전히 법률적 근거를 요구하고 있었고,[181] 따라서 유추금지를 완전히 폐기하였다기보다는 *완화*하였다. 이러한 점에서, "건전한 인민감정"만을 근거로 하는, 프라이슬러 및 다른 하드코어 나치 주창자들에 의해 주장된 더욱 급격한 견해는[182] "군인의 무기가 그러한 정도로, 성문법규정은 법분야에서의 전문성을 형성하는 것"이기에[183] 법률적 근거는 포기될 수 없는(indispensible) 요건이라고 보는, 중도적 견해에 길을 내주어야 했었다. 어쨌든, 정확히 이러한 유추금지원칙의 완화가 현행 독일형법에서 유추권한의 부여로 나타나든 (예컨대 "동일하게 위험한 유사 침해행위"일 것을 요구하고 있는 현행 독일형법전 제315b조 제1항 제(3)호를 보라) 또는 이른바 "전형적 예시(Reglebeispiele)"규정의 형태로 나타나든 ("*전형적 예시*"규정은 제243조와 같이 "특히 중한 경우-"를 나열하고 있는 규정뿐만 아니라, 제212조 제2항과 같이 예시가 전혀 없는

의 형법의 정신을 제대로 파악하여 재판하는 것[Entscheidung nach dem richtig erfaßten Geiste nationalsozialistischen Strafrechts]"); 간단히는 Freisler, *DJ* 97 (1935), 1251; 유사한 입장은 Preußischer Justizminister (1933), 127 ("건전한 국민감정에 의할 때 도덕적으로 비난될 수 있는 행동이고 … 어느 형법규정의 기초가 되는 법적 사고에 의할 때 처벌이 요구된다면 [Handlung nach gesunder Volksanschauung sittlich verwerflich und … von dem einem bestimmten Strafgesetz zugrunde liegenden Rechtsgedanken gefordert]" 그 행위는 처벌될 수 있다); Luetgebrune, in Frank (1934), 42 이하 ("독일의 나치주의적인 국민감정으로부터 도출되고 [법관에 의한] 법률·법의 조화활동에 의해 발견된 형법적인 법리[aus der deutschen nationalsozialistischen Volksanschauung geborene und durch Gesetzes- und Rechtsangleichung [vom Richter] gefundene strafrechtliche Rechtssatz]"도 법원에 포함된다, 43).

181 1935년 6월 28일자 '형법전 개정법률'(RGBl I 839)에 기해 개정된, 독일제국형법전 제2조는 나치주의자의 형법개혁 프로그램에 따른 핵심요구상황을 충족시키기 위한 것이었는데, 다음과 같이 개정되었다:
"형법전이 범죄행위로 정하고 있거나 *어느 형법률의 근본사고* 및 *건전한 인민감정*에 의할 때 형사처벌을 받을 만한 행위를 한 자는 형벌로 처벌된다"(Bestraft wird, wer eine Tat begeht, die das Gesetz für strafbar erklärt oder die nach dem *Grundgedanken eines Strafgesetzes* und nach *gesundem Volksempfinden* Bestrafung verdient. [이탤릭체는 이 책의 저자에 의한 강조]) 이에 대해서는 또한 Cavaleiro de Ferreira (1938), 76-7; Marxen (1975), 192 이하; Schreiber, in: Dreier/Sellert (1989), 160 이하; Werle (1989), 16-7, 141 이하, 715-6 (타당하게, "법률과 법[Gesetz und Recht]"의 구분을 없애버리고, 법에 대해 정치적으로 통제한 국가사회주의 국가에서는 죄형법정주의가 인정될 여지가 없다는 것을 강조하고 있음); Hartl (2000), 297 이하를 보라.

182 앞의 각주 180 참조.

183 Schmidt-Leichner, *DStR* 9 (1942), 10-1, 18 ("군인의 무기가 그러한 정도로, 법률은 법률가의 영역에 속한다[Das Gesetz gehört so sehr zum Rechtswahrer wie die Waffe zum Soldaten]").

2. 실질적 정의개념 및 위법개념, 윤리화, "전체적" 형법 그리고 비공식화

규정을 포괄한다) 미래지향적 관점에서 볼 때 현행 독일 형법에서의 국가사회주의경향의 **연속성**을 보여주는 좋은 예로 기능한다.[184] 이러한 복잡한 이론적 숙고와는 별개로 우리는, 연합국에 의해 유추금지가 다시 도입된 직후에 독일 학자들은 관습에 근거한 처벌[185] 또는 넓은, "관대한" 해석에 기한 처벌을[186] 주장함으로써 대체방안을 찾고자 노력하였었다는 것을 상기해야 한다.

실질적인 정의(불법)개념에 의해 정의는 결국 인민 의사와 동일시되었다: "독일 인민에 이로운 것이 정의로운 것이다(Gerecht ist, was dem deutschen Volke frommt)."[187] "무엇이 인민 의사인지"는 ("건전하게") "국가사회주의 정의·법이념"에 합치해야 했는데, 국가사회주의 정의·법이념은 지도층에 의해 정해졌기에[188] 결국 그것은 지도자의 기분에 좌우되었다.[189]

따라서, 프라이슬러의 형법이론은 (인종 및 혈통으로 정의된) 인민, 지도자 그

---

184 Hoyer, *GS Eckert* (2008), 365-6 참조; "전형적 예시"에 대한 근본적이고 비판적인 설명은 Hirsch, *FS Gössel* (2002), 287 이하 (근본적인 형법원칙 특히, 죄형법정주의에 반하는 "잘못된 법적 구성·이론[juristische Fehlkonstruktion]"이고, 충족된 범죄구성요건요소에 양형단계에서 "다른 라벨을 붙이는 것[Umetikettierung]" [302]; 특히 국가사회주의 시기에 더욱 많이 이용되었다는 점과 관련하여 비판적이다 [288, 300]).

185 Mayer, *SJZ* 2 (1947), 19 ("형벌을 근거지우는 관습법", 특히 보통법[common law]을 근거로 들면서) 참조.

186 Meister (1949), 31-2.

187 Freisler, DJ 98 (1936), 1630.

188 Dahm, DStR 80 (1934), 91 ("독일의 그리고 국가사회주의의 법사고에 합치하는 것만이 … '건전한' 법사상으로 될 수 있다[Als 'gesund' kann … nur die Rechtsanschauung gelten, die der deutschen und nationalsozialistischen Rechtsidee entspricht]").

189 Radbruch는 "5분의 법철학"(Fünf Minuten Rechtsphilosophie, 1945)의 "제 2분"에서 Freisler의 "인민에게 유용한 것이 옳은 것이다(Recht ist, was dem Volke nützt)"는 말에 의하면 "자의, 계약위반, 법률위반일지라도 국가권력을 가진 자가 공익적이라고 생각하는 것이라면 … 즉, 독재자의 모든 기분에 따른 판단, 법률 및 판결에 의하지 않은 형벌, 불법적인 살인도" 옳은 것(법)으로 되기에 "*법치국가는 불법국가로* 변하게 된다"(Willkür, Vertragsbruch, Gesetzes-widrigkeit, was den Inhaber der Staatsgewalt gemeinnützig dünkt, … jede Laune des Despoten, Strafe ohne Gesetz und Urteil, gesetzloser Mord, Rechtsstaat in einen Unrechtsstaat verwandelt)고 비판하면서, Freisler의 말 대신에 올바르게 표현하자면 "법(올바른 것, 정의로운 것)만이 인민에게 유용하다"고 해야 한다고 하였다 (nur was Recht ist, nützt dem Volke, in Dreier/Paulson [1999], 209). 마찬가지로 비판적인 Werle (1989), 697-8 (" ─ 정의되지 않은 ─ '인민에게 유용한 것'이란 결국 지도자에게 유용한 것을 뜻한다['Volksnutzen' führt zum Führer zurück]"고 함, Eb. Schmidt를 인용하면서).

리고 정당을 맴돈다.[190] 지게르트에 의하면 국가회주의 법은 "인민정신과 리더쉽(Volksgeist und Führung)의 결합에 기초하였다. 그런데 국가사회주의 시민은—라렌츠의 용어를 빌리자면 *인민동료*(Volksgenosse)는—"언제나 지도층의 법을 따라야" 했고, "지도층의 법을 지도자정신 및 인민정신에 따라 해석해야" 했다.[191] 같은 해에 공표된 "새로운 독일형법을 위한 국가사회주의 가이드라인"은 혈통에 기초하는 *인민공동체*를 유지를 하는 것이 형법의 목적임을 강조하였다. 따라서 법은 "*인민공동체*, 충성, 의무, 명예 및 올바른 속죄"라는 사상에 지배되었다.[192] 우리가 제5장의 4에서 살펴보겠지만, 이 모든 사고·생각들은 정교하게 이론화되었고, 상호 연관되었으며, 기속적인 규범적 명령을 시사하였다. 두드러진 전형적인 예는 나치 무장친위대의 자물쇠에 적힌 다음 문구이다: "충성은 나의 명예이다(Meine Ehre heißt Treue)."

그 결과로 도덕·윤리와 법의 구별은 거부되었고,[193] (형)법의 완전한 **윤리화**가 지지되었다.[194]

---

190 또한 Arnedo, in Zaffaroni (2017), 41 (각주 77을 비롯하여), 43 참조.

191 Siegert (1934), 19 ("Gesetzen der Führung folgen", "im Geiste der Führung und des Volkes auslegen"). Zaffaroni (2017), 146-7은 이와 관련하여, 타당하게, 그의 주장은 정합적이지 못하고, 혼란스럽다고 지적한다.

192 Frank (1935), 11("혈통이 혼탁해지면 인민은 죽는다; 충성이 사라지면 공동체는 무너진다"[Verdirbt das Blut, dann stirbt das Volk; erlischt die Treue, dann zerfällt die Gemeinschaft, 원문에서는 굵은 글씨체로 강조됨]). 이어서 그는(12 이하) (9개) 총론적 원칙과 (28가지) 결론을 제시하고 있는데, 4가지는 형법에 관한 것이고, 13가지는 범죄에 관한 것이고, 11가지는 처벌에 관한 것이며, 종합결론을 제시하고 있다. 그는 종합결론에서 "가장 위대한 *인민적* 원동력인 국가사회주의 운동에 의해" "모든 *인민동료*들의 가슴에서 충성사상을 일깨우고, 그들이 의무를 행하도록 그들을 교육하는 것"은 형법을 통한 보호의 실효성을 위한 전제조건이라고 하였다. Frank는 1936년에는 각론에 관한 원칙들을 제시하였다. 또한 Thierack, in Frank (1934), 30 참조("윤리적 가치" 그리고 "최고의 인민선"으로서의 "명예, 충성 및 윤리적 순수성" [Ehre, Treue, Sittenreinheit, ethische Werte, höchste Volksgüter]; "고귀한 인민선"으로서의 명예; 법위반은 "불명예스러운 행동"인데 "명예로운 *인민동료*들에게 불명예스러운 행동의 범행자들이 계속 인민공동체에 머무르는 것에 대해 감수할 것을 기대할 수 없기에 그들은 인민공동체에서 배제되어야 한다").

193 Frank (1935), 12 (원칙 3) 참조: "독일적 사고에서는 윤리적 가치, 의무감 그리고 법감정은 상호 일치한다(Für deutsches Denken besteht Einklang zwischen sittlicher Wertung, Pflichtgefühl und Rechtsempfinden)."

2. 실질적 정의개념 및 위법개념, 윤리화, "전체적" 형법 그리고 비공식화

간단히 얘기하면, 윤리화되었고 *인민적* 이상으로[195] — 즉, 독일 인민·국민 (nation)과 인종에 대한 신비주의적 이해 그리고 형이상학적이고 존재와 생활 지향적 사고화[196] (이에 대해서는 신칸트주의의 역할 및 영향과 함께 제4장 4에서 보다 상세히 다루어져야 함) — 채워졌으며, 지도자에 의해 중개되는 건전한 인민감정 에 근거하여 발견된 법을[197] 반 – 실증적으로 (실질적으로) 정당화하는 것이 목 적이었다. 이러한 배경에서 보면, 나치 법률가들이 미국 (보통법의) 법문화에, 아 마도 인종차별주의적 성격 그 이상을 넘어서서, 끌렸다는 것은 놀랄만한 일이 아 니다. 미국 보통법문화는 나치주의와 유사하게 법을 유연하게 그리고 비형식적 으로 이해하였고,[198] 뿐만 아니라 법현실주의에 바탕을 두고, 대중의 (*인민적 [völkisch]*) 생활실제 및 대중의 구체적인 *본질관*(Wesensschau)에[199] 뿌리를 두

---

194 이미 Beyer (1947), 49는 이에 대해 비판하였다 ("윤리 그리고 정치는 법과 혼화되었다[Ethik und Politik werden mit dem Recht vermischt]"); 오늘날의 시각에서 비판적인 Hartl (2000), 50 이하; Vogel (2004), 72 이하; Murmann (2005), 136; Hoyer, *GS Eckert* (2008), 357-8. 그러나 또 한 Marxen (1975), 71 이하 (73) 참조, 그는 현실·실제가 "의미있는"지 또는 인민적 견해 (Volksanschauung)가 "건강한(gesund)"지를 평가하기 위해서는 현실·실제의 바깥에 존재 할 수 밖에 없는 어떤 판단기준일 필요할 수밖에 없기에 윤리와 도덕의 구별은 "숨은 형태로" 계속 존재하였다고 한다. 이와 관련하여 킬 학파에 대해서는 각주 556-10 이하를 비롯하여 제 5장 2를 보라-(미래적 관점에서 볼 때, 국가사회주의 경향이 **계속**되고 있다는 것의 한 예로서) 오늘날에도 나타나고 있는 법에서의 윤리화 경향에 대해 비판적인 Hoyer, *GS Eckert* (2008), 366 이하 (모살죄, 형법 제228조에서 윤리를 판단기준으로 들고 있는 것, 형법 제240조의 "*비 난받을 만한(verwerflich)"이라는 요건*); Wolf, *JuS* 1996, 191-2 또한 형법 제240조와 관련하여 비판적이다. "*비난받을 만한"이라는 요건*은 유명한 나치시대의 "건강한 인민감정(gesunde Volksempfinden)"이라는 자구를 대신한 것인데, 연방대법원은 법관은 여전히 "인민의 법감 정을 존중해야(das Rechtsempfinden des Volkes zu achten)한다"고 함으로써(BGHSt 5, 254 (256)) '비난받을 만한'이라는 자구로 변경한 것을 단지 표현상의 차이로만 보았다.

195 이와 같이 범죄를 (반-자유주의적이고) 실질적으로 파악하는 사고 그리고 초기의 이해방식 에 대해서는 Marxen (1975), 172 이하, 182 이하; Werle (1989), 145-6; Hoyer, *GS Eckert* (2008), 354 이하 참조.

196 Rückert, *JZ* 2015, 801 참조 (국가사회주의 사고방식은 "고전적이고, 형이상학적인 사고방식 이었고, 비판적·합리적·개념적이지 않고, 전체적·체험적·감정적·직관적·실질적").

197 또한 Murmann (2005), 133 이하 참조; 중개자로서의 지도자의 역할에 대해서는 이 장1을 보라.

198 Whitman (2017), 146 이하 참조 (보통법의 "유연성", "개방성(openness)" 및 "실용주의"를 독 일법의 법실증주의 및 형식주의와 대조시키고 있음).

199 이에 대해서는 제4장 5 참조.

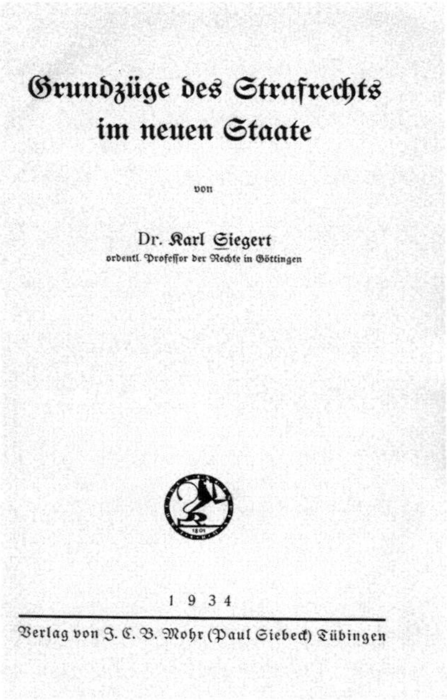

Grundzüge des Strafrechts
im neuen Staate

von

Dr. Karl Siegert
ordentl. Professor der Rechte in Göttingen

1 9 3 4

Verlag von J. C. B. Mohr (Paul Siebeck) Tübingen

그림 11: "새로운 국가에서" 지게르트의 새로운 형법에 대한 주된 기여작

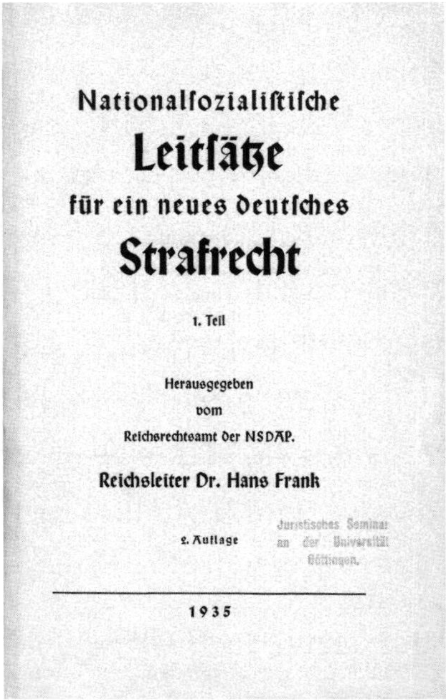

Nationalsozialistische
Leitsätze
für ein neues deutsches
Strafrecht

1. Teil

Herausgegeben
vom
Reichsrechtsamt der NSDAP.

Reichsleiter Dr. Hans Frank

2. Auflage

Juristisches Seminar
an der Universität
Göttingen.

1935

그림 12: 새로운 독일 형법을 위한 국가사회주의 지도원칙, 1부(총칙)(Frank, 1935): 각론에 관한 2부는 1936년에 출판되었다.

고 법을 이해하는 국가사회주의의 법사상에 매우 가까운 이론, 즉 "형식법(formal law)"을 "생활 – 법(life-law)"으로 대체하는 이론을 제공하였다.[200]

유명한 형법학자들은 이러한 사상에 발을 맞추었다. 1934년에 에드문트 메츠거(Edmund Mezger)는 "전체주의적 국가관(totale Staatsauffassung)" 그리고 "법적 공동체의 *전체성*(Totalität der Rechtsgemeinschaft)"을 근거로 들면서 양자를 기존의 "자유주의적 이해방식"과 구별하였는데, 이는 "싸이코패스적 범죄자"에 대한 형법적 대응은 "결코 개인 그리고 싸이코패스 범죄자의 개인적 특성

200 Whitman (2017), 115, 153 이하 참조(양자 모두 "'생활' 그리고 '사회적 실제'를 기반으로 법을 이해하면서" [155] 미국 법현실주의와 국가사회주의 법률가들은 "거의 동일한" 법이해방식을 보여주고 있다고 함).

으로부터 도출될 수 없고", "법적 공동체의 전체성"을 "출발점"으로 삼아야 한
다는 그의 주장을 정당화하기 위해서였다.[201] 이러한 전체주의적 국가에서는
죄형법정주의 합치여부는 "합목적성의 문제(Zweckmäßigkeitsfrage)"로 되고,
유추금지원칙을 "적절하게 완화하는 것"은 "본질적인 의문에 부딪치지 않는다"
고 하였다.[202] 그리고 "실질적 불법"이란 "독일 국가사회주의 세계관에 반하여
행동하는 것"으로 이해되어야 한다고 하였다.[203] 범죄에 대한 (신)고전적 이론
을 목적론적 사고를 통해 극복하고자 하였기에 메츠거의 위대한 반대자라고 할
수 있는 한스 벨첼(Hans Welzel)[204] 또한, 이 책 제7장 2에서 자세히 서술하겠지
만, 나치의 형법윤리화에 큰 동조를 하였고, 여러 저작에서 명백히 국가사회주
의 세계관에 치우친 모습을 보여주었다. 에릭 볼프(Erik Wolf)도, 그에 대해서는
제6장에서 상세히 다룰 것이다, "정의의 실질적 내용은 … 국가사회주의에 의
해 주어진다"라고 하였다.[205] 프리드리히 샤프쉬타인(Friedrich Schaffstein)도,
그에 대해서도 제5장 1에서 다룰 것이다, 형법이 명백히 국가사회주의 가치 및
국가사회주의 국가를 지향할 것을 요구하였고, 이것을 1934년 그의 "정치적 형
법학" 강좌교재에서 실현하였다.[206] 동년에 게재된 한 논문에서 그는— 메츠거
와 마찬가지로— 실질적인[207] 국가사회주의자 "전체국가(total state)"를 주창

---

201 Mezger (1934), 65-6("totale Staatsauffassung", "Totalität der Rechtsgemeinschaft",
"liberalistische Auffassung", "psychopathischen Verbrecher", "unmöglich … vom Individuum
und seiner individuellen Beschaffenheit hergeleitet werden", "Totalität der Rechtsgemeinschaft",
"Ausgangspunkt").

202 Mezger, *DJZ* 39 (1934), col 100-1 ("Zweckmäßigkeitsfrage", "maßvolle Auflockerung", "keinem
wesentlichen Bedenken"), 이 책의 앞에서 언급한 '프로이센 법무부 제안서(Memorandum of
the Preußischer Justizminister)'를 명시적으로 근거로 들면서.

203 Mezger, *ZStW* 55 (1936), 1, 9 ("Materielle Rechtswidrigkeit", "Handeln gegen die deutsche na-
tionalsozialistische Weltanschauung").

204 주 34의 마지막 부분을 보라.

205 Wolf, *DRWis* 4 (1939), 177 ("materiellen Inhalte der Gerechtigkeit … durch den National-
sozialismus gegeben").

206 Schaffstein (1934), 15 이하, 23 이하. 이러한 전체주의 국가에서 중요한 것은 "'올바른' 국가사
회주의의 실현(Durchsetzung des 'richtigen' Nationalsozialismus)"이라고 한다, 23-4).

207 Schaffstein, *ZStW* 53 (1934), 606 ("국가사회주의를 유기체적으로 이해하는 것은 … 국가라는
개념을 실질적으로 정의하고, 국가를 통해 인민의 생활 및 법이 형성되는 것으로 이해하는

하였는데,[208] "개인의 법적 안전성에 대한 요구"는 "실질적 정의의 추구"에 비해 부차적이라고 하였고,[209] — 1년 후에는 — "재발견된 형법 및 *인민적* 윤리 명령"이 우선한다고[210] 하였다. 이렇게 근거지워진 '실질적 위법'이라는 개념·사고에 의하면 그것의 "자연스럽고 동시에 가장 중요한 실제적 결과로서" — 쉬미트의 '*처벌 없으면 범죄없다*(nullum crimen sine poena)'는 사고와 마찬가지로 — "유추금지원칙의 제거"라는 효과가 초래된다.[211]

것이다[organische Auffassung des Nationalsozialismus, welche … en Begriff Staat materiell bestimmt und ihn als Lebens- und rechtliche Gestaltungsform des Volkes begreift]"). "실질화 (materialisation)"에 대해서는 또한 Vogel (2004), 58 이하 참조.

208 Schaffstein, ZStW 53 (1934), 607, 621 ("전체주의적 국가에서는 공무원뿐만 아니라, 결국 모든 사람이 어떻게든 일정 정도 전체인민과의 관계에서 수탁자 및 공무원처럼 기능한다[im totalen Staat erscheint nicht nur der Beamte, sondern letztlich jeder irgendwie als Treuhänder und Amtsträger der Volksgesamtheit]"). (논란이 되고 있는) 권위적이고 전체주의적인 국가 그리고 그러한 국가를 실현하는 것 간의 관계에 대해서는 Marxen (1975), 66-7, 139-40, 171-2 참조; 또한 Vogel (2004), 73 ("법 및 형법의 완전한 정치화 또는 이데올로기화[totale Politisierung oder Ideologisierung von Recht und Strafrecht]"), 623 ("전제주의적 국가를 보호[Schutz des totalen Staates]") 참조.

209 Schaffstein, ZStW 53 (1934), 607 ("das Verlangen nach Rechtssicherheit für das Individuum … hinter dem Streben nach materieller Gerechtigkeit"); 국가사회주의자가 주장한 실질적 위법 사고에 대해서는 또한 Schaffstein, DR 4 (1934), 349, 350 ("나치주의 개혁"은 "또한 법적 사고를 달리 한다[auch das Rechtsdenken ergriffen]", 그리고 "법률적 개념들이라는 표면 아래에서 그 개념들의 세계관적 그리고 정치적 기초를 발견하고자 … 노력한다[bemüht … unter der Oberfläche juristischer Begriffe deren weltanschauliche und politische Grundlagen aufzudecken]", 이것이 이제 자유주의에 기한 해악을 "그 뿌리에서부터 근절[Uebel endlich an der Wurzel]"할 수 있는 "약간의 희망[einige Hoffnung]"이 보이는 이유이다) 참조.

210 Schaffstein, in: Dahm et al (1935), 110 ("wiedergefundene Einheit von Strafrecht und völkischer Sittenordnung").

211 Schaffstein, ZStW 53 (1934), 607 ("selbstverständliche und zugleich praktisch bedeutsamste Folge", "Beseitigung des Analogie-Verbots"); "건강한 인민觀"을 근거로 유추금지원칙을 완화하는 것에 대해서는 Schaffstein, DR 1934, 349, 352; 또한 주 543 이하 및 관련 본문을 비롯하여 제4장 2를 보라. Schaffstein은 "법적 안전성을 위태롭게 하는 것은 수범자의 관점에서 볼 때 적절하지 않다"는 것을 인정하면서도 바로 이어서 "이러한 시각은 새로운 국가에서는 이전과 동일한 중요성·의미를 가질 수 없다"고 하여 그 중요성을 상대화하였다 (ZStW 54, 1934, 608). 그의 목적은 자유주의적인 형식주의(Formalismus)를 나치주의적인 형식화 (Formgebundenheit)로 대체하는 것이었는데, 이에 대해서는 Schaffstein, DR 4 (1934), 349 이하 그리고 이 책의 주 561 이하, 관련 본문 및 제4장 3을 보라. 이와 관련하여 파시스트 국가(이탈리아)와의 차이점을 강조한 Dahm (1935b), 11 이하 (그에 의하면 이탈리아 국가파시스트에서는 법률이 국가파시스트의 권위를 표현하는 것이고, 법률외적인 인민의사는 인정되지

56

다르게 표현하면, 국가사회주의(자)의 목적은 **실증주의에 기초한 형식주의라
는 장애물**(formal constraints of positivism)을[212] *인민적*·인종적 사고로 충전되었
고 (법률과 동일시되는[213]) 지도자의사를 지향하는[214] 자연법사고로 대체하는 것
이었다.[215] 샤프쉬타인은 자유주의·법치주의적 시각에서 문제시되었던 "구성
요건의 확장적 해석"을 나치주의형법에서는 "필요하고 어쩔 수 없는 해악"이라
고 하였고,[216] 그렇게 법률은 국가사회주의에서 단지 "해석을 위한 가이드라인"
으로 되었다;[217] "조문에의 예속(Paragraphen-Sklaverei)"에 대한 해결책으로[218]
나치주의 *세계관*에 따라 "제한되지 않는 해석"을 할 것이 요구되었다.[219] 라렌
츠(Larenz)에 의하면 입법부는 모든 "규범적 장애물"로부터 자유롭게 되고, "*인*

않기에 형벌은 침해된 국가의 권위를 회복시키는 것으로 기능하므로 파시스트 국가에서는
법률주의가 유지되는 경향에 있다).

212 나치주의자는 실증주의(Positivismus)를 "본질적으로 자유주의와 같다고 보기 때문에
(wegen seiner Wesensgleichheit mit dem Liberalismus)" 실증주의를 거부하였다는 점에 대해
서는 Beyer (1947), 48; 나치주의는 실증주의와 투쟁하였다는 점에 대해서는 또한 Walther, in:
Dreier/Sellert (1989), 336-7 참조.

213 (단지) 지도자의 의사에 불과한 것을 법률과 동일시함으로써 "법률유보의 원칙"을 대신하
였다는 점에 대해서는 Maunz, in: Huber (1943), 27 ("이 시스템은 필연적으로 그리고 논리적
으로 법률의 자리에 지도자의사를 대체하여 기존의 법률주의를 대신하고 있다[Dieses
System hat notwendigerweise und folgerichtig den alten Gesetzmäßigkeitsgrundsatz ersetzt, seit-
dem an die Stelle des alten Gesetzes der Wille des Führers getreten ist]").

214 Schaffstein (1934), 24 ("법률에 구체화된 지도자의사에로의 기속[Unterwerfung unter den im
Gesetz verkörperten Führerwillen]"). 지도자의사는 나치형법의 출발점인 동시에 정치적 지
도층이 우위에 두는 것을 표현하는 것이었다는 점에 대해서는 Werle (1989), 681 이하, 690,
715, 720 ("형법은 … '정치권력의 집행부'와 다르지 않았다[Strafrecht … nichts anderes als
'innenpolitische Exekutive', 690, Nauke의 표현을 인용하면서]").

215 나치가 혈통, 민족 및 인종을 중시하면서 조야한(vulgär) 자연법적 사고를 지향한 것을 이미
비판하였던 Beyer (1947), 47 이하 ("강하게 정치적으로 채색된 자연법[stark politisch ge-
färbtes Naturrecht]", 51). 나치주의가 계몽주의에 기초한 이성적 자연법에 반대하였다는 점
에 대해서는 Walther, in: Dreier/Sellert (1989), 337.

216 Schaffstein, *ZStW* 53 (1934), 623 ("weite Fassung der Tatbestände", "notwendiges und un-
vermeidliches Übel").

217 Dahm (1935b), 14 ("bloßen Richtlinie für die Auslegung"); 또한 Dahm (1935a), 17 (입법자는
"일반적 가이드라인[allgemeinen Richtlinien]"으로 자신의 역할을 한정해야 한다) 참조.

218 관련 나치 팜플렛에 대해서는 Heuber (1937[?]); 이에 대해서는 Rückert, in: Lück/Holänd, 124
이하.

219 이미 주 151에서 인용된 Rüthers (1986/2017) 참조; 다른 견해는 Gusy *ZDRW* 1 (2019), 9.

민적 법사고(völkische Rechtsidee)" 및 "인민정신"에 따라야 했다.[220] 실증주의
는 "법생활의 창조적 변경"을 포기하도록 하고, "법관이 기꺼이 책무를 다하고
자 하는 마음가짐(die Verantwortungsfreudigkeit des Richters)"을 마비시켜 "실
정법과 윤리의식 간의 간극"을 넓힌다고 하였다.[221] 마지막으로 헨켈은 그의 구
성요건적 "위험영역" 이론에서[222] 이러한 비형식화 및 실질화를 혁신적인 이론
으로 정당화하였고, 이러한 정당화를 그 후 법무부장관 귀르트너가 수용하였
다.[223]

3. 일반예방적 그리고 속죄지향적 의사형법

형벌목적(Strafzwecke)과 관련하여, 나치주의 학자들은 다양한 견해를 제시
하였다. 모든 것을 지배하는 *인민공동체* 프로젝트에 상응시켜 형사처벌은 그것
이 어떻게 국민공동체에 그리고 *인민공동체*의 단결(Zusammenhalt)에 영향을
미쳐야 하는가라는 관점에서 형벌목적을 파악하였다. 형벌목적은 "속죄시킴으
로써 국민공동체를 보호하는 것"이라고 하였다.[224] 이로부터 한 시민의 삶을 완

---

220 Larenz, *ZKph* 1 (1935), 60.

221 Larenz (1934), 13 ("Kluft zwischen geschriebenem Recht und sittlichem Bewusstein").

222 Henkel (1934a), 68 ("형법규정의 구성요건 주위에 있는 일정한 '위험영역'은 전체로서의 인
민 및 국가의 생활법칙을 지향하는 형법적 사고의 표현"[eine gewisse 'Gefahrenzone', die sich
um die strafgesetzlichen Tatbestände herumlegt, an der Lebensgesetzlichkeit des Volks und
Staatsganzen orientierten Strafrechtsbetrachtung]). 종전 후에도 Henkel은 확고히 이러한 생각
을 유지하였는데 Henkel (1977), 439-40 ("허용될 수 없는 ... 범죄행동을 포괄적으로 ... 포착
할 수 있기 위해" [Gefahrenzone, um ein mißbilligtes ... äterverhalten umfassend ... inbeziehen
zu können]; 그러한 "위험영역"을 거부하는 것은 "유토피아적 요청[utopische Forderung]"을
법적 안정성 위에 놓는 것) 참조. 비판적인 Marxen (1975), 173-4; Cattaneo (2001), 215-6,
231-2; Hoyer, *GS Eckert* (2008), 355; 헨켈의 국가사회주의와의 관련성에 대해서는 주 157을
비롯하여 제2장 1을 보라.

223 Gürtner (1936), 11-2 ("우리는 법관에게 법문뿐만 아니라, 자신의 법적 사고에 따라 판단할
것을 요구함으로써 ... 각 형법규정에서 위험영역이 있음을 인정하고 ... 그 영역에서 행동하
는 자는 ... 형사처벌을 받을 수도 있다" [Indem wir den Richter anweisen, nicht nur nach dem
Wortlaut des Gesetzes, sondern nach seinen Rechtsgedanken zu entscheiden, legen wir ... um
jede Strafvorschrift eine Gefahrenzone ... er sich in dieser Sphäre bewegt ... wird riskieren, der
Strafe zu verfallen].

전히 끝내는 명예형의 특별한 중요성이 도출된다.[225]

지게르트(Siegert)는 가능한 모든 형벌목적 — 응보,[226] 소극적 일반예방, 특별예방, 재사회화 및 "*인민공동체*에서의 축출"[227] — 의 "공동작용(Zusammenwirken)"을 옹호하였다. 그러한 방식을 통해서만 "새로운 독일을 위한 투쟁에서 형법이 최대한의 영향력을 발휘할 수 있을 것"이기 때문이다.[228] 그러나 전반적으로 보면, 국가사회주의의 형벌목적에 대한 사고에서는 예방사고가 지배적이었다.[229]

프라이슬러의 **의사형법**(Willensstrafrecht)이라는 사고 또한 일반예방을 강조하는 것이었다.[230] "국가사회주의 독일인민의 세계관을 보여주는 거울상"인 *의사형법의*[231] 목적은 *인민*(Volkskörper)을 끊임없이 자정시키고,[232] 나치주의 정

---

224 Seidenstücker (1938), 45 이하 ("sühnende Schutz der Volksgemeinschaft").

225 또한 주591, 해당 본문 및 제5장 4 그리고 주743, 해당 본문 및 제4장 2 또한 참조하라. 이에 대해서 그리고 Freisler의 형벌체계 이해에 대해서는 Freisler, in Frank (1934), 19 이하 (21); Hartl (2000), 237 이하 (240 이하).

226 Gemmingen (1933), 23에 의하면 "아돌프 히틀러는 뿌리깊이 응보사고에 기초하였다" (Denken Adolf Hitlers … der Vergeltungsgedanke tief verankert).

227 Siegert (1934), 74 ("Ausstoßung aus der Volksgemeinschaft"). 그리하여 Siegert, ibid는 "변종된 국민동료"를 "살해하는 것" 그리고 "살아갈 가치 없는 생명의 파괴"를 찬성하였다("Tötung", "entarteten Volksgenossen", "Vernichtung lebensunwerten Lebens").

228 Siegert (1934), 15-6 ("dem nationalsozialistischen Strafrecht die volle Schlagkraft im Kampfe für Deutschland"). Zaffaroni (2017), 146-7에서는 관련 Siegert 저작의 페이지가 언급되지 않고 있다.

229 주 537 이하를 포함하여 제5장 2를 참조하라.

230 Freisler, in: Gürtner (1934), 11 이하; 또한 Gürtner (1936), 14 이하. 또한 Zaffaroni (2017), 153 이하 (155 이하) 참조, 일부분은 부정확하게 인용됨; 스페인 번역은 Zaffaroni, ed. (2017), 113 이하에서 (특히 72 이하에서) Arnedo, Guzmán D. 그리고 Batista의 코멘트와 함께 제공되고 있음; 근본적으로 다른 견해를 제시하고 있는 Cavaleiro de Ferreira (1938), 77-8. — 입법연혁과 논의사항에 대해서는 Hartl (2000), 65 이하 (Memoranda of the Preußischer Justizminister [1933], the Academy for German Law [1934], 나치주의 지도원칙 [Frank, 1935] 그리고 공식 형법위원회 관련자료 [Gürtner, 1935]를 근거로 들면서); 근본적인 사고와 동기에 대해서는 Hartl (2000), 89 이하, 96 이하.

231 Freisler, in: Gürtner (1934).

232 Freisler, in: Gürtner (1934), 13-4 ("Selbstreinigungsapparatur des Volkskörpers"); 그에 대해서는 또한 Werle (1989), 705 이하 — 이러한 점에서, Memorandum of the Preußischer Justizminister (1933)에서 제안된, 독일인 인도금지 원칙의 삭제는 논리적으로 전단계였다고 할 수 있는데, 그러한 방법을 통해 "변종되었고 아픈 인민구성부분을 … 불필요한 에너지 및 비용의 투입과 전체 인민신체에 대한 추가적인 위태화를 피하기 위해 가능한 잘라버릴 수 있기 때문"이다, Schaffstein, *ZStW* 53 [1934], 614). 또한 Schaffstein, *ZStW* 55 (1936), 285 참조("치료될 수 있는 구성부분"은 "전체 공동체유기체에 대한 위험이 어느 정도의 최소기준을 초과하는

신을 교육시키는 것이었다.[233] 의사형법은 "투쟁을 위한 법(Kampfrecht)" 또는 "*인민공동체*의 무기(Rüstzeug der Volksgemeinschaft)"로서[234] "인민 내에서의 평화교란자들" 즉, 인민을 "내부에서 위협하는 자들"을 "파괴해야" 된다고 하였다.[235] 국가사회주의자들은 "세상을 움직이는 것은 의지(Wille)"라고 믿었기에 "평화교란자들의 의사"가 이미 "적(Feind)"에 해당하고,[236] 그러한 의사는 "이미 싹이 틀 때에 철저히 박멸해야"한다고 보았다.[237] 따라서 몇몇 선행 모델을 기초로 하였고,[238] 의사를 중시한 국가사회주의 형법은 명백히, 이전의 주관주의 미수범이론을 급진화시킨 것이었다.[239]

경우라면" 희생될 수 있다" [heilbare kranke Glied, wenn die Gefahr für den Gesamtorganismus ein gewisses Mindestmaß zu überschreiten scheint]), 286 ("공동체를 정화하고 회복하기 위해서" [Reinigung und … wiederherstellung der Gemeinschaft]). 그러나 Gemmingen (1933), 15-6에 의하면 히틀러 스스로는 형사처벌을 "인종적으로 다른 사람들을 인민신체에서 잘라버리는 적절한 수단"으로 이해하지는 않았다.

233 Freisler, in: Gürtner (1934), 18 ("국가사회주의 교육활동 및 사회봉사활동을 통해 반사회주의적 의사의 온상이 제거되어야 한다" [Dem antisozialistischen Willen muß der Nährboden entzogen werden durch nationalsozialistische Erziehungs- und Sozialarbeit]); 이에 대해서는 또한 Hartl (2000), 99-100 참조.

234 Freisler, *DJ* 97 (1935), 1251 ("Kampfrecht", "Rüstzeug der Volksgemeinschaft"). "투쟁법"에 대해서는 또한 Hartl (2000), 96-7 참조.

235 Freisler, in: Gürtner (1934), 12 ("Thypus des Friedensstörers im Volke", "von innen aus bedroht", "vernichten").

236 Freisler, in: Gürtner (1934), 13 ("das die Welt Bewegende der Wille", "Wille des Friedensstörers", "Feind"). 이러한 취지의 주장으로는 또한 Frank (1935), 14 이하 (기본원칙과 관련하여 범죄적, 악의적 의사를 특별히 언급함 16, 19, 28); Gürtner (1936), 15 ("범죄적 의사의 강도에 상응하여 형벌을 부과[Intensität des verbrecherischen Willens]"). 이러한 점에서 결과형법의성격을 가진 (이탈리아) 파시스트 형법과의 차이점을 강조한 Dahm (1935b), 17 이하 (그는 이탈리아 형법은 인민공동체 그리고 인민공동체의 구성부분으로 이해되는 개인이라는 사고·사상을 바탕으로 하지 않는데, "그러한 의사형법은 우리에게 낯설다[ein solches Willensstrafrecht fremd]"고(19) 함, 이에 대해서는 이미 주 121및 제2장 1에서 설명함; 단초·시안적으로(ansatzweise) 언급하고 있는 Dahm (1935a), 11.

237 Freisler, in: Frank (1934), 13 ("bereits im Keime erstickt werden").

238 Hartl (2000), 56 이하를 보라 (제국형법전 제49a조, 제국최고법원이 취한 미수범 관련 주관주의이론 [60, 184 이하], Karl Klee의 간접적 고의(dolus indirectus)에 관한 초기 저작 [60 이하] 그리고 1922년 형법전초안 및 1925년 형법전초안[64]에 특히 주목하고 있음).

239 Hartl (2000), 64-5 ("비교할 만한 어떠한 대응물도 발견할 수 없다" [kein vergleichbares Äquivalent existierte"]); 이러한 점에서 Hartl은 Marxen, *KritV* 73 (1990), 294("최고점 [Höhepunkt]", "극한의(Extrem)"]과 유사한 시각에서 바라보고 있다).

프라이슬러가 "의사의 *발현(activation* of the will; Willens *betätigung)*" 즉, 의사
의 외부적 표출을 요구한 것은[240] 형사책임을 제한하기 위한 것이 아니었다. 그
는 결과초래라는 요건 또는 완성된 행위라는 요건을 의사라는 요건으로 대신하
고자 하였다. 그는 어떻게 발현되지 않은 의사가 외부적으로 인식될 수 있고, 소
추될 수 있는가라고 하면서 의사발현을 절차법적 인정의 문제로 이해하였다.[241]
행위에 관해 논한다는 점에서는 형법의 근본요소인 행위가 최소한도로 — *행위*
지향적 주관주의에서와 같이 — 다루어졌다고 볼 수 있지만,[242] 이러한 태도도
나중에는 공범이론에서 — 도구이용자(agent) - 지향적 주관주의를 취함으로
써 — 포기되었다.[243] 어쨌든, 프라이슬러의 '의사의 발현'에서는 '의사'에 내재
하는 '위험(Gefahr)'을 암묵적으로 인정하는 경향이 확인되고, 이로써 그는 일
견 상반되는 이론인 (주관주의적) 의사형법이론과 (객관주의적) 위태화형법
(Gefährdungs-/Gefährlichkeitsstrafrecht)이론을 혼합시킨다.[244]

나아가, 프라이슬러는 자신의 *의사형법* 사고에 **속죄**("Sühne") 사고를 결합시
킨다. 그는 형법의 의의는 "속죄"에 있는데, 속죄는 "우리 민족이 오래된 것만

---

240 Freisler, in: Frank (1934), p 13 ("발현된 범죄적 의사를 … 기초로 하여야 한다[betätigte ver-
brecherische Wille … zugrund zu legen]"); Freisler, in: Gürtner (1934), 30 ("의사발현에 기해
초래된 결과를 대신해서만 또는 의사발현의 완성을 대신해서만 … 결과의 초래 또는 완성에
… 지향된 의사발현만이 얘기될 수 있다" [nur an die Stelle des durch die Willensbetätigung
herbeigeführten Erfolges oder an die Stelle der Vollendung der Willensbetätigung tritt … die auf
die Herbeiführung des Erfolges oder die Vollendung … gerichtete Willensbetätigung]).

241 Freisler, in: Gürtner (1934), 31에서 그는 "발현되지 않은 의사"가 문제되지는 않는다는 점을
이유로 "증명의 어려움"이라는 비판을 명시적으로 배척한다. Freisler에 앞서 유사한 주장을
한 Gemmingen, JW 62 (1933), 2373 ("결과발생의 개연성은 의사가 확인되었는지에 따라 입
증될 수 있음" [Beweis der Erfolgswahrscheinlichkeit anhand eines Willensbefundes]). Mezger,
DJZ 39 (1934), col 102-3도 의사형법과 관련하여 입증의 문제를 논하고 있다.

242 또한 Hartl (2000), 138 참조 (Freisler가 "의사의 발현(activation of the will)"을 요구한 것은 의
사형법도 범죄성립에 있어서 행위와 관련하여 일정요건의 충족을 요구하고 있음을 확인시
켜 주는 것이라고 하고 있음.)

243 Vogel (2001), 84 참조. 이와 관련하여 순수 의사형법의 발전에 대해서는 제5장 그리고 제6장
1을 보라.

244 Gemmingen, JW 62 (1933), 2371 이하; Mezger, DJZ 39 (1934), col 97 이하 참조; 2차적 문헌근
거로는 Hartl (2000), 266 이하 (*의사형법*은 특정 행위의 높은 위험성을 이유로 그러한 행위를
독자적인 예비범죄로 인정함으로써 형사책임의 범위를 확장함); Vogel (2004), 81.

큼, 우리 독일인들에게 오래된 생각이다"라고 한다. 속죄는 합리적으로 또는 철학적으로 근거지워질 필요 없다. 속죄사고는 "우리 속에" 존재하기 때문이다.[245] 그러나 의사에 이미 책임이 귀속되기에 속죄를 위해서는 의사형법이 필요하다고 한다.[246]

국가사회주의 시대에 계속 발전된 의사형법이론은 결국 — 고의범과 관련하여 — [247] **범죄론**상의 많은 문제들에 영향을 미쳤음에 틀림없다.[248] 예컨대, 범죄적 의사는 이미 미수를 통해 표출된다는 근거로 미수와 기수의 구별을 중요하지 않게 보는 것이 그러하다.[249] 뿐만 아니라, 의사형법이론에 의하면 의사

---

245 Freisler, in: Gürtner (1934), 15-6 ("für uns Deutsche so alt wie unser Volk alt ist", "lebt in uns"); 또한 Frank (1935), 11 이하 참조 (근본원칙 6, 10에서 특별히 속죄를 언급하고 있음); 속죄사고와의 결합에 대해서는 또한 Hartl (2000), 97-8 참조.

246 Freisler, in: Gürtner (1934), 16-7.

247 Freisler, in: Gürtner (1934), 13 (의식적으로(bewußt) 이루어진 평화교란의 경우에만 "의사형법"이 애기될 수 있다고 함), 15 (책임을 의사에 귀속시키는 것은 "부주의 사례에서는 인정되지 않는다"고 함), 29 ("과실행위 형사처벌은 그 자체로 ... 의사를 근거로 할 수 없다"[kann die Nachlässigkeitsbestrafung an sich schon nicht an den Willen ... anknüpfen]), 32 ("과실행위처벌"이 문제되는 경우가 아닌 한, *의사형법*). 이에 대해서는 또한 Hartl (2000), 149, 150-1 참조.

248 자세히는 Hartl (2000), 137 이하, 378 (이 책 본문에서 언급되고 있는 예시뿐만 아니라, 예컨대 부진정 부작위범, 인과관계 요건을 요구하지 않는 것, 위법성(특히, 정당방위), 책임(고의와 과실을 포함하여), 형벌, 양형 및 경합론에 미친 영향을 논하고 있음). 이러한 여러 영향들에 대해서는 이 책에서 계속 다루어진다.

249 Freisler, in: Frank (1934), 13-4; Freisler, in: Gürtner (1934), 32-3; 또한 Mezger, *DJZ* 39 (1934), col 102, 103-4; Schaffstein, *DRWis* 1 (1936), 48-9; 2차적 근거 문헌으로는 Marxen (1975), 228-9; Werle (1989), 710; Hoyer, *GS Eckert* (2008), 357; Zaffaroni (2017), 158 이하; 관련 논의, 개혁 시도 및 개혁에 대해 자세히는 Hartl (2000), 77, 189 이하 (공범의 미수), 197 이하 (미수), 322-3 (§ 49a RStGB를 통한 공범미수의 형사가벌화), 329 이하 (1943.5.29.에 제정된 '형법통일을 위한 법규명령[AngleichungsVO] 제2조에 의한 미수 가벌성 범위의 확장; 이에 대해서는 또한 Schröder (2016), 22 참조. — 나치시대 의사형법이론의 영향과 관련하여, 범죄 "**기도**(Unternehmen)"에 대한 오늘날의 일반적인 개념정의(독일 형법 제11조 제1항 제6호 참조)는 나치주의-정부에 의해 형법 제87조 반역죄에서 동일한 자구로 도입되었었다는 점을 언급할 필요가 있다.(RGBl I 1934 341 이하; Hartl, 2000, 285-6; Wolters, 2001, 60-1; Rüping/Jerouschek (2011), 100; 나치주의시대 국가를 보호하기 위한 범죄에 대한 일반적 논의와 그러한 범죄의 확장에 대해서는 Preußischer Justizminister (1933), 133-4; Freisler, in: Frank (1934), 13; Freisler, in: Gürtner (1934), 32; Mezger, *DJZ* 39 (1934), col 102를 보라; 2차적 근거문헌으로는 Hartl (2002), 200 이하, 284 이하). 따라서 그러한 범죄 "기도" 개념정의는 바이마르 공화국 시대에 거부되었음에도 불구하고 그 후 다시 르네상스와 확장을 맞이하였는데(Wolters, 2001, 65), 1950년에 삭제되었던 형법 제87조가 1951년에 다시 동일한 자구로 재도입된 것이 그러

책임은 모든 개별 범죄가담자에 따라 독립적으로 판단되고, 정범의 의사책임에 종속되지 않기에 정범과 공범의 구별 그리고 공범의 정범에 대한 (엄격한) 종속성 원칙은 더 이상 유지될 수 없게 된다.[250] 따라서 정범과 공범에게 동일한 법정형을 적용하는 확장적 정범개념(단일정범체계를 뜻하는 의미에서)이 논의되기도 한다.[251] 형법각론의 경우, 의사형법은 무엇보다, (주관주의 하에) 가벌성전치화(Vorverlagergung)를 통해 형법 확장을 초래한다.[252]

하다.(BGBl. I, p 739 ff; Wolters, 2001, 66). 물론, 범죄 "기도"라는 용어는 국가보호범죄와 관련하여 이미 18세기말부터 사용되었고(ibid, 48 이하), "기도"에 대한 오늘날의 법률상의 표현은 프로이센형법 제61조 제1항에서 기원한다는(ibid, 54-5) 점이 간과되어서는 아니 되지만, 나치주의-법률가들은 범죄 "기도"에 대한 그 당시의 법적 규율을 "입법기술적으로 문제없는, 의사형법의 실현"으로(Mezger, DJZ 39 [1934], col 99) 여겼다.

250 Frank (1935), 34 이하 참조(그는 "다른 사람의 처벌여부와 관련시키지 않은 채 오로지 범죄적 의사를" 형사처벌의 근거로 이해하면, "범죄가담형태 그리고 가담형태 상호간의 관계에 대한 지금까지의 논란은 더 이상 의미없다"고 한다. "개별사건에서 범죄적 의사의 정도를 양형에서 고려하는 것은 법관에 위임되어 있다"고 하며, "범죄적 의사가 완전히 중요하지 않을 정도로 약한 경우에만" 양형에서 감경사유로 고려될 수 있다고 한다).

251 Freisler, in Frank (1934), 22-3 (범행기여가 있는지가 결정적이라고 하고, 공범은 종속적이라는데 반대함); 유사한 견해 Mezger, DJZ 39 (1934), col 101-2. 그러나 그 당시 다른 국가사회주의-법률가들은 의사(Wille)를 강조하면서도 전통적인 정범과 공범의 구별을 유지하는 것에 대해 아무런 의문을 가지지 않았는데, 예컨대 Oetker, in Frank (1934), 116 이하; 마찬가지로 (공범은 일반적으로 정범에 비해 당벌성이 적다고 하면서) 전통적인 정범/공범의 구별을 "국민적인 것(volkstümlich)"이라고 하면서 유지하는 것에 찬성한 Zimmerl, ZStW 54 (1935), 575 이하 (579, 581, 582). 다만, 그는 제한적 또는 확장적 정범개념의 문제를 단지 "법기술적"이고, 개념법학적 성격의 문제로 이해하여("형법적 개념형성의 문제", 577), "이른바 의사형법"은 제한적 또는 확장적 정범개념을 취해야 하는가라는 문제에 대한 대답에서뿐만 아니라, 공범을 어떻게 처벌해야 하는가(형량)라는 법내용적인 문제에 대해서도 ─ 나치주의-이데올로기와 마찬가지로 ─ "단지 최소한의 기여"만을 할 수 있을뿐이라고 하였다. (577-8). 이에 대해 상세히 다루고 있는 2차적 근거문헌은 Hartl (2000), 77 이하, 163 이하 (정범/공범 구별을 완전히 포기하는 확장적 정범개념 또는 적어도, (오스트리아의 기능적 단일정범 모델을 떠올리게 하는) 공범을 비종속적이라고 보거나 공범에 최소한도의 종속성만을 인정하면서 단지 개념상으로만 상이한 범죄가담형태를 인정하는 이론이라고 함). ─ 이러한 점에서 의사형법은 킬학파의 범행자형법(Täterstrafrecht)과 구별되는데, Stefanopolou, JoJZG, 2010, I 16은 이를 간과하고 있다. 범행자 형법에 대해서는 제5장 5, 특히 각주 641과 관련 본문 참조.

252 Hartl (2000), 136, 266 이하, 379 (독립적으로 처벌되는 예비범죄, 시도된 미수의 가벌성 인정 및 장물죄, 범죄비호죄(Begünstigung), 중죄불고발죄에서 범죄성립요건의 완화를 들고 있음). 'NS-형법위원회'의 작업·성과에 대해 요약적으로 정리하고 있는 Freisler, in Gürtner (1935), 9 이하. 이 문헌에서 프라이슬러는 개관 후에 개개 범죄군별로 보고하고 있고, 관련 형법학자들의 ─ 예컨대, Dahm, Kohlrausch 및 Mezger ─ 성명도 언급하고 있다.

제3장 연속성과 "학파논쟁(Schulenstreit)"(?)

이미 서론부에서 얘기하였듯이,[253] 자파로니 또한 고전학파 및 근대학파에서 국가사회주의 사상이 계속되었다는 견해를 취하고 있다. 그는 빈딩(Binding)과 리스트(Liszt)의 이론 모두 공통적으로 보수주의 및 권위주의 색채를 가졌지만, 이른바 *학파논쟁*에 의해 양자의 이론은 대립되는 것으로 나타났고, 이러한 학파논쟁은 양자의 이론이 가진 보수주의 및 권위주의 색채를 숨겨주었다고 한다.[254] 그의 이러한 주장은 오늘날의 자유주의적 형법관에 의하면 옳다고 할 수 있지만, 새로운 것은 아니다. 이미, 특히 막센은 고전학파와 근대학파의 반자유주의적 경향을 분명히 하였다.[255] 보다 최근에, 나우케에 의하면[256] (자파로니는 특히 나우케의 견해를 언급하고 있음) 고전학파와 근대학파는 "범죄를 감소시켜 안전과 안정을 확보해야 한다는 사회적 요구에 대한 반응이 정책의 형태로 나타난 것으로 서로 보완하고, 협력하는 성격을 가졌다."[257] 따라서 양자의 이론에

---

253 각주 14를 포함하여 제1장 1을 보라.

254 Zaffaroni (2017), 137 이하; 자파로니는 이전에는 좀 덜 분명한 입장을 취하였는데, Zaffaroni, in Zaffaroni (2011), 45, 46-7 참조(여기서 Zaffaroni는 [Muñoz Conde 그리고 Marxen의 견해를 근거로 들면서] Binding과 Liszt의 이론은 "동일한 효과·결과(Konsequenzen)"를 가져왔다고 하면서도, 그들에게서 국가사회주의사상이 좁은 의미에서 계속된 것은 아니라고 한다 [Binding과 Liszt에게 유리하게 "demasiado duro", "beneficio de la duda"라고 하고 있음]).

255 각주 29 그리고 해당 본문을 포함하여 앞의 제1장 2를 보라. 또한 Frommel (1987), 104 이하 참조(104: "절대적 가벌성근거와 상대적 가벌성근거를 대조시키는 일반적 이해방식에는 현저히 의문이 있음[erhebliche Zweifel am gängigen Bild eines Gegensatzes von absoluter und relativer Strafbegründung]"; 113: 고전학파의 "숨은, 상대적 이론[verdeckt-relative Theorie]"); Guzmán Dalbora, *RDPC* VII (2017), 231.

256 Naucke, *FS Hassemer* (2010), 559 (각주 4에서 더 많은 근거문헌을 들면서).

257 Naucke, *FS Hassemer* (2010), 563 ("sich ergänzende, vikariierende Politikformen der unbestrittenen Forderung nach gesellschaftlicher Sicherheit und Stabilität durch Verbrechens minderung").

서는 결국 공통적으로 "효과적인 범죄투쟁"이 화두였고,[258] 보다 상세히 얘기하자면 특히 "위험한 자들(die Gefährlichen)"에 대한 대응책이 문제되었다고 한다.[259] 따라서 두 이론은 모두 목적지향적인(zweckorientiert) 근거들을 제시하였고 ― "합목적적인 응보" vs. "합목적적인 예방"[260] ― , 형법의 법치주의적, 가벌성제한적인 측면은 도외시되었다.[261]

특히, 국가의 권위를 근거로 무조건적인 규범준수를 요구하는 빈딩의 규범이론은[262] 국가를 권위주의적으로 이해하도록 하고, 이로써 결국, 지도자명령을

---

258 Naucke, *FS Hassemer* (2010), 564 ("effektive Verbrechensbekämpfung"); Liszt에 대해서는 Dölling, in: Dreier/Sellert (1989), 194, 223 참조("효과적인 사회보호를 위한 도구들 [Instrument eines effektiven Gesellschaftsschutzes]"). 효과적인 범죄투쟁이 강조됨으로써 죄형법정주의의 가치는 절하되었는데, 이에 대해서는 Naucke, in: Institut für Zeitgeschichte (1981), 71, 98 참조; Nauke의 의견에 동의하는 Frommel (1987), 73-4.

259 Naucke, *FS Hassemer* (2010), 563 ("위험한 자들에 대해서는 강하게 그리고 엄하게 투쟁해야 한다는 주장은 양 학파에서 당연한 것이었다[Daß gegen die Gefährlichen mit Stärke und Härte gekämpft werden muß, ist beiden Schulen selbstverständlich]").

260 Naucke, *FS Hassemer* (2010), 560 이하(칸트가 말하는 바와 같은 목적으로부터 자유로운 (zweck*frei*) 응보라는 사고는 이미 19세기에 더 이상 지지자를 발견할 수 없게 되었다고 함, 516). Merkel (1899), 687, 703 참조 (그는 "응보사고는 목적과의 관련성을 배척하는 것이 아니라, 포함한다[Vergeltungsgedanke Zweckbeziehungen nicht aus-, sondern einschließt]"고 함). 또한 Frommel (1987), 107 이하 참조 ("응보를 통한 예방[Prävention durch Vergeltung]").

261 상세히는 Naucke, *FS Hassemer* (2010), 564 이하 참조 (564: "형사처벌의 목적을 기술적으로 이해함으로써 형법을 제한하고자 하는 법치주의적 이론을 극복한 것[Überwältigung der staatsrechtlichen Theorie einer ständigen Begrenzung des Strafrechts durch die technische Theorie der Strafzwecke]"이 학파논쟁의 산물이었다고 한다); 마찬가지로 비판적인 Vormbaum (2015), 120, 133 (자유주의적 시각에서 보면, 두 대표자는 "전혀 "근대적이지" 않았다"). Binding과 Liszt의 형법도그마틱적 공통점과 차이점에 대해서는 Frommel (1987), 61 이하, 113-4 참조.

262 예컨대 Binding (1885), 183 이하 (규범에 대한 "복종의무[Pflicht zum Gehorsam]" [183], "당국의 명령권을 인정[Anerkennung einer obrigkeitlichen Befehlsgewalt]", 따라서 "기속적인 명령 [der bindende Befehl]"은 "어디서나[überall]" "당국의 의사[obrigkeitlicher Wille]", 186); id, (1905), 424, 437 (관련 국가 및 헌법이 "올바를 것(zu Recht)"을 전제로 하여, 내란죄 및 반역죄와 관련하여 충성 사상을 강조하고 있음; id, (1913), 226 이하 (형사처벌은 "위반된 법률의 권위"를 유지하기 위해서 [226], "범행자의 복종의무 그리고 국가의 복종케 할 권리를 관철시키기 위해서 [227], "법위반자에 대한 국가의 대응으로 법위반자를 강제로 국가의 권위 또는 지배 아래에 두는 것" [228], 국가는 유일한 "형법의 주체"이고, "유죄자(Schuldige)"는 국가권위의 유일한 "대상" [229]). 마찬가지로 Binding의 권위주의적 국가관에 대해 비판적인 Vormbaum (2015), 132, 133 처벌규범의 수범자는 법적용자(법관)이고, 범행자(시민들)에게는 (기술되지

제3장 연속성과 "학파논쟁(Schulenstreit)"(?)

이미 앞에서 언급한 지도자원칙(Führerprinzip)[263]으로 이해하여 국가권위의 표현으로 본다면, (법률과 동등하게 취급되는) *지도자명령*(Führerbefehl)이라는 사고가[264] 형성되는데 추진력을 제공하였다고 보는 자파로니의 견해는 타당하다. 그러한 이유로 빈딩의 이론은 나치주의 — 학자들에 의해서는 수용되었지만,[265] 전후학자들로부터는 비판을 받았다.[266] — 더욱이, 이는 1920년에 그의 사후에 출판된 "살아갈 가치 없는 생명의 파괴(Vernichtung lebensunwerten Lebens)"에 대한 그의 글[267]과 상관없이 그러한데, 빈딩의 그 글과 빈딩의 규범이론과의 관

않은) 금지규범(행동규범)들만이 적용될 뿐이라고 함 (ibid., 64, 132). 또한 Murmann (2005), 90 (규범에 대한 "복종의무"를 강조하고 있음) 참조; 그러나 빈딩은 형법전을 단순한, 수범자 없는 "법률상의 명령(Gesetzesbefehl)"으로 이해하였다고 하는 견해로는 Hilliger (2018), 159 이하.

263 주 164 및 관련 본문을 포함하여 제2장 1 참조.

264 지도자명령을 기속력을 가진 법원(Rechtsgrundlage)으로 이해하는 것에 대해서는 예컨대 Freisler, *DJ* 97 (1935), 1251 (법률은 "*지도자명령*의 으뜸가는 표출형태") 그리고 Dahm, in: id et al (1935), 101 ("*지도자명령*의 ... 표현"으로서의 법률) 참조; 2차적 근거문헌으로는, 이 문제에 대해 상세히 다루고 있는 Marxen (1975), 202 이하, 212 이하; Werle (1989), 578-9, 583 이하, 602, 681 이하 (688), 715, 720 (지도자의 의사/명령이 법이기에 법률에로의 기속성 대신에 지도자에게로의 기속성 [688]) 참조; *지도자명령*을 통해 법률을 충전하는 것에 대해 비판적인 Vogel (2004), 67.

265 Rauch (1936), 14-5 ("빈딩의 보수주의적-권위주의적 경향은 그의 규범이론/규범개념 (Normbegriff)에서 극명하게 드러난다", Binding에게 있어서 "국가의 권위·권한(Macht)"을 강조하는 것"은 개인과 국가 간의 "형법관계"에 있어서 "가장 중요한 것", "범죄"는 국가에 대한 "복종을 거부하는 것"; "국가를 단순히 권위·권한을 가진 것 이상으로 이해하고 ... 불복종 사상을 강하게 강조함으로써 모든 범죄 및 형사처벌과 관련된 문제는 윤리적 가치를 통해 관철된다"고 한다, 36-7 (Binding의 죄형법정주의 특히 유추해석금지원칙에 대한 투쟁을 강조하고 있음); Dahm (1935b), 15 ("Binding과 고전학파 이론은 바로 파시스트 형법에 살아있다"). 그러나 Schaffstein (1934), 8-9는 ("국가의 권위주의적 속성"과 "법적 안정성의 필요성"을 상호 구별함으로써) 보다 분석적인 시각을 보여주고 있다; 또한 Welzel, *DRWis* 3 (1938), 116-7 참조 (자유주의적 역사학자들로부터 차용한 "권위주의국가 사고(Machtsstaatsgedanke)", 따라서 "규범개념에서 나타나는 권위주의적 속성", "형사처벌은 국가의 권위·권한 및 지배를 유지하는 것이고, 법위반자로부터 국가가 스스로를 지키는 것"; 그러나 다른 한편으로는, "규범의 보장적 속성에서 나타나는, 법치주의와의 본래적 연관성..."). 또한 Schwinge/Zimmerl의 Binding이론 수용에 대해서는 Schwinge/Zimmerl (1937), 28 이하 참조 ("과장 및 단순화" [28], "형법총론상의 추상적 개념들에 대한 맹목적 투쟁" [29]). Binding 이론의 수용에 대해서는 또한 Marxen (1975), 38 이하 참조 (Welzel, *DRWis* 3 [1938], 116-7과 관련하여서는 간략히 다루고 있음).

266 예컨대 Marxen (1975), 37 이하 ("규범을 절대적으로 기속력을 가지는 명령으로 이해하는 것", [39], 국가보호범죄의 핵심을 "국가에 대한 충성·충실의무의 위반"으로 이해함, [40]).

계에 대해서는 논란이 있다.[268] ── 견해에서 모순이 있는── [269] 리스트와 관련하

---

267 Binding/Hoche(1920). 일반적으로 이 글은 나치주의 안락사 정책의 정신적 선구물 (Vorläufer)로 평가되고 있다(Naucke, in: Binding/Hoche (1920), XXVIII-XXIX ["살해행위 및 안락사를 승인"하기 위해 행정법규로 불법적인 "살해행정"을 근거지우는 것]; Schumann (2006), 19 이하(Binding을 "안락사 정책의 정신적 개척자[geistiger egbereiter der Euthanasieaktionen]"로 표현하고 있음), [21-2]; Zaffaroni, in Zaffaroni, (2009b), 7 이하 [그는 사후에 출판된 Binding의 글이 스페인어로 번역출판된 것에 대해 Binding을 사후에 유죄판 결하고자 하는 것이라고 이해하지는 않지만(7), Binding에 역사적 책임이 있음을 강조하고 ("la história no se lo perdonó", 12), 그 글의 내용을 분명한 표현으로 비판하고 있는데 (14 이 하), 특히, 제노사이드가 준비되도록 한 "triste producto intelectual"이라고 비판한다(41)]). Binding의 글은 뉘른베르크 재판소 '의사 소송'에서 '기소인측 사건(prosecution case)'의 심 판대상이기도 하였다 (이에 대해서는 Priemel [2016], 252). 2010년 봄에 라이프치히시는 Binding의 글을 이유로 Binding의 명예시민 자격을 박탈하였다 (Vormbaum [2015], 각주 11 을 포함하여 133 참조). 그러나 우리는, Binding은 1880년 이후 (사회진화론에 영향받아) 자연 과학적이고 법철학적인 논의에서 "아픈" 사람의 보호와 관련하여 금기를 제거하는 것이 선 전되던 시기의 산물이었다는 점을 생각해야 한다(Hammon [2011], 2-3 그리고 여러 곳에서; 이와 관련하여 특히, Binding/Hoche 이전의 안락사 논의에 대해서는 또한 Große-Vehne [2005], 11 이하 [독일이 통일되기 전 지역법에서의 "촉탁에 의한 살해죄"에 대해], 37 이하 [1870년 이후의 안락사논의에 대해]; Hilliger [2018], 283 이하, 301 이하 참조; 또한 이 책의 각 주 107-108을 포함하여 제2장 1.의 관련 문헌을 보라). Schmitt, FS Forsthoff, 1967, 37 (61)은 Binding/Hoche는 "직접적으로 감정적이라고 할 수 있는 방법으로 사람들이 그들의 제안을 악용하는 것을 … 어떻게 방지할 수 있을지에 대해 숙고하였고(in einer geradezu rührenden Weise darüber nachgedacht, wie man einen Mißbrauch ihrer Vorschläge … erhindern könnte)", 따라서 나치주의 정책·실무에 대해 그들에게 "어떠한[!] 비난가능성 또는 공동책임을" 지 우는 것은 "비열한(niederträchtig)" 일이라고 한다. 이와 유사한 취지로 서술하고 있는 Hilliger (2018), 그는 Binding/Hoche의 글을 19세기의 과학-생물학적 논의로 이해하면서(283 이하, 293 이하), 그들의 글은 "내용적으로 새로운 것이 없는 자극제(Impulsgeber)"에 불과하 였지만(392), 단지 "그들의 학자적 권위로 인해" 큰 영향을 미치게 되었고(394, 400), 국가사 회주의(NS)-살해프로그램의 유형과 방법으로 "계속되었는지(Kontinuität)"는 "역사적"으 로 증명되지는 않는다고 한다(395-6, 400-1).

268 Frommel (1987), 75-6에서는 상세히 분석하면서 설명하고 있다 ("Binding을 그의 말년 작품 을 기준으로 평가하는 것은 부당하다[ungerecht, Binding an dieser Altersschrift zu messen]", 엄격한 법률가적(법적) 처리·취급의 허구, "도그마틱적 수단을 이용하는 숨은 형사정책이 라는 경향[Neigung zu verdeckter Kriminalpolitik mit dogmatischen Mitteln]"이라고 함); Naucke, in: Binding/Hoche (1920), XXIII 이하에서는 어느 정도 관련성이 있음을 지적하고 있 다 (촉탁에 의한 살해행위는 1차규범을 위반하는 것이기에 가벌성이 인정됨; "규범이론적 시도의 의도[Absicht des normtheoretischen Unternehmens]"는 "국가적 살해행위[staatliche Töten]"를 보다 쉽게 할 수 있도록 "형법으로부터 벗어나는 것[das Strafrecht loszuwerden]" 이었다 [XXIX]); Naucke의 견해와 관련하여서는 또한 Zaffaroni (2017), 각주 276을 포함하여 139 참조, Zaffaroni는 Nauke는 Binding의 규범주의에서 나타나는 모순을 인정하지 않고 있 고, Binding의 법률(Gesetz)과 규범(Norm)의 구분을 강조하고 있다고 한다; 그러나 최근에 명

여서는, 순수 보호형법 또는 안전형법에 대한 그의 두 번째 표명이라고 할 수 있는 "마부르크 프로그램(Marburger Pogramm)"에서 그가 개선될 수 없는 범죄자를 "무해하게 할 것(Unschädlichmachung)"을 주장한 것은[270] (의사형법적)[271] 나치주의 – 행위자 유형론[272]에 지적으로(intellektuell) 길을 열어주었을 뿐만 아니라,[273]

시적으로 Nauke의 주장 특히, 'Binding은 살해행위를 (그 당시) 현행법에 따라 정당화하였다' 는 주장에 반대하는 견해로는 Hilliger (2018), 325-6, 328 이하 (357), 383 이하, 387 이하, 399-400, Hilliger에 의하면 Binding은 단지 (장래법으로[de lege ferenda]) 법철학적 요청을 제기하였을 뿐이고, 따라서 그러한 주장에서 그의 규범이론과의 모순을 발견할 수는 없다.

269 이에 대해 잘 다루고 있는 Frommel (1987), 85 이하 (Liszt의 견해에서 자유주의적이고 특별예방에 기여하는 측면과 범죄에 권위주의적으로 "투쟁(Kampf)"하고자 하는 측면을 구별하고 있음; "자유주의적 것을 의도하면서 권위주의적으로 표현(Rhetoric)한 것이 대비적임 [Kontrast zwischen seiner autoritären Rhetorik und seiner faktischen liberalen Wirkung]"). 특히 Exner는 Liszt 이론에서의 "투쟁적 측면"을 받아들였는데, 예컨대 id, ZStW 53 (1934), 629 (그는 51년 전에 Liszt는 "기질적 범죄자들에 대한 효과적인 법적 투쟁수단"을 요구하였다고 한다); id (1939), 261 (정신상태로 인한 범죄자들은 "사회의 적"[Zustandsverbrecher als "Gesellschaftsfeinde"]), 358 ("성향 범죄자"이기 때문에 "개선될 수 없는 범죄자"인 경우를 위해 "인종적 위생 조치"가 필요하다고 함); 추가적인 근거를 들면서 Exner에 대해 다루는 Frommel (1989), 85 이하, 101-2; 또한 주 108 및 각주 111-112를 포함하여 제2장 1을 보라. Jiménez de Asúa (1947), 92는 덜 비판적인 입장을 취하고 있다. Wetzell (2000), 213 이하에 의하면 Exner는 공개적인 나치주의자는 아니었고, 소질/환경을 기반으로 한 범죄자대응책을 주장하였다.

270 Liszt, ZStW 3 (1883), 1, 34 이하 (개선될 수 있고, 개선이 필요한 범죄자를 개선하기, 개선이 필요한 범죄자에 대해서는 위하하기 그리고 개선될 수 없는 범죄자를 무해하도록[36]).

271 이에 대해서는 각주 230이하 그리고 해당 본문을 포함하여 제2장 3 참조.

272 범행자형법 또는 행위자-지향적 형법에 대해서는 Hartl (2000), 116-7 ("일반적" 범행자형법과 "개인적" 범행자형법을 구별하고 있는데, 전자는 추상적이면서 규범적으로 의사형법을 기초로 하여 범행자형태를 구분하는 형법인데 반해, 후자는 구체적이면서 개인적으로 범죄학을 기초로 범행자형태를 구분하는 형법이라고 함 [118 이하]; 전자의 — "범죄행위의 성격·본질"을 가정하는 — 행위자 유형론에 대해서 자세히는 주 644 이하 그리고 해당 본문을 포함하여 제5장 5 그리고 주 698 이하 및 해당 본문을 포함하여 제4장 1을 보라. 경찰형법의 행위자형법 속성에 대해서는 Werle (1989), 708 이하.

273 예컨대 Marxen (1975), 160 이하 (물론, Marxen은 타당하게, Liszt의 목적적 처벌 사고 자체는 원칙적으로 자유주의적 속성을 가진다는 것을 지적하고 있다); Marxen, in: Reifner (1984), 82-3 (여기서도 Marxen은 Liszt는 양형과 형집행에 대해서만 논하였다는 것을 지적하고 있다); 좀 더 비판적인 입장에서는 Marxen, KritV 73 (1990), 292-3 (Liszt가 범행자에 포커스를 맞춘 것은 의사형법이론의 선구물로 기능함); 다른 견해를 제시하는 Hartl (2000), 58 (근대학파는 특별예방적 조치들 그리고 범행관련요소를 강조하였다고 한다. 그런데 Marxen 또한 이를 인정하고 있다, Marxen, 1975, 160 이하) 참조; 소년형법과 관련하여서는 Höffler (2017), 62 이하 (소년형법은 특별예방을 기초로 하기에 범행자관련요소에 초점을 맞추는 것이 필요하다

국가사회주의 시기에 이루어진, "인민에 유해한 자(Volkschädlinge)"를 무해하도
록 하기 위한 나치 – 입법에 즉, *상습범죄자법률*(Gewohnheitsverbrechergesetz)[274]
그리고 "*국민에 유해한 자에 대한 법규명령*(Volkschädlingsverordnung)"[275]에
토대를 제공하였다.[276]

그러나 위와 같은 연속성에도 불구하고, 우리는 국가사회주의시기의 **反자유
주의적이고 反개인주의적인** 나치주의 – 형법 지지담론은 두 학파에서의 자유주
의적 시각에 투쟁하였고(bekämpfen), 두 학파를 "같은 뿌리에서 나온 다른 줄
기(Schößlinge derselben Wurzel)"[277]로 여기고, 양자 모두를 극복되어야 할 '개

고 함).

274 위험한 상습범죄자에 대항하기 위한 그리고 개선과 안전의 조치에 관한 법률(Gesetz gegen gefährliche Gewohnheitsverbrecher und über Maßregel der Besserung und Sicherung), 24 November 1933, RGBl I 1933 995. 제1조(Art. 1)에서는 상습범죄자에 대한 형가중에 대해 규정하였고, 제2조에서는 개선과 보안의 조치에 대해 규정하고 있었다. 이 법률에 대해서는 또한 Cavaleiro de Ferreira (1938), 79 이하; Schmidt (1965), 430 이하; Werle (1989), 86 이하; Arnedo, in Zaffaroni (2017), 59-60 참조; 긍정적으로 서술하고 있는 Hartung (1971), 99 이하; 의사형법적 시각에서는 Hartl (2000), 233-4; 뉴욕 "봄스 법(Baumes Law)"과의 비교는 Hoefer, *JCL&Crim* 35 (1945), 389; 미국의 영향에 대해서는 Whitman (2017), 159.

275 인민에 유해한 자에 대항하기 위한 법규명령(Verordnung gegen Volkschädlinge), 5 September 1939, RGBl I 1939 1679; 이에 대해서는 또한 Werle (1989), 233 이하; Hartl (2000), 309 이하; Vormbaum (2015), 198 이하 참조.

276 Liszt, *ZStW* 3 (1883), 36 이하에서는 "상습범(Gewohnheitsverbrechertum)"은 — Liszt는 상습범을 개선될 수 없는 범죄자에 속하는 전형적인 유형으로 보았음 — 유기체의 "병든 부분(krankes Glied)"에 해당하고, "계속해서 우리의 사회적 삶을 깊이" 갉아먹는 "암세포(Krebsschaden)"와 같다고 한다. (36) Eb. Schmidt는 상습범죄자법률에 의해 "오래 전에 Liszt가 상습범에 대한 투쟁을 강화할 것을 요구하였던 것"이 실현되었다고 평가하였다, Schmidt, *MschrKrim* 33 [1942], 205, 222). 따라서 그는 "양형에 대한, 특별한 국가사회주의적 사고가 반영된 것"이라고 보기에는 어렵다고 한다(Schmidt [1965], 431). 또한 (주로 비판적으로 서술하고 있는) Marxen (1975), 162-3; Frommel (1987), 87 이하; Schreiber, in: Dreier/Sellert (1989), 167-8. ("특별한 나치주의적 혁신"이 아니다[keine "spezifisch nationalsozialistische Neuerung"]); Werle (1989), 86 이하; Kubink (2002), 94 ("... 생물학적 청소 그리고 '특별취급'에 관한 ... 선구물"), 249 ("Liszt식 사고가 급진화 된 것"으로 "형법적 수단을 이용하였지만 그것은, 법적으로 보면, 정당화될 수 없는 형법의 사용"[rechtlich kaum mehr gebundene Verwendung des Strafrechts als radikale Liszt-Linie]; Vormbaum (2015), 118 이하 (121-2), 134, 182, 188 참조.

277 Schaffstein, *DStR* 81 (1935), 97, 99 ("Schößlinge derselben Wurzel"); 또한 Wolf (1932), 12 ("동일한 사상적 뿌리에서 유래하는 것[aus den gleichen geistigen Wurzelgründen]"); id, (1933), 23 ("동일혈통인 형제들에서의 차이점[Verschiedenheit von Brüdern gleicher Stammesart]");

인주의적이고 실증주의적인 자유주의'의 대표자로 여겼다.[278] 따라서 나치주의
는 제1장 2에서 언급한 급진화설이 주장하는 바와 같이, 빈딩, 리스트 그리고
이들과 동시대 학자들에게서 나타나는 국가권위주의적 경향을 나치주의의 생
물학적·인민적(biologistisch-völkisch) 인종주의를 통해 아주 예리하게 만들었
고(verschärfen), 이로써 빈딩 등이 생각할 수 없었고, 또한 예상할 수 없었던 형
태로 형사법을 실제로 야만화(Brutalisierung) 시켰다. 계몽시대적 자유주의 사
고는 반대사상으로 이해되어, 형법에서 마찬가지로 극복되어져야 하는 것으로
여겨졌다;[279] 이 과정에서 반자유주의 운동은 자신들의 주장을 "보다 더 빛나게
하기 위해(um so strahlender leuchten zu lassen)" 자유주의를 세분화하여 언급
하지 않고, 의식적으로 왜곡하여 설명하였다(허수아비 때리기 기술).[280] 에른스트
포르스트호프(Ernst Forsthoff)는 그의 유명한 저서 "전체주의 국가(Der totale
Staat)"에서 이를 다음과 같이 직설적으로 표현하였다:

> "이 책은 역사적인 인식·통찰을 위한 것이 아니라, 정치적 행동을 위한 것이다.

Welzel, *DRWis* 3 (1938), 113, 119 ("공통의 방법론적 토대"에 기초하고 있다고 함); 마찬가지
로 Binding과 Liszt의 '형법관계(Strafrechtsverhältnisse)' 구성 및 그러한 구성에 기초한 "처벌
요구·필요성(Strafanspruch)" 사고에 대해 비판적인 Schaffstein, *DJZ* 39 (1934), col 1174 이하
(1179-80) ('이것은 19세기의 시민적·자유주의적 법치주의사고에 바탕을 두고 있다'고 하고
[col 1176], '그것은 국가와 범죄자 간의 관계를 한 관점에서 바라보아 형사처벌의 의미를 양
자 간의 내부적인 "법적 관계"로 한정하기에 나치주의-형법과 부합될 수 없다'고 함[col
1180]).

278 예컨대 Schaffstein (1934), 7 이하 (옛 학파의 실증주의를 극복하기), 18 (학파논쟁은 "전제조
건에 대해 얘기하지 않고, 비정치적인 두 학술견해 간의 다툼"[Schulenstreit "als Streit zweier
voraussetzungloser und unpolitischer Lehrmeinungen"]) 참조; 매우 상세히는 Marxen (1975),
29 이하.

279 Henkel (1934a), 11 ("계몽시기적 사고를 모든 면에서, 따라서 형법적 사고에서도, 극복하는
것은 국가사회주의의 역사적 임무로 될 것이다"[es wird die geschichtliche Aufgabe des
Nationalsozialismus sein, das Denken der Aufklärung in allen Beziehungen, so auch im
Strafrechtsdenken, zu überwinden]) 참조. 국가사회주의에 반대되는 계몽사상에 대해서는
Cattaneo (2001), 233 이하.

280 Marxen (1975), 25 이하 (27) 참조 ("um so strahlender leuchten zu lassen") (나치가 자유주의를
역사적 사실에 어긋나고, 피상적이고, 왜곡하여 설명한 것을 비판하면서).

따라서 이 책에서는 의식적으로, 주요한 투쟁점들을 강조하면서 요약적으로 서술
된다; 이로 인해 자의적 설명이 [!] 이루어질 수 있는지의 문제는 여기서는 의식적으
로 다루어지지 않는다."

"시민시대는 … 가차 없이 그리고 종국적인 결과에 대한 용기와 함께 … 청산되
고 있다 … 학자적으로 고루하게 따지고자 하는 사람들만이 이 책에서 논의가 요약
적으로 이루어지고, 그 과정에서 전통적인 선을 근거로 하는 것에 대해 경악할 것이
다 … '객관적이어야 한다', '과거를 존중해야 한다'와 같은 경고들에는 오히려, 분명
하게 과거의 악행을 유지하려는 의도가 숨어있는데 … 오늘날의 임무는 마지막 잔
재(Reserve)를 국민에게서 끄집어내는 것이라는 점을 아는 어느 누구도 … 오늘날에
는 그러한 경고에 동참하지 않을 것이다."[281]

따라서 반자유주의는 — 국민공동체를 과다하게 강조함으로써 이루어진 反
개인주의와[282] 함께 — 나치주의의 주요한 초점(Kristalisationspunkt)이었다.[283]

---

281 Forsthoff (1933), 8 ("Diese Schrift steht nicht im Dienste des historischen Erkennens, sondern
   der politischen Aktion. Sie bedient sich darum bewußt jenes summarischen, auf die
   Herausstellung der wesentlichen Kampfpositionen gerichteten Verfahrens; und die Frage, ob
   wirklich das Feld der Willkür betreten wird, soll hier bewußt unerörtert bleiben "), 17 ("Das bür-
   gerliche Zeitalter wird liquidiert … it Rücksichtlosigkeit und dem Mut zur äußersten
   Konsequenz … ur akademische Pedanten werden darüber erschrecken, daß diese
   Auseinandersetzung summarisch erfolgt und dabei auch an traditionelles Gut Hand angelegt
   wird … n diesen Ermahnungen zur 'Objektivität', zur 'Ehrfurcht vor der Vergangenheit', hinter
   denen sich vielfach deutlich die Absicht der Sabotage verbirgt, kann sich heute niemand beteili-
   gen, … er erkennt, daß es heute darauf ankommt, die letzten Reserven aus dem Volke her-
   auszuholen"). 또 다른 예로는 Lange (1933), IV를 보라 ("여기서도 전승된 것은 때때로, 냉정
   히 생각할 때 그것이 받을 수 있는 것보다 더욱 더, 비판된다; 이렇게 함으로써만 새로운 것은
   명확하면서도 날카롭게 강조될 수 있었다"[Auch hier ist das Überlieferte mitunter schwärzer
   gezeichnet, als es bei kühler Abwägung verdient; nur auf diesem Untergrunde konnte das Neue
   klar und scharf herausgearbeitet werden]).
282 주 118을 포함하여 제2장 1 참조.
283 Gross (2010), position. 3165 (Aurel Kolnai의 1938년 연구 "The war against the West"를 언급하
   면서).

제4장 나치 형법과 신칸트주의

1. *신칸트주의의 영향*

자파로니는 신칸트주의가 나치 형법에 영향을 주었다고 설명한다.[284] 신칸트주의는 신학적 방법론을 통해 당시 성행하던 (자연과학) 실증주의를 비판하였다. 이 때의 실증주의는 형법에서도 유행하여 소위 생물학적 범죄학이 주장되고 있었다. 신칸트주의는 이러한 실증주의 경향에 반대하고 형법을 다시 규범학으로 돌리려는 시도를 하였다. 신칸트주의는 많은 사람들의 호응을 받아 형법 논의만이 아니라 순수 자연과학적 방법론을 반대하는 문화적 회복 운동으로까지 발전하였다. 형법에서 신칸트주의는 — 그야말로 메타 차원에서 — 규범과 윤리 등을 중시하였다.[285] 형법 도그마틱 측면에서는 주관적 불법표지를 발견하고,[286] 규범적 책임론[287] 등을 제안하여 신고전적 범죄체계이론의 철학적 기반을 제공하기도 했다.[288] 그런데 자유주의를 중심으로 한 신칸트주의 학파 이론가들 대부분1933년 나치가 권력을 장악하던 시기에는 모두 사망하고 없었다. 구스타프 라드브루흐만 예외였다. 또한 라드브루흐와 같이 자유주의 기반의 신칸트주의 학자인 막스 그륀훗(Max Grünhut 1893-1964)이나 야매스 골드

---

284 Zaffaroni (2017), 161 이하(제5장).

285 1900년대 초기 신칸트주의 사상은 형법을 통한 책임개념의 윤리화(M.E. Mayer와 Graf zu Dohna)와 1915년 이후 불법구성요건의 규범화(Mayer와 후에는 Grünhut, Mezger, Wolf)를 추구했다는 사실에 대하여는 Ziemann (2009), 120이하, 125 이하, 137-8.

286 유사하게는 Mittasch (1939), 144이하(Mayer의 형법에서의 윤리적 평가를 반대); Marxen, in: Rottleuthner (1983), 56; Stuckenberg, in: Kindhäuser et al (2019), 134이하.

287 Mezger, *GerS* 89 (1924), 207, 259 이하; Hegler, *ZStW* 35 (1915), 19, 31 이하(불법의 주관적 요소) (이에 대한 자파로니의 인용은 부정확하다. Zaffaroni[2017], 168의 주 325); Mayer (1915), 11-12, 185 이하(책임요소와 구분되는 불법의 주관적 요소).

288 또한 유사하게는 Mittasch (1939), 144이하(마이어의 윤리적 관점에 대한 반론); Marxen, in: Rottleuthner (1983), 56; Stuckenberg, in: Kindhäuser et al (2019), 134이하.

쉬미트(James Goldschmidt 1874-1940)는 당시 활동은 했지만 나치가 집권하면
서 곧 대학에서 해직되었다.[289] 그렇기 때문에 나치 형법에 신칸트주의가 직접
영향을 미쳤다고 보기는 어렵다. 나치 형법은 신칸트주의와 별개로 독자적으로
생성된 이론으로 볼 수 있다. 그래서 신칸트주의가 나치 형법 이론의 이론적 뿌
리라고 말하는 자파로니 설명은 맞지 않는다.(제3절에서 다시 설명) 자파로니는
계몽주의 사상에서 시작된 자유주의 이념 모두를 신칸트주의 이론으로 전제하
고, 이들 모두 나치 이념에 양행을 미친 것처럼 설명할 뿐이다.[290]

자파로니는 에드문트 메츠거(Edmund Mezger)를 신칸트주의자로서 나치주
의 주요 학자인 것처럼 평가했다.[291] 그는 위에서 언급한[292] 스페인 학자 무뇨즈
콘데(Munoz Conde)와 툴포(Thulfaut)의 비판적 연구를 근거로 메츠거를 나치
주의자로 분류하고 있다.[293] 또한 자신의 멘토인 히메네즈 드 아수아(Jimenez
de Asua)도 인용하고 있다. 그에 따르면 아수아는 메츠거를 나치주의자라고 확
신하지는 않았지만, 메츠거는 "훌륭한 인격을 갖추지 못한"(sin valor personal
suficiente) 인물이라고 기술하여 부정적인 언급을 한 바 있다.[294] 어떻게 봐도
아수아는 메츠거를 나치와 가까운 인물로 보는 듯하다.[295]

이미 설명했듯이[296] 메츠거는 "새로운" 형법[297]의 필요성을 강조하기는 했다.

---

289 Wapler (2008), 23.
290 Zaffaroni (2017), 170 이하; 유사한 관점은 최근 García Amado (2019); 저자는 신칸트주의의
가치관련 문화과학 운동에 국한시켜 설명하여 자파로니와는 달리 제한적이다. 다음에 설명
하겠지만, 그의 입장은 자파로니 견해보다도 받아들이기 어려운 것이다.
291 Zaffaroni (2017), 171 이하; 이전 그의 글(2009a), 16; 동일하게 García Amado(2019). 그는 안타
깝게도 이를 확인하려는 나의 이메일에 답을 주지 않았다.
292 제1장의 주1과 본문 참조.
293 Thulfaut(2000). 메츠거에 대해 비판적인 입장은 Vormbaum(2015), 196.
294 Zaffaroni(2017), 174. 또한 주 341.
295 나치형법 연구의 제12장에서 Jiménez de Asúa는 초기 Mezger를 "포이어바하 이후 독일의 위
대한 도그마티커"(gloriosos dogmáticos alemanes)로 묘사했다. (1947 제7권, 65), 그러나 (87
이하; 100 이하) 그가 1936년경부터 나치와 같은 입장을 취했다고 설명한다. (이에 대한 근거
로 Mezger의 [1936]과 [1938] 저서를 인용한다).
296 제2장, 주201 내지 203과 본문.
297 Mezger (1934), V의 논문 "인민과 인종"(Volk und Rasse)에서 확인되는 직접 언급은 "새로운
전체국가"에서 "기본적인 사상"(Grundgedanken), "인민을 선별적인 인종을 증식시키는 이

그에 따르면 인민을 중심으로(völkisch), 인종을 중심으로 한 형법을 통해 "사회적으로 위협이 되는 집단 유형"[298]을 선별하고 "인민과 종족에 대한 위협요소를 제거할" 것을 제안하였다.[299] 핵심 나치 법이론가였던 프라이슬러(Freisler)와 똑같이[300] 형법을 "인민의 보호와 진화를 위한 투쟁법"이라고 정의하기도 했다.[301] 형법의 목적은 *인민공동체*를 법으로 교육시키고, 법과 정의에 따라 행위자 책임을 파악해서 행위자 스스로 범죄를 속죄하게 만드는 수단이다.[302] 책임 자체는 행위로만 판단할 수 없다(행위형법). 행위자의 본성과 인격을 통해(행위자형법), 더 자세히는 행위자의 생활습관과 태도(생활영위 내지 행위결정책임)를 기준으로 비난해야[303] 한다.[304] 그러나 메츠거는 이러한 (생활태도를 중심으로 한)

넘으로"(Gedanke der rassenmäßigen Aufartung des Volkes), 또한 21-2("범죄자가 될 유전적 요인들을 인종적으로 말소해야 할 필요성"(Forderung nach rassenhygienischen Maßnahmen zur Ausrottung krimineller Stämme unabweislich), 역시 같은 책, 203에서는 나치 국가와 그 형법의 "핵심 사항"(Grundpfeiler)을 "인민공동체에 대한 개별 시민들의 책임감"(Verantwortlichkeit des Einzelnen gegenüber der Volksgemeinschaft)을 고양시키는 것으로 주장; 같은 책 (1942년 출간된 제2판), 238은 "인민공동체"를 일종의 "생물학적-역사적-정치적 요소"(biologisch-historisch-politische Größe)로 전제하고, "인종 개량을 위한 방법"(Weg der rassischen Aufartung)으로 모든 "인민공동체가 가져야 할 책임감"(Verantwortlichkeit gegenüber Volksgemeinschaft)을 주장; 또한 Mezger, *MSchKrimBio* 31 (1940), 109에서도 "인민공동체에 대한 전체 인민들의 책임"(Verantwortlichkeit des Einzelnen gegenüber der Volksgemeinschaft)이나, 110 ("인민적 법과 도덕질서"[völkische Rechts- und Sittenordnung]을 나치주의의 "공공 윤리"[Gemeinschaftsethik]으로 주장한다).

298 Mezger (1934), 3(typische Gruppe von Gesellschaftsfeinde).

299 Mezger (1934), 203; 같은 책, 1942, 238(Ausscheidung volksschädlicher Bestandteile) 두번째 인용에서는 인종이란 표현을 삭제한 것 같은데, 두 페이지 정도 후에 다시 언급된다. (Wetzell(2000), 212, 주 100), 240("인민과 인종에 해가 될 요소들을 제거"[Ausmerzung volks- und rasseschädlicher Teile der Bevölkerung], 245 ("행위자의 책임과 관련없이도 … 제거" [Ausscheidung … ohne Rücksicht auf die persönliche Schuld]); 이전 문헌은 Mezger, *MSchrKrimPsych* 19 (1928) 391, 393에서 "범죄의 구조적인 이해"(konstitutionellen Verbrechensauffassung)라는 부분에서 범죄자의 실질적인 유형을 감안하여 "교정되지 않을 경우"(Unverbesserliche)는 아예 "사회에서 영구히 추방시키는 것"(Ausscheidung aus der menschlichen Gesellschaft)을 권고하고 있다; 같은 주장은 이후에도 Mezger, *MSchKrimBio* 31 (1940), 109.

300 제2장 3의 주와 본문 참조.

301 Mezger (1942), 78(Kampfrecht zum Schutz und zur Entfaltung des Volkes).

302 Mezger (1942), 247. 자파로니는 다시 한번 정확한 인용을 하지 않고 있다.

303 제3장 주273 참조.

304 Mezger (1942), 2, 248-9; Mezger, *MSchKrimBio* 31 (1940), 109. 이런 관점에 대한 비판으로는

책임 개념을 분명하게 설명하지는 못했다. 그러나 이를 꾸준히 범죄 행위에 적용하려고 노력했다. 그 일환으로 당시 애매하던 개념인 원인에 있어서 자유로운 행위의 이론을 설명하면서 행위자의 행위 전의 특정한 생활태도를 비난할수 있다는 입장을 가졌다. 또한 메츠거는 법관들이 행위자의 생활 태도가 인민적(völkisch) 판단기준에 따라 얼마나 위반했는지 평가하여 범죄에 대한 책임을정할 것을 주장했다.305 나치주의 정신을 따른다면 법관은 행위자가 "좋지 않은생활 태도"를 가졌다는 것으로도 해당 행위가 "죄악"이라고 정의할 수 있어야한다. 그런 행위자는 인민적 삶에서 제거되어야 한다.306 만일 행위자가 자신 행위에 대하여 불법의식이 없는 경우나 "법을 알지 못한 경우"가 있다는 반론에대해서 메츠거는 소위 "법무지설"(Rechtsblindheit)307을 주장하기도 했다. 법무지설이란 고의 없이(또는 법을 모르는 상태에서) 한 행위도 시민의 건전한 법감정에 반하면 처벌할 수 있다는 견해이다.308 이 이론은 "사실을 착오한 경우"에도동일하게 적용될 수 있었다.309 전쟁 후 1950년 메츠거는 "법에 대한 무지" 개념을 법에 대한 적대감 또는 "법에 대한 불복종"으로 변경하여 설명하였다.310 사실 법무지설은 이태리 파시스트 형법학자 필리포 그리스피니(Filippo Grispigni)311

Grispigni (1940), in Zaffaroni (2009a), 42 (주 19); 같은 지적은 Zaffaroni, in Zaffaroni, (2009a), 17(청소년 범죄에 대하여는 제한적으로 인정).

305 Zaffaroni(2017), 179.

306 Zaffaroni (2017), 178(*mala vida*); 자세히는 Zaffaroni, in: Gómez E. (2011).

307 후에 "고의설"(*Vorsatztheorie*)이라고 부르는 견해에서 Mezger는 고의만을 기준으로 불법행위에서 과실을 구분하자는 견해를 주장한다. Mezger (1949) (2014년 재발간), 330 이하. ("불법행위에 대한 인식"[Kenntnis von der rechtswidrigen Bedeutung der Handlung]이 없는 경우 "법적으로 의미없는 행위"[keine juristische Beurteilung der Handlung]라고 한다), 334.

308 Mezger, *FS Kohlrausch* (1944), 180(184: 이 관점은 법률에서 표현되지 않아도 되지만, "독일법의 내적인 확신을 만드는 효력"[inneren Uberzeugungskraft als geltendes deutsches Recht])이다. 책임무능력자에게만 예외를 인정한다. 같은 책, 184 이하. 이에 대한 언급은 Zaffaroni (2017), 180.

309 Mezger, *FS Kohlrausch* (1944), 184.

310 Mezger, (1950), 43이하.

311 Grispigni (1940), in Zaffaroni (2009a), 29 이하와 Grispigni (1941a), in Zaffaroni (2009a), 51이하(소년형법)와 Grispigni (1941b), in Zaffaroni (2009a), 71 이하. 앞의 두 문헌에서Grispigni는 새로운 나치형법을 이태리의 파시스트 형법(1930년 Codice Rocco)을 따르는 시도로 설명한

와 교류하면서 그에게서 도움받은 것이다. 법무지설은 나치 질서에 반하는 것을 객관적인 책임으로 설명할 수 있게 만든다. 이를 통해 메츠거는 개인의 책임을 비난하는 것을 특정 행위에 대한 객관적 윤리 판단과 구분하였다.[312] 나치 질서와 가치를 우월한 것으로 전제하면 사회 방어(위험한 행위자로부터 사회를 방어, defence social)를 형법의 최상의 가치로 만들 수 있게 되었기 때문이다. 이 내용은 이 절의 도입부에서 설명하였다.[313]

그림 13: 메츠거의 "교화불가능자"에 대한
"말소"를 주장한 1928년 논문의 표지

다. 그는 우선 Hans Frank(특히 Grispigni, 1941a, 69-70)를 Gürtner와 Freisler와 같은 수준의 중요 인물로 분류한다. 형법에서 자유는 중요하지 않다. 범죄자에 대한 형법의 방어기능(defensa)은 모든 시민들의 "법적 지위"(status jurídico)에 영향을 미치는 "법적-사회적 복수"(retribución jurídico-social)라고 설명한다. Grispigni, 1941a, 52, 55, 65-6, 그리고 다른 부분. Grispigni에 대한 비판은 Muñoz Conde, NDP 2003A, 303 이하.(특히 Mezger와 관련성을 중심으로); Codino, in Zaffaroni (2009a), 116 이하.

312 Mezger, MSchKrimBio 31 (1940), 109("특정 행위에 대한 '객관적'윤리적 판단"['objektives' ethisches Urteil über ein bestimmtes Verhalten]은 범죄자의 자유의지와 별개로 설명). 이 글에서 Mezger는 Grispigni가 제기한 물음인 어떻게 "보상과 복수"가 "인종, 유전적 특징, 거세 등을 규정하는 새로운 독일 형법과 조화될 수 있는가"(im neuen deutschen Strafrecht Sühne und Vergeltung mit den gegensätzlichen Gesichtspunkten der Rasse, der Erbanlage, der Sterilisation usw)에 대한 물음에 답하고 있다. 같은 책 106.

313 이에 대한 비판은 (특히 Grispigni와 관련하여) Muñoz Conde, NDP 2003A, 306("위험성과 사회방위가 형법의 가장 중요한 의무"(idea de peligrosidad y que no tiene otra misión que la defensa social)), 309("사회적 책임성"[culpabilidad social]), 310("사회 책임[responsabilidad social]으로서의 범죄").

메츠거는 이러한 관점을 지속하여 1944년 콜라우쉬 기념논문집에 기고한 논문에서 불법착오는 인정할 수 없다는 주장을 하였다. 그는 "건전한 시민의 법과 불법에 대한 일반적 판단"과 일치하지 못하는 행위로 표출되는 경우는 — 결론적으로는 고의설과 유사하게 — 불법착오가 아니라고 하였다.[314] 동시에 메츠거는 윤리와 법의 구분을 포기하였다. 오직 인민적(völkisch) 윤리만이 올바른 행위 판단기준이다.[315] 빌헬름 자우어(Wilhelm Sauer)도 이런 견해를 가지고 있었다. 그는 불법을 "선과 정의에 대한 건전한 감정"과 반하는 행동이라고 말했다. 자우어는 열정적 나치주의 학자이기도 했다.[316]

2. "신칸트주의를 따르는 마부르크 학파"

자파로니는 신칸트주의에 대한 연구에서, *에리히 쉬빙에*(Erich Schwinge)와 *레오폴드 짐멀*(Leopold Zimmerl)을 "신칸트주의 출신의 마부르크 학파" 대표자로 지적하고 있다.[317] 그런데 내 생각에 그의 설명은 다소 의도적이다. 자파로니는 쉬빙에와 짐멀이 킬 학파(이에 대하여는 제5장에 설명)에 대한 주요 반대자[318]

---

314 Kohlrausch, ZStW 55 (1936), 384, 390(der gesunden Volksanschauung über Recht und Unrecht unvereinbar); 그 전에는 Schäfer, in: Gürtner (1934), 50 이하(입법적인 요구에 대하여는 53); 이에 대하여는 Hartl (2000), 155; 반면에 "착오를 감안하여" (grundsätzliche Berücksichtigung des Irrtums)는 Freisler, in Frank (1934), 6. 또한 Zaffaroni (2017), 183-4.

315 Kohlrausch, ZStW 55 (1936), 390-1(여기서 "인민 윤리"[Volksethik]를 기본으로 제시); 유사하게는 Mezger, MSchKrimBio 31 (1940), 110("공동체 윤리"[Gemeinschaftsethik]).

316 Sauer (1936), 28-9(Volkswohl und dem gesunden Rechtsempfinden) 이러한 견해는 불법을 3단계로 구분하여 "인민에 대한 해악성"(Volksschädlichkeit)과 "규범위반성"(Normwidrigkeit), 그리고 "문화 위반성"(Kulturwidrigkeit)으로 정리한다. 이에 대하여는 Zaffaroni (2017), 184 이하.

317 Zaffaroni(2017), 187 이하.

318 Schwinge/Zimmerl (1937) (인용이 정확하지는 않지만 Zaffaroni (2017), 268 및 다른 곳). 이 글은 Schaffstein, ZStW 57 (1938), 295에 의해 비판되었다.(또한 재출간 된 Dahm/ Schaffstein (1938), 71에서도 같은 내용 언급). 한참 후 Schaffstein은 Schwinge와 Zimmerl의 "정치적 편향"[eine politische Färbung]이 있다고 비난한다. Schaffstein은 Dahm과 자신은 "정치적으로 중립적인 견해를 가진 것"(jeder politischen Andeutung peinlich enthalten; Schaffstein, JJZG 7 [2005], 173, 188-9)으로 기술한다. 그런데 이 비난은 두 가지 측면에서 놀랍다. 첫째

로서 경험이 있는 것을 기술하고 있다. 그럼에도 불구하고 그는 아래 각주319에
서 언급된 두 개의 글만 인용하여 설득력이 부족하다. 무엇보다도 쉬빙에가 목
적론적 해석론을 중심으로 교수자격논문(*이미 설명했듯이(주 57) 교수자격과정
(Habilitation)이란 독일의 박사학위 취득 후 학위 과정이며 그 결과물은 교수자격논문
(Habilitationsschrift)이라고 한다)을 연구하고 있을 시기에는 신칸트주의적 마부
르크 학파의 일원도 아니었다. 그는 (같은 경향의) 바덴학파에 속했다.320 또한
쉬빙에와 짐멀은 킬 학파가 주도한 광적인 나치주의 정책을 비판한 경력이 있
었다. 이들 모두 처음에는 나치주의를 반대하는 그룹에 포함되었기 때문이
다.321 다만 쉬빙에만은 분명히 양면적인 입장을 가지고 있었다.322

Schaffstein은 형법을 정치-형법적 도구로 이해하고 있었으며(제1장 1절 참조), 둘째 정치적
용어인 "나치주의(국가사회주의)"와 "지도자"라는 표현이 그들의 저술에 무수히 발견되기
때문이다. 이에 대해서는 Schaffstein, ZStW 53 (1934), 603이 이미 나치주의에 대한 정치적 관
심을 서술하고 있기도 하다. 더 상세한 예시는 제5장 참조.

319 Schwinge (1938); Zimmerl, FS Gleispach (1936), 173.

320 Schwinge (1938); Zimmerl, FS Gleispach (1936), 173.

321 Schwinge의 스승은 유대인이어서 본 대학에서 축출되었던 Grünhut이다. 만일 쉬빙에의 입
장이 이랬다면 지도교수는 논문심사에서 그를 탈락시켰을 것이다.(Cohn, FS Schwinge, 1973,
1, 3, 그의 서문이 비판적인 것을 주목할 만[bemerkenswert] 하다). Mittermaier, SchwZStR 52
(1938), 209, 211는 "다른 사람들처럼, 그의 글(교수자격논문)은 마부르크 학파 주장에 대한
정면 도전이었고"(mit vielen anderen über den mutigen Vorstoss der Marburger)(211), 킬 학파
에게는 상당히 대립적인 견해였다라고 언급한다. Radbruch, SchwZStR 53 (1939) 109-10에서
는 이 글이 "소위 킬 학파에 대한 전쟁 선포"(Kampf gegen die sogenannte Kieler Schule)라고
표현했으며, Schwinge의 후의 저작 "비합리주의"(irrationalism[1938])를 "시대적으로 매우
적절한 주장"(als notwendiges Wort zu rechter Zeit)으로 평가했다. Eb. Schmidt (1965), 429에
따르면 이 글은 일종의 자유 선언 같았다고 한다.

322 다른 한편 Schwinge는 "국가사회주의 독일법률가협회"(Bundes nationalsozialistischer deutscher
Juristen)의 회원이었지만, NSDAP(국가사회주의 독일노동당)이나 다른 조직에 가담하지는
않았다. 그리고 그는 당시 나치 이념에는 비판적이었다; 이에 대하여 특히 마부르크 대학시절
동료 Cohn(그는 나치의 희생자였다), 1973, 1 이하(쉬빙에의 "Gehorsam und Verantwortung"
를 언급하면서, Schwinge는 정치적 지도력에 복종하는 것은 한계가 있고(3-4), 1960년대 "극
단주의 좌파 학생들"(extrem links gerichteter Studentenkreise)의 활동에 대하여도 "이해할 수
없는 일"(schwer zu verstehen, 5)이라고 말한 바 있다); 또한 Garbe (1989), 30, 95("모순에 대한
관점"(Raum zum Widerspruch)에서 쉬빙에는 광적인 나치 이념에 동조하지 않았다고 한다)
반면에 Schwinge는 — SS 친위대를 포함한 나치 군사법원과 나치주의자를 이론적으로 옹호
하면서 — 말년까지도 수정주의적인 견해를 가지고 있었다.(자세한 설명은 Garbe [1989], 31
이하 (전시 군사법원 형사부 판사로서의 역할), 58 이하(나치 군사 형사법원 판사직에 대한

쉬빙에와 짐멀은 — 형법과 철학의 역사적 관계를 분석한 유명한 연구에서[323] —
킬 학파가 파격적으로 경험적 자료들을 이용하는 귀납적 방식을 이용하여 전통 형
법이론[324]을 처음으로 벗어난 집단[325]이었다고 평가하였다. 킬 학파는 전통 형법이
론 대신 후설의 현상학적 개념인 본질직관론에서 비롯되는 본질관(Wesenschau) 철
학을 활용하였다. 이 이론을 다시 형법에 연역적 방법론을 통해 시도하여 — "이 때
문에…독일 형법이론이 철학적인 이유로 결국 나치주의로 지향되는 것처럼 보이게
하는" [326] — 새로운 형법사상을 만들었다. 이들은 마치 "특정 철학을 활용하는…일
종의 기술자"[327]처럼 보였다고 비판한다. 그 이론은 법관을 마치 "철학적 관점"과
본질관, 일반적인 "연역론", 그로 인한 "가설적 신뢰"(Steine statt Brot: 특정 전제에서
만 위안을 갖는 태도 — 역자)[328]를 따라야 하는 수동 기계처럼 만들어 버린다. 법관
은 이들이 정교하게 왜곡한 철학이론을 무비판적으로 따라서 법에 적용해야 한다.
그 결과 철학 기반인 현상학적 방법론과 "일치하지 않는 법적인 해결이 발생하여"
법관은 법률과 아무 관계없이 "법과 관련없이" 그리고 "자의적으로"[329] 판단할 수도
있게 된다.[330] "법률이 아닌 자기 맘대로" 판결을 내릴 수 있다. 왜냐하면 "현상학적

사죄); 또한 Görtemaker/Safferling (2016), 437("나치 군사법원의 정당화하기 위한 로
비"[Lobbyist für die Verharmlosung der NS-Militärjustiz]; 비판적으로는 Vogel (2004), 34; 비
판적이지만 다소 Schwinge를 변호했던 입장은 Spendel, *JZ* 1994, 720.

323 Schwinge/Zimmerl (1937), 1 이하.

324 특히 Schwinge/Zimmerl (1937), 110-1,여기서 그들은 "학문의 기본규칙"(wissenschaftlichen
Grundregeln)과 당시 Binding과 Liszt가 대표했던 "범죄에 대한 비난을 '자유주의'와 '개인주
의'의 관점에서 파악하는"(verächtlich als 'Liberalisten' und 'Individualisten' abzutun) 관점의
중요성을 강조한다.

325 Schwinge/Zimmerl (1937), 9 이하.

326 Schwinge/Zimmerl (1937), 9 이하.(als einzige Möglichkeit … die deutsche Strafrechtswissenschaft
an der Idee des Nationalsozialismus auszurichten.)

327 Schwinge/Zimmerl (1937), 11(willfährige Auslieferung … an eine bestimmte philosophische
Strömung).

328 Schwinge/Zimmerl (1937), 13, 14(philosophischen Spekulationen, Wesensschau, Deduktionen,
Steine statt Brot).

329 Schwinge/Zimmerl (1937), 55(Regellosigkeit, Willkür).

330 Schwinge/Zimmerl (1937), 15("타당하지 않은 것"[die Untauglichkeit], "증거를 입증해야
할…법학적인 임무를 해결하기 위하여"(zur Lösung rechtswissenschaftlicher Aufgaben … zur
Evidenz erwiesen ist)). 유사하게는 Mittermaier, SchwZStR 52 (1938), 217, 224 (reichlich gefühls-
mäßige Wesensschau, unklare willkürliche Gefühlsrechtsprechung).

방법론에 따른 타당성"만이 "법학적 판단을 위한⋯새로운 타당한 근거이기" 때문이
다. 쉬빙에와 짐멀은 "정치적으로 위대한 사상을 확인하고 그에 따른 법적 활동을
수행하려"면 "경험에 따른, 경험적으로 파악된 철학적 입장"을 이해해야 한다고[331]
주장했다. 우리는 오직 이 부분에서 그들이 킬 학파의 입장과 다르다는 것을 확인할
수 있다. 그들은 ― 새로운 형법이론을 통하여, 형법이론을 정치 수단화한다.[332] 최
종적으로 "모든 것을 나치주의 관점에서 강제로 성취하려는"[333] ― 목표 뿐 아니라,
그 방법론(위에서 언급했듯이 그 실제적 수용을 어떻게 할지 의심스럽다고 지적한)
에서만 킬 학파와 다르다.[334] 그 때문에 킬 학파와 마부르크 학파 간의 논쟁은 내용
없는 "가짜 논쟁"이라고 할 수 있다.[335] 쉬빙에와 짐멀은 마부르크 학파가 주장한
"실증주의의 족쇄"란 1933년 이미 극복된 것으로 판단하였다.[336] 또한 킬 학파가 "구

---

331 Schwinge/Zimmerl (1937), 13(an der Erfahrung gesättigte und an der Erfahrung gereifte philoso-
phische Haltung, die großen Gedanken der politischen Führung auszumünzen und in das
Rechtsleben einzuführen).
332 Schwinge/Zimmerl (1937), 109 및 아래의 인용("나치 활동의 모든 놀라운 권력"[der alles er-
schütternden Gewalt der nationalsozialistischen Bewegung]). 게다가 유대인들에 의한 반항을
언급하면서 보여준 반유대적인 경향은 51.
333 제1장 주 35 이하.
334 또한 Wolf, *DRWis* 4 (1939), 168, 171-2("법적 소송과 관련한 절차, 싸움의 방법에 관한 싸움,
방법론적인 논쟁"[ein Prozeß um das Prozedieren, ein Kampf um die Kampfesweise, ein
Methodenstreit, 171], 그러나 "국가 사회주의자의 기본적 태도와 목적"[nationalsozialistische
Grundhaltung und Zielrichtung, 172]을 공유하고 있다. 더 나아가 Wolf는 "학파 논쟁이란 양
진영 간 형사정책적인 차이점이 없다는 이유로"[Schulenstreit, weil gar kein kriminalpoli-
tischer Gegensatz zwischen den Streitenden vorhanden ist, 173] 부인한다. 또한 "킬 학파 학자
들의 글도 마부르크 학파의 구상에서도 똑같이 실패하고 있는 새로운 입법을 위한 정책이나
새로운 형벌의 구조, 새로운 형집행을 위한 방식을 설명하지 못한다."[läßt sich kein prak-
tisches Programm einer neuen Gesetzgebungspolitik, einer neuen Strafmaßgestaltung, eines
neuen Strafvollzugs in den Schriften der Kieler entdecken, das nicht auch nach den Grundsätzen
der Marburger verwirklicht werden könnte, 같은 곳]라고 말한다).
335 Garbe (1989), 28. 이런 의미에서 1940년대 초반 Blasco y Fernández de Moreda, *Criminalia* IX
(4/1943), 241("동일한 결론"[mismos resultados]); Jiménez de Asúa (1947), 106 이하(108). 유
사한 설명은 Marxen (1975), 240 이하 (244-46), 250-1은 Schwinge/Zimmerl이 전통적인 도그
마틱을 통해 법적 명확성을 지키려는 노력을 한 것은 맞지만, 그들의 원래 목적은 나치 이념
을 완성하려는 것이었다는 지적이다. Zaffaroni (2011), 9, 11 은 기본적으로 같은 관점을 보여
준다.(그러나 이 글에서 킬 학파가 마부르크 학파를 나치 이념에 충분하지 못한 집단으로 보
고 있다. 25). 비판적으로는 Ziemann (2009), 132 (주 717).
336 Schwinge/Zimmerl (1937), 23("이미 1933년 이전에 극복된 실증주의의 족쇄"[Fesseln des

체적 질서에 따른 사고와 형식을 기반으로 하는 사고"[337]를 제시한 칼 쉬미트의 이론[338]을 너무 극단적으로 추종하는 것을 비판하였다. 왜냐하면 쉬미트는 "변증론적인 안티테제"(모든 사물을 정반합으로 몰아가는 관념 — 역자)[339]에 집착하고 있었고, 고도로 추상적인 개념들을(예를 들면 구성요건개념)[340] 남발하고 있다고 평가했기 때문이다. 그들은 이러한 수준 낮은 쉬미트가 나치형법 이론[341] 구성에도 기여하고 있었으며, 특히 구체적 (나치주의적) 질서를 중심[342]으로 법학 전체를 나치적 관점에서 재

Positivismus, schon vor 1933 zurückgedrängt und überwunden worden]). 나치주의의 실증주의자와의 논쟁에 관하여는 제2장 2절(주 209 이하).

337 Schmitt (1934), 8, 13, 16 이하. "구체적 질서관과 형성관"(konkreten Ordnungs-und Gestaltungs-denken) (그는 규칙과 법에 따른 사고와 결단에 의한 사고를 구분한다, 8). 구체적인 질서를 반영해서 내리는 사고(*konkretes Ordnungsdenken*)에서는 "규칙은 단지 질서의 한 구성 부분일 뿐이고 … 규범이나 규칙이 질서를 만드는 게 아니다. 규칙은 질서의 구성요소이고 수단이고 … 규범이나 규칙은 질서를 만들지 못한다. 규범은 오히려 주어진 질서의 토대와 범위 내에서 확인되는 조절적 기능만 가진다.(die Regel nur ein Bestandteil und ein Mittel der Ordnung … Die Norm oder Regel schafft nicht die Ordnung; sie hat vielmehr nur auf dem Boden und im Rahmen einer gegebenen Ordnung eine gewisse regulierende Funktion", 같은 글, 13) 반대로 규칙과 법에 따른 사고는 "법의 지배"(Herrschaft des Gesetzes)를 통해 "왕이나 지도자의 구체적 질서를 파괴"한다.(zerstört, die konkrete Königs- oder Führer-Ordnung). "법률이 진짜 왕을 굴복시킨다."(die Herren der Lex unterwerfen den Rex, 15). "법질서는 구체적인 규범인식에 귀속되어,(Rechtsordnung ist an konkrete Normalbegriffe gebunden), "질서에 속하는 규범과 그와 관련없는 규범도 만들어 낸다."(Normen aus ihrer eigenen Ordnung heraus und für ihre eigene Ordnung hervorbringen, 23). 요컨대 의도적으로 모호하게 언급하는 구체적인 질서 기반의 사고는 나치 지도자가 원하는 바에 따라 규범과 규칙으로 포장되어 나치 이념을 실존하는 "구체적 질서"(혼인, 노동, 군대 등)를 통해 타당성 있는 법으로 보일 수 있도록 변환한다. 상세한 설명은 Rüthers (1989), 62 이하(더 많은 문헌은 75-6); 또한 Rückert, in id (2018a), 274-5.

338 제4장 주 587과 제6장 주 623 참조.

339 Schwinge/Zimmerl (1937), 21(Neigung zu antithetischen Gegenüberstellungen). 그러나 Schmitt (1934), 11은 그의 사고의 삼단계 변증론 특성을 부인하고 그 대신 "다양성" (Verschiedenheit) 으로 설명한다.

340 Schwinge/Zimmerl (1937), 17 이하, 81 이하(구성요건에 대한 설명).

341 Schwinge/Zimmerl (1937), 23 이하("그렇기 때문에 그(쉬미트) 없이는 나치 법학을 … 생각하기 … 어렵다."(… so kann ihm die nationalsozialistische Rechtswissenschaft nicht dankbar genug … sein).

342 Schmitt (1934)는 그의 사고 유형을 다양한 인민과 인종(9)으로 분류하고 중세 게르만 사고를 이미 "전래되어진 구체적 질서를 기반한 사고"(durch und durch konkretes Ordnungsdenken, 10)로 여겼다. 그리고 "구체적 질서와 공동체에 기반한 사고"(konkrete Ordnungs- und Gemeinschaftsdenken)는 독일에서 "중단될 수 없고,"(niemals aufgehört, 42) 헤겔의 법과 정치철학에 의해 "다시 부활된 것"(noch einmal lebendig, 45)으로 설명한다. 헤겔에 따르면 국

해석하려고 한 사실도 잘 알고 있었다.³⁴³ 쉬미트는 법관을 "입법자의 협력자"로서, "지도자의 의지를 구체화"시키는 수단으로만 파악하는 나치 형법관을 구상했기 때문이다.³⁴⁴

쉬빙에와 짐멀은 킬 학파가 ―"나치주의의 핵심 사상 집단(par excellence)으로서" ―"구체적 질서를 기반으로 하는 사고"와 현상학을 결합시켜 하나의 "고유한 방법론"을 만들었다는 점은 인정한다.³⁴⁵ 그러나 그 방법론이란게 너무 추상적이고, 킬 학파의 분리주의(Trennungsdenken, 칸트 이론에서 존재와 당위를 구분하는 사고) 비판은 철학이론적으로 받아들이기 힘든 결론으로 여겼다.³⁴⁶ 더 나아가서 쉬빙에

가는 "구체적 질서 중의 질서, 제도 중의 제도"(die konkrete Ordnung der Ordnungen, die Institution der Institutionen, 47)이다. 나치주의에 의해 "구체적 질서 기반의 사고가 다시 회복되어 … 지도자 이념과 분리될 수 없는 충성심과 훈육, 명예와 같은 법적 원리가 잘 이해될 수 있다 … 그리고 오늘날 지도자에게 충성을 서약한 국가적 활동이 실행된 경우 우리는 모두 다시 한번 충성 서약의 법적 본질에 정당성을 부여할 수 있는 것이다.(das konkrete Ordnungsdenken wieder lebendig geworden … das rechtliche Axiom, daß Treue, Disziplin und Ehre von der Führung nicht abgetrennt werden dürfen, besser verständlich … Auch können wir heute, da die staatstragende Bewegung dem Führer unverbrüchliche Treue schwört, dem rechtlichen Wesen eines Treueides wieder unmittelbar gerecht werden, 52) 국가는 "정치적 독점권이 없고, 어직 지도자의 활동을 위한 조직이다."(hat nicht mehr das Monopol des Politischen, sondern ist nur ein Organ des Führers der Bewegung, 66-7). 이 사고는 법학에서도 완성되어 실증주의를 극복하고 "전체 인민의 이익을 위한" 백지위임을 승인한다.(das Interesse des Volksganzen bezogen werden, 58-9). 형법에서는 "내용을 정하지 않은 백지" 구성요건과 "규범적" 범죄 구성요건이 지배적이 되어, 추상적인 총론은 구체적인 불법구성요건을 정한 각론에 의해 밀려나게 된다,(60) 이것이 (새로운) 법률가들의 (나치스) 조직의 기반이다,(65).

343 Schwinge/Zimmerl (1937), 23(이들에 따르면 "모든 법학적 개념들은 … 구체적 '질서'를 통해 해석과 의미를 결정한다."[alle rechtswissenschaftlichen Begriffe in … konkreten 'Ordnungen' stehen, die auf ihre Auslegung zurückwirken und ihren Inhalt beeinflussen]), 24("나치 혁명을 따른 … "*구체적 질서*'에 의한 본질적인 재구성"[im Gefolge der nationalsozialistischen Umwälzung … Umgestaltung der tragenden Ideen der *Gesamtordnung*]), 24-5("인민의 삶 속의 *특별한 질서*'를 관찰[*Sonderordnungen* des völkischen Lebens]), Marxen (1975), 238-9는 이들이 Schmitt의 이론에 따르기(Abhängigkeit) 보다는 동조(Gleichklang)하고 있다고 설명한다.
344 Schwinge/Zimmerl (1937), 27(als Mitarbeiter des Gesetzgebers, Führerwillen zu konkretisieren-법과 법관의 판결을 동등한 수준으로 인정); 또한 같은 곳, 75-6(주관주의 이론에 따라 법관을 나치 입법자의 실행자로 파악, 예외는 나치 이전의 법에 대한 판단일 때만).
345 Schwinge/Zimmerl (1937), 27(konkretes Ordnungsdenken, nationalsozialistischen Denktyp schlechthin, in origineller Weise mit einander verbunden).
346 Schwinge/Zimmerl (1937), 28 이하(Übersteigerung und Vergröberung, 28, blinder Kampf gegen die 'abstrakten Begriffe des AT', 29).

Wesensschau
und
konkretes Ordnungsdenken
im Strafrecht

von

E. Schwinge und L. Zimmerl
Professoren an der Universität Marburg

Juristisches Seminar
an der Universität
Göttingen.

1937

LUDWIG RÖHRSCHEID-VERLAG BONN

그림 14: 킬 학파의 1933년 반자유적-권위주의 형법제안에 대한 마부르크 학파
의 비판적 입장(1937): 모두 나치주의에 대한 기본 입장은 동일했다.

와 짐멀은 나치주의자들이 새로운 형법을 만들기 위하여 불법과 책임의 구분을 없
애고,[347] 법익개념을 폐지하며,[348] 벨링의 객관적 구성요건(개념적으로 범죄의 요
소)[349]을 불필요하다고 하거나, 상소제도조차 폐지하려던 기획 모두를 반대하였
다.[350] 그 대신 이들은 형법의 전통 개념들을 유지하여 "법의 내용"을 현대화하고,

---

347 Schwinge/Zimmerl (1937), 33 이하(킬 학파의 주관주의를 반대하고 있다. 이유는 주관주의는
"*인민공동체*의 형법"으로 여겨지지 않기 때문이다[dem Strafrecht im Dienste der
Volksgemeinschaft], 40 이하, 41 그리고 이미 Freisler*의 의사형법*[Willenstrafrecht, 제2장 3절
및 주 230 이하 참조]을 넘어서고 있다). Freisler는 주관주의를 미수처벌을 위하여만 이용하
였기 때문이다(43 이하). 자세히 보면 Schaffstein, *ZStW* 57 (1938), 300-1과도 다르다.
Schaffstein은 Schwinge/ Zimmerl이 Freisler를 오해한다고 말했다. 많은 형법학자들은 Freisler
의 위와 같은 견해를 의외로 간주한다. 그래서 Schaffstein, *JJZG* 7 (2005), 187에 따르면 Dahm
은 "항상 Freisler와 거리를 두려고 했으며 … 그의 "과다한 주장과 지나친 열정"에 비판적이
기도 했다(Freisler gegenüber immer auf Distanz gehalten und sich … oft recht abfällig über
seine Eitelkeit und sein hohles Pathos geäußert).

348 Schwinge/Zimmerl (1937), 60 이하.

349 Schwinge/Zimmerl (1937), 78 이하.

350 Schwinge/Zimmerl (1937), 95이하.

나치주의 관점을 활용하여 새로운 내용으로 채울 것을 제안하였다. 예를 들어 불법을 "혈통적 공동체의 위협요소"[351]로서 인민의 "사회윤리적 법감정"[352]과 일치하지 않는 "사회적 위해성"(Gemeinschaftsschädlichkeit)[353] 개념으로 파악한다. 그리고 책임은 국가사회주의에 반대하는 주관적 의사로 보는 견해를 제시하였다.[354] 요컨대 불법과 책임을 결합하여 특정 행위자가 "인민공동체"에 미치는 해악이라는 객관적 표현으로 변경시킨다. 즉 "인민공동체"에 대한 해악이다.[355] 보호법익은 목적론적 방법론을 통하여 그들의 의도에 따라 재구성되어 ― 즉, 법익보호론이 가지고 있던 전통적인 자유주의 사상에 반대하여[356] ― 개인적 범행 의도를 평가하는 것을 넘어서, 국가사회주의 공동체와 법의 최상위 이익에 대한 침해로 해석한다.[357] 나치주

---

351 Schwinge/Zimmerl (1937), 58(Blutsgemeinschaft).

352 Schwinge/Zimmerl (1937), 33-4, 40("행위의 사회 이익을 저해하는 특성"[gesellschaftsinter-essen-verletzenden Charakter der Tat, 40], 57-8 [나치주의를 근간으로 한 "실질적 위법"의 발전[materiellen Rechtswidrigkeit]); "정당과 지도자의 연설 등에 의해 구체화된 나치주의 세계관"(nat.-soz. Weltanschauung, so wie sie … im Parteiprogramm und in den Reden und Schriften des Führers zum Ausdruck kommt]을 통한 "법과 불법"[Recht und Unrecht]).

353 Schwinge/Zimmerl (1937), 33-4, 40(gesellschaftsinteressen-verletzenden Charakter der Tat, 40), 57-8 (나치의 관점에 따른 "실질적 위법성"[materiellen Rechtswidrigkeit]); "… 정당의 프로그램과 지도자의 의도가 표현된 연설과 문서에 의해 형성된 세계관"(nat.-soz. Weltanschauung, so wie sie … im Parteiprogramm und in den Reden und Schriften des Führers zum Ausdruck kommt)으로 구체화된 "법과 불법"(Recht und Unrecht).

354 Schwinge/Zimmerl (1937), 58-9.

355 Schwinge/Zimmerl (1937), 59.

356 Binding은 *보호법익*(Rechtsgüter)의 관점에서(Schwinge/Zimmerl에 따르면) 이 이익의 사회적 가치에 중점을 두고 있다고 한다. 그래서 그 역시 "새로운 나치형법"의 토대로 설명될 수 있다(aus einem Lehrbuch des neuen nationalsoz. Strafrechts stammen, Schwinge/Zimmerl [1934], 65).

357 Schwinge/Zimmerl (1937), 62 이하(법익보호의 방법론 개념은 "형법의 목적"[Zweck der Vorschriften des StGB]이고, Freisler의 "목적론적 법해석"[teleologischer Gesetzesauslegung], 62-3, "공동체의 이념으로 지향된 법과 나치주의 정신으로 무장한 사법"[Ausrichtung des Rechts am Gemeinschaftsgedanken und der Durchdringung der Rechtsprechung mit dem Geiste des Nationalsozialismus], 64, "*인민*공동체 가치의 우월성"[Überlegenheit der völkischen Gemein-schaftswerte], "나치 정신을 통한 법의 새로운 구성"[Geiste der nationalsoz. Rechtserneuerung], 65, "법의 내용"을 중점으로 하는 "목적론적" 방법[teleologische und rechtsinhaltliche nationalsoz. Rechtsdenken], "보호법익의 나치주의적 개념"[nationalsoz. Rechtsgutsidee]과 같은 설명(72), 법익보호개념에 의해 "개인주의자"[individualistischen]는 "사회주의자"[sozialis-tischen]로[73, 다시 한번 Freisler를 언급하여]); "나치 세계관에 따른" 공동체의 위협

의 세계관[358]을 중심으로 제도를 본질적으로 형식화시키고 자신들이 설정한 규범을 위반하는 행위를 범죄로 전제하였다. 비록 이들은 상소 제도를 유지하는 것으로 주장했지만, 상소제도는 공동체의 집단 이익에만 유익할 때만 이용하여 형식적인 법적 확실성과 정당성 수단으로 만들어 버렸다.[359]

쉬빙에는 이후 "독일법학의 비합리주의"와 전체적 고찰에 관한 저술(Irrationalismus und Ganzheits betrachtung in der deutschen Rechts-wissenśchaft 1938)에서도 "나치주의를 인정"[360]했다고 보기 어려운 입장을 보여주었다. 이 책에서 그는 킬 학파의 비합리적인[361] 전체주의적 관점과 *본질관*을 비난하였다. 그는 킬 학파의 생기론과 직관철학[362]을 해석한 본질관 개념이 "신칸트주의의 분석적 방법론"과 모순되었다고 서술했다.[363] 이들의 견해 속에는 독일인의 ― "보편타당하고, 확정적이며 분명한 이해"를 좋아하는[364] ― 성

(Gemeinschaftsssschädlichkeit, nationalsoz. Weltanschauung bestimmt, 74) 또한 Schwinge (1930) (Zaffaroni의 인용은 빠짐); 목적론적 방법론에 대한 반대는 Schaffstein, *FS Schmidt* (1936), 49, 59 이하.

358 Schwinge/Zimmerl (1937), 79 (나치주의를 기반으로 한 범죄 창안), 88-9("독일 제국과 인민의 복리"를 위한 법의 내용-[Wohl des deutschen Reiches und des deutschen Volkes]), 92("독일 인민의 혈연공동체를 감안한 새로운 범죄개념"[Blutsgemeinschaft des deutschen Volkes]), 94("기술적 구성요건으로는 설명할 수 없는 근본 이념"을 명확하게 하기 위한 규범적 구성요건[Grundgedanke durch deskriptive Merkmale nicht klar zum Ausdruck gebracht werden kann]을 사용하고, 그러나 여전히 불분명하고 애매한 것을 피하기 위하여 "인민의 감정"[Volksempfinden]을 동원).

359 Schwinge/Zimmerl (1937), 98("상소의 *집단주의적* 특성"[kollektivistisches Gepräge], "문화국가"[Kulturstaat]로서 "제3제국의 법의 예견가능성"[Berechenbarkeit des Rechts im Dritten Reich]), 102 ("사법의 신뢰성을 나치주의 세계관"[nationalsoz. Weltanschauung]에 모두 동조시키는 것, 105("건전한 인민의 감정"[gesunden Volksempfindens]의 정확한 해석―그러나 94에는 인민의 건전한 감정에 대한 경고도 포함되어 있다).

360 이러한 견해는 Ziemann (2009), 132, 주 717(Konzessionen an den Nationalsozialismus).

361 Schwinge (1938), 16 이하, 43이하.

362 Schwinge (1938), 3 이하.

363 Schwinge (1938), 16(analytisch verfahrende[n] Methodik des Neukantianismus).

364 Schwinge (1938), 33-4(Allgemeingültige, Feste und eindeutig Begreifbare) ("법적 안정성"[Rechtssicherheit]을 "기본적인 가치"[Grundwert]로서 설명하는 괴링을 언급), 68(괴링은 법에서 "인민의 법감정"[völkische Rechtsempfinden]이 반영되어야 한다고 주장한 바 있는데, 그는 다음과 같이 말한다: "독일인들은 법이 분명하고 엄격하며 논리적일 것을 원한

격에 맞는 "엄밀한 연구"[365]와 "논리적 법칙"[366]을 준수하는 모습이 분명히 남아 있었다. 그러나 이들은 직관과 합리성의 관계를 기이하게 설명하고 있었다. 쉬빙에는 양자의 역할은 "인간의 인식적 능력을 진보시키는" 것이고, 지나치게 비합리적으로 결정될 개연성을 통제하는 것으로 생각하였다.[367] 그렇기 때문에 "전체주의 관점과 정밀한 개념 분석"은 순차적[368]이고, 상호 보완적으로 이루어져야 한다.[369] 이에 따라 우리는 쉬빙에가 생각한[370] 나치 이념을 통해 완성된 법을 그려 볼 수 있다. 즉 *완성된 나치 법사상*이란 — 이런 측면에서 그는 진실한 신칸트주의자로 볼 수 있는데 — 지도자 원칙을 형성하고 합리화하여 관철시키기 위한 새로운 형법관을 제시하는 것이다.[371]

짐멀도 역시 쉬빙에에 비해서는 덜 하였지만 (국가의 권력을 제한하는) 법치주의에 대한 전통 자유주의적 해석을 거부한다. 전통 법치주의는 국가와 시민 간

다"(Deutsche fordert Klarheit, Festigkeit und logische Sauberkeit im Recht). 독일인들은 "기꺼이 엄격하고 가혹함을 받아들일 것이다. 그러나 법의 수단이 인간의 실수와 자의적인 것에 의해서 작동될 위험성이 없을 때만 그러할 것이다"[bereit, Strenge, ja selbst Härte hinzunehmen, aber er will das Gefühl haben, daß sein Verhalten vom Recht mit einem Maß gemessen wird, das gegen die Gefahr menschlichen Irrtums und menschlicher Willkür sichergestellt ist]).

365 Schwinge (1938), 31(Postulat exakter Forschung).
366 Schwinge (1938), 38(logische Durchdringung des Rechts). 보다 자세히는 Schwinge (1938), 68: "비형식에 대한 형식, 직관에 대한 분석, 합리적으로 파악할 수 없는 것에 대한 개념-논리적 정밀성"(Form gegen Ungeformtheit, Analyse gegen Schau, begrifflich-logische Bestimmtheit gegen das Dunkel der rational nicht zu fassenden Wesenshaftigkeit).
367 Schwinge (1938), 41-2.
368 Schwinge (1938), 57(Ganzheitsbetrachtung und exakte begriffliche Analyse Hand in Hand arbeiten und einander ergänzen müssen); 또한 59("상호 간의 지속적 의존성에 의한 관계성" [Verhältnis durchgängiger wechselseitiger Abhängigkeit])과 60 이하(그가 "전체적인 관점과 같은 건전성"[gesunde Beispiele einer solchen ganzheitlichen Betrachtungsweise]을 언급할 때 주요 독일 법학과 반대 예들[Gegenbeispiele]을 사용한다).
369 Schwinge (1938), 64(die Ganzheiten, inhaltserfüllt und konkretisierbar).
370 Wolf, *DRWis* 4 (1939), 168 는 Schwinge의 글을 킬 학파의 "사고의 역사성"(die grundsätzliche, geistesgeschichtliche Seite, 170)에서 비롯되는 "본질적인 면"을 강조하고 있다고 설명한다. 그리고 "철학적이고 과학-이론적"(philosophisch, wissenschaftstheoretische) "사물"의 본질 (Angelegenheit, 173) 관점을 지적한다.
371 정확한 표현은 Zaffaroni (2017), 188("나치주의 합리성의 유산"[darle racionalidad al nazismo]), 193 ("정치적 판단에 따른 비합리주의"[irracionalismo en la base de la decisión política], "합리적 개념화"[conceptualización racional]).

의 대립을 전제한다. 그러나 나치 국가에서 시민은 개인이 아니라 *인민집단*
(Volksgenosse)으로 존재한다. 오직 공동체 일원으로만 정당한 의미가 있다. 전
체로서의 개인에 대한 그의 관점은 나치 정부에 의해 적극 활용되었다.[372] 더 나
아가 짐멀은 ─ 법치주의의 기능 때문에 ─ 법관이 나치 입법자(결국 지도자)의
의지[373]에 복종해야 한다고 믿었다. 더 나아가 그는 입법이 전체 형사 법관[374]을
구속하기를 원했다. 다른 측면에서 그는 "건전한 시민의 감정"[375]은 제한하려고
도 했다. 왜냐하면 짐멀은 새로운 "형법의 기본 이념"[376]이 입법화되면 시민의
법감정을 재구성하여, 시민 개개인이 그에 따른 형사책임을 인식하길 기대했
기[377] 때문이다. 내 생각에 자파로니는 이와 같은 짐멀의 법의 규범력 제한을 충
분히 이해하지는 못했다.

---

372 Zimmerl, *FS Gleispach* (1936), 173(nur als Glied der Volksgemeinschaft Sinn und Daseins be-
rechtigung erhält) ("국가사회주의는 결코 인민공동체를 국가와 개인적인 인민집단으로 대립
되는 것으로 간주하지 않았다"[Einen naturgegebenen Gegensatz zwischen der im Staat organ-
isierten Volksgemeinschaft und dem einzelnen Volksgenossen … kann der Nationalsozialismus
niemals anerkennen]). 이에 대하여 Zaffaroni (2017), 194-5.

373 Zimmerl, *FS Gleispach* (1936), 173-4(입법자의 우월성은 "지도자의 사상 때문"[Führerge-
danken]이고, 입법자는 "가장 최고의 지도자"[Oberführer]).

374 Zimmerl, *FS Gleispach* (1936), 174("입법자가 … 원하지 않을 처벌을 법관이 자의적이거나 과
다한 열정으로 선고하지 않도록 하는 중요성이 … 확보될 수 있다."[Es kann … von größter
Bedeutung sein, daß der Richter nicht willkürlich oder aus Übereifer eine Tat bestraft, die der
Gesetzgeber … straflos lassen wollte]).

375 Zimmerl, *FS Gleispach* (1936), 175("단순한 사실만이 아니라 복잡한 문제를 결정하는 단일한
기준도 인민들의 법감정이 된다"[Fiktion eines klar erkennbaren, auch die schwierigen
Einzelfragen einheitlich beurteilenden gefundenen Volksempfindens]).

376 개정된 형법(제국법률집 I 1935, 839) 제2조에 따른 (대안적) 형사책임의 첫째 요건이다.

377 Zimmerl, *FS Gleispach* (1936), 175-6: 형사책임을 구성하는 우선적인 요건은 결코 "법관의 법
률에 대한 구속을 느슨하게"(Lösung der Bindung des Richters an das Gesetz)하는 것은 아니
다; 사람들의 건전한 법감정은 "법의 두번째 법원"(zweite Rechtsquelle)이 될 수 없으며, 이런
"의견은 사람들의 법에 대한 건전한 의식이 스스로 정당화될 수 있을 때만 고려될 뿐이
다"(diese Meinung wäre nur haltbar, wenn das gesunde Rechtsempfinden des Volkes für sich al-
lein imstande wäre, die Strafbarkeit … zu begründen). 이 생각은 나치주의자들과 다르다. 제2
장 제1절 주 117.

3. 신칸트주의: 나치 형법의 전조?

독자들은 자파로니가 신칸트주의와 나치형법 간의 관계에 대한 일부 오해했다는 나의 비판을 이제 이해할 수 있을 것이다. 자파로니는 책 후반부에서[378] 신칸트주의자들을 (킬 학파처럼 진정한 나치주의자들과 달리) 정권에 충성했던 단순 기술 관료로 정의하고 있다. 사실 많은 신칸트주의자들은 나치를 반대하였다. 그럼에도 불구하고 신칸트주의 사상의 "다양성"[379]을 무시하고 있다.[380] 아마도 남미에서 이들을 선택적으로만 파악하고 있기 때문인 듯하다. 자파로니는 어떤 경우 일부 학자를 실제 그의 견해와 관계없이 신칸트주의로 분류하기도 하였다.[381] 특별한 추가 설명 없이 한 학자를 신칸트주의자로 설명하고, 심지어 신칸트주의와 관련 없는 학자들도 이 집단에 포함하기도 하였다.[382]

사실 신칸트주의는 순수한 의미의 "학파"가 아니다.[383] "다양한 정치적 운동의 결합체"[384]이다. 19세기부터 많은 (개인적이고 집단적인)[385] 사상이 형성하는

---

378 Zaffaroni (2017), 232(열정적인 나치주의자 Dahm과 거리를 두면서: "신칸트주의자들은 *기술관료들만 정부를 위한 봉사를 할 수 있다고 생각했다*"[los neokantianos la asumían solo como *tecnócratas al servicio del régimen que fuese*" — 이탤릭은 원문]). Zaffaroni는 Dahm의 신칸트주의자 비판을 적절한 것으로 여겼다(Zaffaroni[2017], 235 이하: "비판은 적절했다"[críticas en general coherentes, 237] 그러나 동시에 Dahm이 신칸트주의 형법이론을 반대하고 나치 정부에 위협적 행위자를 나치 국가에 대한 침해를 범죄로 파악하여 처벌하려는 관념으로 보는 관념이라고 비난하고 있다)(237). Dahm 자신은 "지적인 도그마티커"로 신칸트주의 범죄 모델과 대비되는 나치 범죄 개념을 제안한 사람으로 평가하고 있다(238).

379 Wiegand (2014), 93(Mannigfaltigkeit).

380 유사하게 Guzmán Dalbora, *RDPC* VII (2017), 231, 번역자에 따르면 남미 형사법은 오직 신칸트주의 형법을 따르는 "자유주의적 형식"(modalidad liberal)을 가지고 있다고 한다.

381 이러한 광범위한 오류에 대해서는 Wapler (2008), 41.

382 여기서 언급되는 사항(스승과 제자 관계와 이론적으로 신칸트주의와의 유사성 등)에 대하여는 Wapler (2008), 148.

383 Holzhey, in: Ritter (1984), 749, 인용은 F. Paulsens("순수한 학파가 아니라, 인식론적으로 어떤 것을 파악할 때 하듯이 개념들을 주관화하는 노력"[keine abgeschlossene Schule, sondern das Bestreben, diejenigen Begriffe, mit welchen wir operieren, einer erkenntnistheoretischen Prüfung zu unterwerfen]); Ziemann (2009), 23 ("내용을 갖춘 형식은 아닌 것"[keine geschlossene Gestalt]).

384 Wapler (2008), 29(vielfältig verzweigte politische Bewegung) ("집단 표기"[Sammelbezeichnung]).

385 강조는 Wapler (2008), 18 이하, 213 이하, 법의 가치에 대한 개인주의 또는 집단주의적 이해는

일종의 사상 운동이었다.[386] 이들은 19세기의 과학적이고 물질적인 세계관에 대한 반대하던 집단으로 분류할 수 있다.[387] 유물주의 사고에서 (신칸트주의) 사상으로 전환은 당시 유행하던 환원주의와 과학주의를 부인하는 것은 아니었다. 오히려 이들은 이 흐름을 완성하고자 했다.[388] 세기가 바뀌면서 법학에는 두 가지 중요한 사상적 흐름이 생겼다.[389] 마부르크(논리주의자) 전선과 바덴 또는 남부 독일(가치이론적인 비판주의자) 전선이 그것이다.[390] 중요한 대표자들[391]은 코헨과 나토프, 그리고 (법철학적인 관점에서) 스탐러가 있고, 또한 다른 측면에서 볼 때 빈델반트와 리커트, 라스크, 그리고 (역시 법철학적인 관점에서) 라드브루

학자의 법철학과 방법론적 지향성을 결정하는데 결정적이다(개인을 중요시 하는지 또는 공동체를 중요하게 생각하는지). 그러나 그녀는 또한 개인의 이해의 다양성도 중요하게 여긴다.

386 이에 대하여 Holzhey, in: Ritter/Gründer (1984), 747 단락 이하(L.W. Beck 이 "약간의 공통점"이 있어서 내용과 지역으로 분류한 1875년경 존재하던 다양한 집단에 대한 설명([같은 책, 750]); 또한 Osterreich (1951), 416 이하(7개의 "신비판주의의 방향성"[Richtungen im Neukritizismus], 417).

387 이에 대한 설명은 Wiegand (2014), 41 이하; 또한 Lepsius (1994), 304(자연과학 방법론의 결여의 보상으로); Murmann (2005), 104-5 ("자연과학적 사고에 대한 반대"[Wendung gegen das naturwissenschaftliche Denken], "인문학의 자연과학으로부터의 독립성"[Selbständigkeit der Geisteswissenschaften gegenüber den Naturwissenschaften]); Stuckenberg, in: Kindhäuser et al. (2019), 125.

388 Wiegand (2014), 47 이하(더 자세하게는 R.H. Lotze와 F.A. Lange).

389 Zaffaroni (2017), 166은 이에 대해 언급한다.

390 Holzhey, in: Ritter/Gründer (1984), 문단 750-1(19세기 후반과 20세기 초); 또한 Wapler (2008), 29 이하, 38 이하; Lepsius (1994), 305; Stuckenberg, in: Kindhäuser et al. (2019), 126-7. Müller (1994), 1 이하는 마부르크 학파의 법철학에 대해 의문을 제기한다. 그리고 "학파"를 좁게 해석하여(8), "법철학적인 연구모임"(rechtsphilosophische Arbeitsgemeinschaft, 6) 정도로 평가하고, 그 모임은 1913년까지 "실패한 연구회"로 파악하고 있다(als gescheitert anzusehen war, 6) 왜냐하면 "자연법 이론과 법실증주의 논점 간의 화해할 수 없는 논쟁 때문이다 (Widerstreit von Naturrechtsdoktrinen und rechtspositivistischen Auffassungen, 3). 서남독일 신칸트주의 학파에 대해 자세한 설명은 Wapler (2008), 16-7 ("가치 지향적 전통"[werttheoretische Traditionslinie], 40-1 [그 다양성을 강조하여] 등, 가치 철학 개념간의 차별성[29 이하]과 — 이 개념을 기반으로 구축한 — 법적 가치개념[147 이하]과 법철학으로의 전환[집단주의, 목적론적 개념주의]은 오직 Lask의 경우에서만 나타난다)(144 이하, 151-2); 신칸트주의 철학과 법철학적 신칸트주의의 구분에 대하여는 Lepsius (1994), 304 이하, 318 이하; 신칸트주의 형법에 대하여는 Ziemann (2009), 25 이하; 또한 Stuckenberg, in: Kindhäuser et al.(2019), 132 이하.

391 Wapler (2008), 16-7, 29, 38, 39-40; Lepsius (1994), 305; Dreier/Paulson (1999), 236-7.

흐[392]와 켈젠[393]이 있었다. 그렇기 때문에 각 학자들의 나치와의 관련성을 판단
하려면 상세한 검토가 필요하다. 이들이 정말로 (그리고 어떻게) 나치주의에 의
해 이용되었는지를 확인해야 한다. 자파로니가 신칸트주의 영향을 받았다고 언
급하는 메츠거[394]와 쉬빙에/짐멀 같은 학자들은 — 20세기 신칸트주의의 중요
도와 그로 인한 영향을 고려할 때, 대체로 모든 학자들은 당시 인문학적인 영향
력에 포함되어서 — 이들을 나치주의 주요 학자로 언급하기엔 성급해 보인다.
(여기서 쉬빙에만큼은 아니지만, 그래도 형법학자 메츠거는 중요 인물로 거론될 수는 있
겠다) 그러나 이런 방식으로 학자들의 성향을 구분하는 것은 바람직하지 않다.
왜냐하면 형법학에서 신칸트주의는[395] — 신칸트주의 법률가 일반과 마찬가지
로 — 명확하고 정의가능한 집단으로 보기 어렵기 때문이다.[396]

게다가 (법적) 신칸트주의의 **핵심 내용**은 단순하게 정의하기도 힘들다.[397] 칸
트 철학과의 관련성은 "*신-칸트주의*"라고 부르지만 단순하게 답하기 어렵다.
소위 "칸트로의 회귀"[398]라는 의미보다는 칸트의 인식론을 새롭게 발전시키고,

---

392 Radbruch에 대한 자세한 설명은 Wiegand (2014), 103 이하; 또한 Kaufmann/von der Pfordten, in: Hassemer et al .(2016), 80 이하; Mahlmann (2017), 179 이하.

393 켈젠의 순수법학에 대한 신칸트주의 영향에 대하여는 Paulson, in: Alexy et al. (2002), 13 이하; Kelsen의 신칸트주의적 순수법학 이해는 Lepsius (1994), 324 이하.

394 비판적으로는 Muñoz-Conde, Prólogo, in Zaffaroni (2017), 20("지나치게 과장된"[un tanto exageradamente]). Ziemann은 유일하게 이런 관점에서 Mezger에 대해 기술한다(예를 들어 123과 주661). 그리고 상세하지 않지만 그를 신칸트주의 학자들로 분류하지는 않는다(126과 주678); 같은 의견은 Stuckenberg, in: Kindhäuser et al. (2019), 132이하 (여기서는 Mezger를 Welzel과 존재론적 방법에 대한 반대자로 설명).

395 Ziemann (2009), 119 이하는 세 가지 단계에서 구분한다: (i) 1900년대 신칸트주의 형법의 시작, (ii) 1920년대 그 유행, 그리고 (iii) 1930년대 방법론과 지향점에 대한 논쟁에 의한 침체기.

396 Ziemann (2009), 103-4, 106 이하는 적어도 Schwinge를 신칸트주의의 대표적 형법 학자로 포함하고 M.E. Mayer와 E. Wolf, Grünhut와 같은 수준으로 설명한다(자세한 내용은 Ziemann [2009], 117 이하, 문헌 정보는 주 529). 그러나 서남독일학파의 신칸트주의로 분류하는 것의 어려움 때문에 "형법의 폐쇄적 체계"(geschlossenes Strafrechtssystem)를 이해 못할 바는 아니라고 한다(103). Stuckenberg, in: Kindhäuser et al. (2019), 135는 Honig도 이 명단에 포함시키고 있다.

397 Wapler (2008), 23("매우 불분명한"[außerordentlich unklar]).

398 마부르크 신칸트주의 창시자이기도 한 Lange의 말, Lange (1915), 3(auf Kant zurückgehen). Liebmanns 등 초기 신칸트주의자들에 대하여는 Österreich (1951) IV, 418; 또한 Stuckenberg, in: Kindhäuser et al. (2019), 125.

여기에 다시 헤겔적 요소를 결합시킨 하나의 독특한 사유 체계를 의미하기도
한다.[399] 그래서 예를 들어 빈델반트와 리커트는 법과 국가의 관계를 이해할 때
칸트의 이념인 개인적 자유를 핵심으로 하는 개인주의 관념과 함께 피히테와
헤겔적 요소도 분명히 가지고 있다.[400] 그들이 "법은 본질적 선천성 개념"(a
priori)[401]이라고 규정하고, 새로운 지식을 획득하는 과정[402]에서 주체가 적극적
인 역할을 하는 "구성적인"(gegenstandserzeugend)[403] 선천적 개념을 통해 대
상을 파악한다고 설명한다. 이는 칸트 인식론[404]과 유사함을 알 수 있다. 방법론
적인 관점에서, 신칸트주의는 *과학적인 인식론*[405]을 존중하고 이를 법학 영역
에서는 *법의 인식론*[406]으로 발전시키고 있다. 또 다른 중요한 사항은 신칸트주

---

399 Wapler (2008), 31-2 (19세기 중반 첫 번째 신칸트적인 글들에서 칸트적 인식론에 대한 문헌
들), 33 이하(칸트 인식론의 신칸트주의적 발전); Kant와 소위 마부르크 학파 간의 "인식론적
차별성"(erkenntnistheoretischen Divergenzen)에 대하여는 Müller (1994), 11의 주 18. 또한
von der Pfordten, JZ 2010, 1022 이하는 신칸트주의에서 칸트적 영향 "별로 없는"(wenig) 것으
로 파악(신칸트주의는 칸트주의를 발전시키기는 했지만 "원래의 칸트적 의미와 별로 관련
이 없다"(richtig verstanden, wenig … zu tun hat, 1022); 오히려 20세기에는 신헤겔주의로 전
환되었다(1023); 방법이원론은 "원래 서남 독일의 신칸트주의 특성"(genuin südwestdeutsch
neukantianisch)이어서 "Kant와는 거리가 있다"(sehr unkantisch, 1024). 그러나 Radbruch의
— 법은 반드시 정의라는 법의 이념에 집중해야 한다는 — 법철학은 Kant나 Heidelberg식 신
칸트주의적 핵심 요소가 없다(1025); von der Pfordten (2004), 333-379은 Radbruch의 법이념
은 Hegel의 관점과 유사하여 Radbruch를 신칸트주의가 아닌 신헤겔주의자로 설명하고 있다.
최근 연구로는 Paulson, JZ 2018, 1064.
400 Wapler (2008), 25.
401 Braun (2001), 6(apriorischen Grundbegriffe des Rechts).
402 Wapler (2008), 44, 173.
403 Lepsius (1994), 333("방법 자체를 통해서만 구성되는 실재의 이해"[Wirklichkeitsverständnis,
das durch die Methode erst erzeugt wird]); 대상 개념의 다른 논점에 대하여는 Wapler (2008),
45-6, 156-7; 나치주의자의 대상을 소멸시킨 개념화에 대하여는 제4절 주 467.
404 Kant의 a priori 인식의 형식에 대하여 신칸트주의적 설명을 Kant 원문을 중심으로 설명하는
예는 Ziemann (2009), 33 이하, 특히 36 이하; 또한 Mittasch (1939), 126("이론적으로 정확한
인식"[Erkenntnis des theoretischen Richtigen]이 법학의 목적이다); Murmann (2005), 104
("Kant의 원래 인식론 입장으로 회귀"[Rückbesinnung auf den erkenntnistheoretischen Ansatz
Kants]).
405 Österreich (1951), 416("인식을 위한 사상을 강조하여"[Betonung der Bedeutung des Denkens
für die Erkenntnis]).
406 Wiegand (2014), 90-1("인식의 형이상학 이론"[Metatheorie der Erkenntnis]); Lepsius (1994),
335 주 108; Wapler (2008), 148; Ziemann (2009), 32 이하(방법론으로서의 인식론); 또한 Braun

의 사상은 방법론적으로 이원론이다. 그렇기 때문에 실재(사태나 존재(Sein))와 가치(형식이나 당위(Sollen))를 구분한다.[407] 가치 개념은 서남독일 신칸트주의에서는 하나의 형식이다.(가치-이론의 구분 경향)[408] 그렇기 때문에 ― 위에서 언급한 개인주의적이고 집단적인 경향[409]간의 차이와 가치 절대주의와 가치 상대주의간의 차이라는 측면에서 볼 때 ― 이 차이점이 결코 사라지지 못한다.[410] 법학에서 서남독일 신칸트주의에서는 라드브루흐의 이론에서 볼 수 있는 가치상대적 견해가 지배적이었다.[411] 능동적 주체의 가치에 대한 판단은 이를 주장하는 주체의 가치판단과 독립적이다. 가치를 정립하는 것(개별 주체에 의해 형성)과 가치(과학적인 통찰에 따라 접근 가능)[412] 자체는 별개의 사태이다. 가치철학(Wertphilosophie)[413]은 법의 과학적 사실성에도 불구하고[414] 사안을 정당화시

(2001), 6.

407 Wapler (2008), 37-8, 42-3, 155-6; Lepsius (1994), 333; Dreier/Paulson (1999), 13, 237; von der Pfordten, *JZ* 2010, 1024, 1026; 좀 더 쉬운 설명에 대하여는 Kaufmann/von der Pfordten, 82; 좀 다른 설명은 Ziemann (2009), 105-6; Kant의 *존재*와 *당위*에 대한 대비적 기원에 대하여는 Loos (1970), 36 이하. 사실 Radbruch는 법을 "문화현상"(Kulturerscheinung)으로 규정하면서 방법론적인 삼원주의를 제안하고 자신의 법철학을 "법의 문화철학"(Kulturphilosophie des Rechts)이라고 말하기도 했다. (Dreier/Paulson [1999], 6 주 2, 25; 237-8; Wapler [2008], 155, 194-5, 201-2).

408 Wapler (2008), 43, 157.

409 주 385.

410 Wapler (2008), 26-7(예를 들어 법은 개인과 공동체 중 어떤 것으로 최상의 목표로 두어야 하는가에 대한 논쟁), 31 (Windelband와 Rickert, Lask와 같은 가치절대론자들과 Radbruch 와 같은 가치상대주의자간의 대립, 다음 주에서 설명), 41 이하 (형이상학과 상대주의에 대한 서남독일 신칸트주의자들의 가치이론); 또한 Ziemann (2009), 71 이하 (실제로는 주관적이고 상대적인 평가에 따라 객관적이고 절대화되는 입장); Windelband와Rickert의 존재-당위 이원론에 대한 입장 차이점에 대하여는 Loos (1970), 39 이하; 일반적인 설명은 Braun (2001), 6 (가치관계의 인식과 법의 목적으로서의 정의).

411 Wapler (2008), 160-1 (Radbruch와 Kelsen을 엄격한 가치상대주의의 대표로 하고 당시 주요 이론이었던 Stammler와 M.E. Mayer와 유사한 Windelband와 Rickert의 절대가치론을 그 대립되는 사상으로 설명한다); 이런 관점에서 Radbruch를 분석하는 Ziemann (2009), 86; Jellinek의 가치상대주의에 대하여는 Wapler (2008), 165 이하.

412 Wapler (2008), 47-8; 또한 Wiegand (2014), 224.

413 서남독일 신칸트주의 "가치론"(Wertwissenschaft)에 대하여는 Ziemann (2009), 82 이하.

414 Wolf (1933), 27(법을 "가치로서 … 그리고 단순한 사실이 아닌 것으로서" 재발견[als einen Wert … und … nicht bloß als Faktum]); (Rickert의) 신칸트주의를 (경험적) 실증주의의 보완

키는 기능[415]을 가진다. 그래서 신칸트주의란 *문화 철학*으로 볼 수 있다. 문화적 형식에 따라 문화에 대한 (규범적) 반테제이고, 신칸트주의의 가치 관계("가치 관련적 문화과학" wertbezeihende Kulturwissenschaft)을 중심으로 한다.[416] 그래서 이러한 가치 관련성을 신칸트주의 형법이론의 특성이라고 정의할 수 있다.[417] 이들은 가치지향적이고 의도지향적인(목적론적) 형법 사상이며, 과거의 실증주의적이고 자연주의적 형법 사상을 대체하려는 시도였다. 물론 이들에 의해 형법이 도구적으로 합리적인 또는 기능적인 형법 체계로서의 역할이 부각되었던 것도 부정할 수 없는 사실이다.[418]

먼저 쉬빙에를 생각해보자.[419] 언급했듯이, 그는 신칸트주의 학자인 (나치에 의해 교수직에서 쫓겨난) 막스 그뤼홋[420]의 제자이자 후계자로서 그가 1930년 교수자격논문[421]을 작성하던 시기에는 (바덴 전선의) 신칸트주의의 목적론적 개념

이론으로 설명하는 예는 Welzel (1962), 190 (인용은 Jaensch); Loos (1970), 4.

415 상세한 설명은 Ziemann (2009), 70 이하; 가치 관련적(그리고 실재 관련적) 형법의 개념화는 Mittasch (1939), 3-4.

416 Mittasch (1939), 3, 18-9, 22-3(가치 관계를 "특별한 법학의 문화과학적 특성"[spezifisch kulturwissenschaftliche Charakter der Rechtswissenschaft, 3]으로 설명); Ziemann (2009), 56 이하 (가이드라인과 목표로서의 문화). Lask는 법을 "가치-관련적 문화과학"("wertbeziehende Kulturwissenschaft")으로 설명(63 이하)하고 이 입장은 Radbruch에게도 나타난다(주 408); (같은 책, 65 이하, 101-2). 보호법익론의 관점에서 가치관련적 문화과학적 사상을 Amelung, in: Alexy (2002), 363, 365 이하; 자연과학과 문화과학의 차별성에 대하여는 Stuckenberg, in: Kindhäuser et al. (2019), 128-9.

417 이러한 관점은 Liszt까지도 거슬러 올라갈 수 있다. Mittasch (1939), 20 이하, 84 이하; 또한 Ziemann (2009), 143.

418 더 많은 문헌에 대하여는 Roxin (2006) § 7 mn 26 이하; Jakobs (1993), VII-VIII ("개념의 (재)규범화" ([(Re-)Normatiierung der Begriffe]), 5-6(형법 개념을 형법의 제한적 특성에서, 특히 규범의 일반예방적 관점으로 정의); 또한 Schünemann, in: id (1984), 45 이하(Roxin의 범죄단계를 "가치상대주의에서 벗어난 신칸트주의의 발전"[fruchtbare Fortentwicklung des im Wertrelativismus versandeten Neukantianismus]으로 보고 개인이 평가한 가치를 중심으로 범죄구조를 평가[47]하여, "도구적 이성 체계 사상"[zweckrationale Systemdenken]을 "신칸트주의의 발전"[Fortentwicklung des Neukantianismus, 51]으로 판단한다; 신칸트주의자 Lask의 개념화론을 "명백한 르네상스"로 설명하는 Jakobs[54]); 또한 Stuckenberg, in: Kindhäuser et al (2019), 146(신칸트주의 없이는 현재의 기능주의적 접근은 "불가능하다").

419 제2절 주 323과 본문.

420 그의 신칸트주의적 경향에 관하여는 Ziemann (2009), 115 이하.

421 Cohn (1973), 2(Windelband와 Rickert의 영향); Wapler (2008), 51-2, 211 (Lask의 영향);

화를 따르고 있었다. 그러나 쉬빙에는 1934년 짐멀[422]과 함께 집필한 글에서 칼 쉬미트의 구체적 질서 기반의 사상[423]으로 전환하고, 자신의 법익 개념 이론을 나치 이념[424]에 맞게 수정하였다. 그러면서 신칸트주의적 방법이원론을 포기한다.[425] 이런 관점에서 보면, 그의 저서는 중요한 부분에서는 킬 학파(현실적으로 대립했지만)와 일치하고, 신칸트주의의 반대자가 아니면서도,[426] "분명히 나치주의적 태도"[427]까지 모두 보여주고 있다. 이는 쉬빙에와 킬 학파 간의 논쟁이 "가짜 논쟁"(mock fight)이란 말을 듣는 이유이기도 하다.[428] 신칸트주의는 1930년대 나치주의가 성행하면서 크게 위축되었고, 자파로니의 설명처럼 결국 나치주의로 흡수되었다. 그러나 그 사상 자체는 여전히 중립적이고 자유주의적인 경향[429]을 유지하고 있었다. 왜냐하면 당시까지는 *인민적*, 즉 인종적인 우월성을 주장할 여지가 아직은 없었기 때문이다.

다음으로 *목적론적인 개념화*만을 생각하면, 이 사고는 나치에 경도되었던 신칸트주의자들뿐 아니라, 나치 박해에 의한 (유대인) 희생자들(그륀훗[430]이나 호니히[431])도 옹호했던 것이 사실이었다.[432] 형법이 목적론적인 수단으로 변화한 것

Stuckenberg, in: Kindhäuser et al. (2019), 135; Schwinge의 법익의 목적론적 경향에 대하여는 Amelung (1972), 133-4, 134 이하(비판적으로).

422 제2절 주 324 이하와 본문.

423 제2절 주 342와 본문.

424 제2절 주 358과 본문, 비판적으로는 Amelung(1972), 139, 229.

425 Schwinge/Zimmerl (1937), 47 끝부분, 58 (법과 윤리의 균형성에 대하여 "대립적인 것이 아니다"[keine Gegensätze]); 또한 같은 책, 50(완전한 동일성에 반대). Schwinge의 이러한 관점에 대해서는 Wapler (2008), 254.

426 예를 들어 Schaffstein, *ZStW* 56 (1937), 105("서남독일 학파의 가치철학을 거부한 최근의 발전에 입각하여"[neueste Entwicklung im Zeichen der Abkehr von], 106("신칸트주의에서 부분적으로는 현상학, 다른 부분에서는 헤겔주의에 의한 개념화론"[vom Neukantianismus zu einer teils phänomenologisch, teil hegelianisch beeinflußten Begriffsbildungslehre]), 목적론 개념화에 의한 신칸트주의 이론, 추상적 범죄구성요건론, 실질적 위법성론, 규범적 책임론은 "이미 성숙된 단계"[bereits überwundenes Durchgangsstadium]로 나타난다).

427 Wolf, *DRWis* 4 (1939), 172(unzweifelhaft klaren nationalsozialistischen Grundhaltung).

428 Garbe (1989), 28 (Scheingefecht); 제22절 주 335 이하.

429 Ziemann (2009), 130 이하 (130); Stuckenberg, in: Kindhäuser et al. (2019), 145.

430 Grünhut에 관하여는 Ziemann (2009), 116-7.

431 Honig (1919). 호니히에 대하여는 Ziemann (2009), 118 주 625("'목적론적 개념화론'의 진정

은 신칸트주의가 이를 가치와 관련된 형식으로 설명해 주었기 때문이다.[433] 현대 형법도[434] 이러한 도구적 합리성 또는 기능적 체계라는 관점을 그대로 유지하고 있다.[435] 오늘날에도 주요 해석 방법이기도 하다. 쉬빙에가 대표하는 "마부르크 학파"만을 국한해서 판단하면, 언급한 학자들 중에는 스탐러만 진짜 나치주의자로 볼 수 있다.[436] 반면에 코헨은 유대인이었기 때문에 여기서 제외해야 한다.[437] 그러나 스탐러가 마부르크 학파에 포함될지는 논란의 여지가 있다. 게다가 스탐러는 코헨과 이론적으로도 달랐다.[438] 결국 좌파적이고 자유주의적[439] 신칸트주의 법철학자로서 활동한[440] 학자들은 나치주의와의 경쟁에서 패배하였고, 대부분 나치의 희생자였다.[441] 반면에 다른 신칸트주의자들은 나치 정권에 협력하였다. 심지어 일부는 적극적인 지지자이기도 했다.[442] 후자에 속

한 창시자"[der eigentliche Begründer der 'teleologischen Begriffsbildung']); 법익론 관점에 대하여는 Amelung (1972), 130 이하, 134 이하 (비판적으로).

432 Stammler의 목적론적 관점은 Ziemann (2009), 101.

433 Mittasch (1939), 30-1; Ziemann (2009), 135 이하; Stuckenberg, in: Kindhäuser et al. (2019), 129 이하 (146).

434 주 419.

435 예를 들어 Zippelius (2012), § 10 II.

436 Müller (1994), 9-10.

437 예를 들어 Riecke (1935), 11 이하는 Cohen을 (마부르크) 신칸트주의와 나치 인종주의와 차이가 있는 "대표적인 인물"(Hauptvertreter dieser Richtung)인 유대인이고 그는 "자신의 체계에 따라 독자적 철학"(in seiner Systematik eine Philosophie)을 전개하여 "기본적인 유대심리학적 태도를 통해 자신을 윤리적 입장에서 지적인 삶을 살았던 인물로 표현한 바 있다"(die aus der psychologischen Grundhaltung des Judentums stammt und von ihm selbst in seiner Ethik als Höhepunkt des geistigen Lebens proklamiert wird, 같은 책, 11). Cohen의 — 존재를 "사유하는 존재"(das Sein des Denkens)로 보는 — 인식론은 나치 인종주의와 결합될 수 없다. 왜냐하면 "사유하는 존재"는 가치와 실제 삶에서는 끊임없이 갈등할 수밖에 없기 때문이다(이에 대하여는 13-4).

438 Müller (1994), 3("학파에 속하기는 어렵다"[Schulzugehörigkeit ... verneint]), 8 이하("아마도 거부될 듯" [vermeintliche Abkehr]).

439 Lepsius (1994), 305-6는 민주적 사회주의와의 유사성을 강조한다. 특히 마부르크 학파의 경우는 그런 경향이 있었다.

440 Zaffaroni (2017), 169는 Radbruch와 M.E. Mayer, Grünhut, Freudenthal, Goldschmidt, H. von Weber만 포함시키고, Kelsen은 제외하고 있다.

441 Ziemann (2009), 131은 Grünhut와 Radbruch, Honig를 이런 유형의 신칸트학파 형법학자로 설명한다.

하는 인물이 담(라드브루흐의 제자)과 에릭 볼프(라스크의 제자)[443]였다. 우리는 그들을 제5장과 6장에서 다시 살펴볼 것이다. 자파로니는 이들 모두를 한꺼번에 신칸트주의자로 분류하고 성급하게 전부를 나치주의자라고 비난하고 있다. 그가 말하는 이들 (또는 다른 "신칸트주의 학자")에 대한 상세한 조사는 없었다. 그래서 그들의 나치주의에 대한 실제 기여도를 엄밀하게 살펴볼 필요가 생긴다.

4. 전체주의와 가치 실재론: 나치 형법의 전제?

이를 확인하는 일은 더 복잡하다. 가치를 절대적인 것으로 믿는 것과 서남독일학파의 전체주의 관점이 밀접한 관련이 있는 것처럼 보이기는 한다.[444] (특히 중요한 학자인 리커트는 실제로 나치주의자로 전향했다)[445] 그러나 이 관련성만으로 신칸트주의 사상이 나치 정권에 이용된 걸로 결론낼 수는 없다. 두 가지 이유에서 그렇다. 첫째 신칸트주의의 가치 이해 방식은 제기되는 *가치의 내용*을 미리 결정하지 않는다. 그리고 신칸트주의 법률가들은 대체로 가치 절대주의/전체주의를 거부하고 있었다. 그래서 라드브루흐는 가치 상대주의와 가치 다원주

---

442 Ziemann (2009), 132는 E. Wolf와 Schwinge, Mezger를 이 유형에 포함되는 신칸트학파 형법학자로 소개한다(반면에 그는 Mezger는 신칸트주의 형법이론가에서 제외하고 있다. 주 395 참조).

443 Amelung, in: Alexy (2002), 369에 따르면 Wolf는 "신칸트주의 형법계의 '떠오르는 신성'"이었다('shooting star' der neukantianischen Strafrechtswissenschaft).

444 예를 들어 *인민적* "국가이념"(Staatsidee)을 형법의 가치관련적 개념의 궁극적 목적으로 설명하는 Mittasch (1939), 4, 25-6의 관점은 우연이지만, 나치법의 기본이해를 따르고 있다. (또한 그가 "유대인"을 뉘른베르크 "혈통보호법"[50]과 관련하여 언급하고, 나치 개혁을 옹호[100]했다는 점에서 그렇다); Riecke (1935), 11은 서남독일학파를 마부르크 신칸트주의와 달리 "실제"로 "인종이념의 문제"(ohne weiteres mit der Problematik des Rassegedankens)를 중시한 것으로 여긴다. 왜냐하면 이들이 "비합리적인 존재적 요소를 통해"(durch irrationale Seinselemente) 이론을 형성하고 있기 때문이다; 비판적으로는 Cattaneo (2001), 222, 225(신칸트주의의 법익[Rechtsgüter]에 대한 가치관련적 사고는 자유주의적 관점에서의 법익에 대한 이해와 다르다). Radbruch의 transpersonalism은 나치 사상과 가깝다는 견해(1932, 54 이하 [Dreier/Paulson (1999), 58 이하])에 대하여는 Wiegand (2014), 187 이하; 이에 대한 비판은 Wapler (2008), 229-30. 어떤 경우도 Radbruch의 가치관련성/가치다원주의(주 447)와 그의 법개념(주 448)은 전체주의에 대한 반대로 해석된다.

445 Wapler (2008), 32, 140 이하.

의[446]를 옹호한 것이다. 라드브루흐는 법의 최고 목적을 도달하기 위한 법이념
은 정의라고 설명하였다.[447] 두 번째 신칸트주의의 *기본 (방법론적) 전제*는 방법
론적인 이원주의여서 나치주의와 조화되지 못한다.[448] 그런 까닭에 라드브루흐
는 이미 1933년 법과 도덕의 구분은 나치주의자들에게는 "순수한 자유주의적
편견"[449]과 같아 보일 것이라고 언급했다. 1994년 렙시우스는 단정적으로 신칸
트주의는 "나치주의의 출현에 책임이 없다"라고 주장한다.[450] 왜냐하면 "칸트
주의자라면 나치주의자가 될 수 없기" 때문이다.[451] 이 주장은 실제로 신칸트주
의자(리커트와 쉬탐러처럼)들이 나치주의에 동조하였기 때문에 이상한 주장이 되
기는 했다. 그러나 이 주장의 방법론적인 취지 등을 좀 더 살펴 보기로 하자.[452]
신칸트주의의 기본적인 가정 ― 가치 상대주의와 방법론적 이원주의 ― 이 나치
주의와 조화될 수 없다는 렙시우스의 설명은 타당하다.[453] 그런데 나치주의 관

---

446 법철학 서문(1932, VI [인용은 Dreier/Paulson, 1999, 3-4])에서 Radbruch는 이미 비합리주의의
     출현을 반대하고자 합리주의와 다원성을 중시하는 상대주의를 강조한다("민주주의를 위한
     지적 조건으로"[als gedankliche Voraussetzung der Demokratie]), 그의 책, 10이하(17 이하).

447 Radbruch (1932), 30(인용은 Dreier/Paulson, 1999, 34) ("법사상은 정의를 빼놓고는 말할 수 없
     다"[Die Idee des Rechts kann nun keine andere sein als die Gerechtigkeit]), 32 (37)("법은 원래
     정의에 봉사하는 것이다"[Recht ist die Wirklichkeit, die den Sinn hat, der Gerechtigkeit zu di-
     enen]), 이러한 의미에서 "정의"는 "평등"을 말한다(Gerechtigkeit in solchem Sinne Gleichheit,
     30 [35]); 법사상은 정의와 합목적성, 법적안정성의 세가지 원칙으로 이해된다(§§ 7-10); 이에
     대하여는 Dreier/Paulson (1999), 239; Kantorowicz와의 관련성에 대하여는 Paulson, JZ 2018,
     1067.

448 나치주의 학자들은 방법이원론과 (존재와 당위)*분리론*을 거부하고 있었다. 그 대신 법의 윤
     리화를 주장한다. 제2장 제2절과 주 193와 제3장 제2절 주 557. 그러나 이런 관점에서 초기 이
     론들이 연속성을 보이는 경우도 있다. 예를 들어 Liszt, ZStW 27 (1907), 91 ("존재와 당위의 통
     합"을 옹호[Synthese zwischem dem Seienden und dem Seinsollenden]하는 것을 "규범학"[nor-
     mativen Wissenschaft]의 핵심으로 설명하여, Windelband와Rickert, Radbruch, Stammler와는 다
     른 견해를 보여주고 있다").

449 Radbruch (1933/1957), 74(ein bloßes liberalistisches Vorurteil).

450 Lepsius (1994), 304(für die Entstehung des Nationalsozialismus nicht verantwortlich gemacht
     werden kann).

451 Lepsius (1994), 341(Kantianer war, konnte nicht Nationalsozialist werden).

452 Rickert에 대하여 Wapler (2008), 258는 이러한 사항에 대하여 무엇보다도 "특히 인식론적인
     관점 ... 에서 명백히 전체주의 이념을 반대하지 않는"(bestimmte erkenntnistheoretische
     Auffassung ... offenkundig noch keine Immunität gegen totalitäres Gedankengut) 관점을 보인
     다; 다른 예로는 von der Pfordten, ARSP 82 (1996), 593.

점으로 보면, 원래 (상대적) 신칸트주의 규범관은 새롭게 등장한 나치주의의 가치를 강조하기 위해 적절했던 것으로 볼 수 있다. 그리고 당시 현존하던 가치들을 약화시켜 새롭게 입법된 실정법을 통해 (권위주의적) 경향으로 변질시킬 수도 있었다.[454] 그래서 쉬빙에를 나치주의자로 보는 것은 한계가 있다. 그 이유는 한편에서 그가 신칸트주의 이념을 가진 것은 사실이지만, 그런데 다른 한편, 라드브루흐의 나치주의 비판으로 확인되는 가치 상대주의적이고 이념적 중립성을 가진 신칸트주의 입장(라드브루흐를 인용하여)[455]은 그를 다시 정통 나치주의보다는 민주주의적인 경향의 인물로 볼 수 있게 하고, 반면에 가치 절대주의와 윤리주의적 입장(이 경우 쉬빙에를 인용하여)을 가진 *그가 다른 나치주의자보다 독재자에 대하여는 비판적이었다는 사실*도 발견할 수 있기 때문이다.[456]

---

453 이런 관점에서 Laun의 *인민* 개념이 나치의 인민 개념과 내용과 기능에서는 다르지만 여전히 방법이원론을 따르고 있기 때문에 나치 사상처럼 존재를 중심으로 하는 현실인식으로 인해 변증론처럼 반대되는 현상을 무리하게 통합시켜버리는 개념(gegensatzaufhebende Begriffsbildung)으로 파악할 수 없다는 Lepsius의 연구 (1994, 335 이하 [341])를 이해할 수 있다. Lepsius의 관점을 따르는 견해로는 Wapler (2008), 258; von der Pfordten, *ARSP* 82 (1996), 593. 유사하게 마부르크 신칸트주의자에 대하여 Müller (1994), 9에서 나치들은 "칸트의 비판 정신과는 반대"(gegen das Denken im kritischen Geiste Kants)되어 마부르크 학파는 전반적으로 "나치주의자들에게는 장애물"로 여겨졌다(von den Nationalsozialisten geächtet wurden)라고 한다. 반자유주의 사상에 대한 반대자로서 서남독일 신칸트주의자들은 후자의 이유 때문에 비정치적인 상대주의라고 하는 평가는 Marxen (1975), 170-1.

454 기본적인 설명은 Schaffstein (1934), 11 이하(서남독일 신칸트주의의 가치상대적, 목적론적 방법에 대한 비판으로[11] 그들의 "윤리적 상대주의"[ethischen Relativismus]는 "정확한 가치"[richtigen Werten, 12]가 무엇인지를 설명할 수 없고 "진정한 올바른 정치적 가치"[eine echte und bewußte politische Wertung, 13]를 제안할 수 없다고 한다.; 그 대신에 Schaffstein은 인민적이고 인종주의적 나치 정권과 지도자 원리에 따른 새로운 가치를 제안한다[18 이하, 23 이하]).

455 1922년 독일 일반형법전을 위한 "라드브루흐 초안"의 "상대주의"(Relativierung)에 대한 비판과 비난섞인 찬사가 존재했다는 사실에 대하여는 Goltsche (2010), 367 이하 (396) (비판에 대하여는 또한 Vormbaum[2011], 17 이하). 비난섞인 찬사는 분명했다. 특히 초안의 행위자를 중심으로 놓는 (리스트적) 주관주의는 형법을 의지 중심으로 구성하여 소위 상습범 처벌을 강화시키는 경향을 만들었다(Goltsche [2010], 370 이하, 385, 391, 395-6). 이러한 관점은 Radbruch의 스승인 Liszt의 영향과 그의 실용적인 특성 때문이다(이에 대하여는 같은 책, 7-8, 387 이하). Radbruch의 입장이 가치상대적이고 이념중립적이며, 본질적으로 자유주의적이라는 사실은 결코 부인할 수 없다.

456 잘 알려진 바대로 Welzel은 당시 Radbruch의 상대주의에 대한 비판들과는 분명한 거리가 있

이와 달리 (원래의) 형식적이고 인식론적으로 지향된 신칸트주의와 실재론적, 현상학적으로 지향된 *가치와 존재*론, 예를 들어 막스 쉘러[457]와 니콜라이 하르트만[458]처럼 신칸트주의에서 출발했지만[459] ─ 신칸트주의자로서 나치 형법과 관련있는[460] ─ 1930년대 나치주의자였던 학자들 이론은 이들과 구분해야[461] 한다.[462] 이 이론들은 신칸트주의의 형식론과 이념 중립성을 비판하면서 출발하여 나치주의 법철학의 출발점 또는 근원[463]이었기 때문이다.[464] 그들은

는 비판을 하고 있다. 그는 상대주의가 "필연적으로"(zwangsläufig) 장차 "법을 권력에 복종하게 만들 것"(zur Auslieferung des Rechts an die Macht, Welzel, 1962, 188, 252)으로 생각했다.

457 Scheler (1916); Scheler (1919).

458 Hartmann (1926).

459 Amelung (1972), 226과 다른 곳에서 후기 신칸트주의 이론을 이러한 관점에서 설명하고 "이들이 신칸트주의를 계승"(den Neukantianismus ablösten, 224)한 것으로 평가한다; Wapler (2008), 24, 27, 243은 존재에 대한 실재적 이론으로 전환 또는 변화된 것으로 평가한다; 유사한 분석은 Paulson, JZ 2018, 1064; Stuckenberg, in: Kindhäuser et al. (2019), 145(가치론으로 대체됨).

460 Zaffaroni (2017)나 García Amado (2019) 모두 이런 구분을 하지는 않는다. 후자의 경우 Ferrajoli (1995), 186을 인용하는데, 그는 두 이론을 설명하며 주에서 "신칸트주의 입장은 가치적 철학이다"(sugerencias neokantianas y de la filosofía de los valores)라고 단순화하고 있기 때문이다. 여기서 인용한 글은 2005년판, 486.

461 Schmitt, *FS Forsthoff*, 1967, 37 (44, 49)는 이 차이점을 강조한다; 유사하게 Wiegand (2014), 79-80(서남독일 신칸트주의는 "가치적 *윤리*가 아니고"[keine Wert*ethik*] "받아들일 수 없는 윤리화도 아니다"[unzulässige Ethisierung] "이론적 효력에 관한 철학"[eine Philosophie der *theoretischen Geltung*", 이탤릭은 원문]일 뿐이다); 형이상학에 대한 비판에서 (스칸다나비아) 신칸트주의의 기본 입장은 Lindner (2017), 29(Hageström의 입장은 제외).

462 Wapler (2008), 162.

463 나치적 경향의 효력(가치)론은 예를 들어 Amelung (1972), 141("이익을 결정하는 가치판단의 위격화"[Hypostasierung des güterkonstituierenden Werturteils, 위격화란 칸트의 개념으로 존재의 근원을 의미 ─ 역자], 224 ("신칸트주의의 상대주의"[der neukantianische Relativismus]보다 민주주의에 더 위태로운), 226 이하("범죄를 인과적 법익침해로서 자연주의적이고 (형식적) 자유주의로 보는 관점에 대한 반대"[Kampf gegen das naturalistische und (formal-) liberale Dogma vom Verbrechen als kausaler Rechtsgutsverletzung, 226]하는 관점을 공유), "인민적 문화가치"[an völkischen Kulturwerten, 227])에 의한 정당화; Wapler (2008), 243 이하; 또한 Frommel, JZ 2016, 913(나치주의의 적용으로 설명하나, 증거는 없음); 생명주의의 비합리성(Bergson, Nietzsche, Dilthey)을 반자유적 형법의 전제조건으로 보는 관점은 Marxen (1975), 18, 47 이하. 또는 킬 학파의 현상학적인 토대에 관한 논쟁에 관하여는 Schwinge/Zimmerl (1937), 제2절과 주 327 이하, 위의 본문; 이에 대한 반박은 Dahm ZStW 57 (1938) 225, 285와 제5장 제2절, 주 549 이하.

464 Ziemann (2009), 133(Welzel을 인용하여, "신칸트주의의 형식주의 비판과 ... 존재하는 물에

신칸트주의를 비판하여 존재와 당위를 통합하길 원했고 — 당위를 현실(사람들과 그들 생활방식인 "구체적 질서"[465])에 일치 또는 이를 따르게 하여 대립과 안티테제가 사라진 개념을 구상하여[466] — (형)법을 윤리 규범이자 형이상학적인 지적 상징물로 만들어 버린 이론가들이다.[467] 이러한 이론들은 비합리적이어서 쉬빙에의 입장[468]과 완전히 반대된다.(이것 때문에 자파로니가 쉬빙에를 나치스 신칸트주의자로 설명하는 것은 논란의 여지가 있다)

그럼에도 불구하고 서남독일 신칸트주의가 가지고 있던 가치에 대한 *절대주의적–전체주의* 이해들은 가치를 실재적으로 전제하는 이론으로 변질될 가능성을 언제나 가지고 있었다.[469] 이론의 근원인 전체주의적 착상은 나치주의와 같

대한 존재론적 경향"[Kritik am neukantianischen Formalismus und … Hinwendung zu einem ontologisch vorgegebenen Material]); 또한 Marxen (1975), 55, 170-1 (신칸트주의의 "유약한 상대주의"[schwächliche Relativismus]).

465 Wapler (2008), 243; 나치주의의 방법이원론에 대한 논쟁에 대하여는 이 글의 32, 249-50, 258.

466 Lepsius (1994), 146 이하(존재와 당위 개념을 자연적 요소와 지적 요소로 변증론적으로 구성하면 현실과 가치가 더 높은 개념 수준에서 결합된다. 그러면 개인과 인민의 구분 속에서 인민의 가치가 더 높아져 개인의 가치를 포함하게 된다. 예를 들어 지도자를 인민의 의지의 총합으로 설명[E.R. Huber]하여 "현실적 타당성의 실체"[als Verkörperung einer werthaften Wirklichkeit, 149, 153]으로 바뀌고, 규범적 "가치"[Werthaftigkeit]가 이제 현실적 타당성이 되면서 새로운 현실로 대체되고 만다[153-4]).

467 이러한 관점에서 (원래의 형식적) 가치개념의 내용을 변형시킨다는 설명은 Ziemann (2009), 138 이하("가치상대성, 형식성을 … 가치완성적, 물질적 가치개념으로 변형"[Transformation des wertbeziehend-formalen … zu einem wertverwirklichend-materialen Wertbegriff, 141]); 또한 Vogel (2004), 72 (문화적 내용들이 사회적이고 윤리적으로 충전된 가치관련 사상으로 변한다). 그러나 Cattaneo (2001), 237-8는 Hartmann의 윤리관을 나치주의 사상과 대비되는 것으로 파악하고 있다.

468 제2절의 주 324 이하와 아래의 본문. 비판적으로는 Mittasch (1939), 17-8.

469 또한 Wapler (2008), 245("존재의 물질론적 전환은 이미 서남독일 신칸트주의자들에게서도 나타난다"[Übergang zu materialen Seinsphilosphien im südwestdeutschen Neukantianismus bereits vorbereitet]. 그는 이후[246 이하] 이런 전환의 "놀라운 예시"[markante Beispiele]를 설명하면서 Erich Kaufmann과 Binder, Sauer의 가치일원론(*Wertmonaden*)이 실제로 신혜겔주의로의 전환이라고 설명한다. 여기서 우리는 1933년 서남독일 신칸트주의자로서 Husserl과 Heidegger의 사상과 구분점이 없이 "방법론을 넘어서"[Einsicht über das Methodologische hinaus] 자연과학으로부터 법학의 독자적 "실현"을 통해 "가치와 현실관"[Wert- und Wirklichkeitsbetrachtung]을 새로운 형법이론체계의 기본으로 삼았던 Erik Wolf를 주목할 수 있다)(Wolf [1933], 27-8, 32; 이 내용은 제6장 제1절과 주 704 이하 참조).

은 정치적 전체주의 경향을 만들 수 있었다. 왜냐하면 전체주의는 개인과 집단 간의 갈등에서 항상 개인이 집단을 위해 희생할 것을 요구하기 때문이다.[470] 그러나 신칸트주의 가치 개념에서 가치의 실재적(물적) 이론으로 전환되었다고 신칸트주의가 곧바로 나치주의 이념이 되는 것은 아니다.[471] 다른 많은 예들이 있다. 이러한 예들은 유대인이라는 이유로[472] 신칸트주의자들이 박해 받은 사실뿐 아니라, 무엇보다도 라드브루흐처럼 가치 상대적, 가치 다원적 신칸트주의 이론과의 방법론적인 차이점을 볼 때 확실해진다. 분명히 라드브루흐는 특정 가치와 이념을 절대화하는 권위주의와 정반대에 서 있었다.[473]

가치를 법의 근원으로 볼 수 없다는 비판[474]의 근거는 가치란 직관적으로만 정당화될 수 있기 때문이라고 한다. 사람들끼리 합의로 그리고 궁극적으로는 법을 통해서 비합리적인 "*가치의 독재*"[475]로 변질될 가능성이 있다.[476] 최근 이

---

470 같은 지적은 Wapler (2008), 259.

471 Wapler (2008), 249("강요없이" [nicht zwangsläufig], "국가의 보수적 전체주의로부터 … 나치주의로 … 분명한 이유를 가진 채 전환"[Wendung zum Nationalsozialismus … aus der Sicht eines nationalkonservativen Kollektivismus … durchaus naheliegend]).

472 Wapler (2008), 249는 이런 관점에서 신헤겔주의자 Erich Kaufmann을 설명한다. 다른 경우는 Binder와 Sauer처럼 나치주의를 순수하게 지지한 경우도 있다; 예를 들어 Binder는 반드시 그런 부류로 포함시킬 학자이다. Wapler (2008), 250 이하; 그러나 Sauer에 대한 비판적 견해는 Jiménez de Asúa (1947), 92 이하. 반대로 킬 학파의 Dahm(실제로는 Radbruch의 제자)과 같은 사람을 일반적이고 목적론적인 개념화가 아니라는 이유로 신칸트주의자에서 제외하는 견해도 있다. 제3절 주 427과 Wapler (2008), 253-4.

473 상대주의의 이면에는 "부당한 법"(unrichtiges Recht)이 인권/기본권에 대한 침해를 하는 경우 막을 수 없다는 단점이 있다. 이는 Radbruch가 다시 자연법으로 회귀하는 이유이기도 했다. 주 499 이하와 본문.

474 Bockenförde, in: Dreier (1990), 33 이하.

475 이 표현은 원래 Hartmann (1926), 524(Tyrannei der Werte). 그러나 가치론자들을 비판하는 용어로 사용되었다. 예를 들어 Schmitt, *FS Forsthoff* (1967), 59.

476 Bockenförde, in: Dreier (1990), 41 이하(가치 중심사상은 "토론을 통해 결론을 낼 수 있는 합리적인 기본관"이 아니다[eine rationale, auf diskursive Vermittlung angelegte Grundlage]. 그리고 "방법론적으로 통제불가능한 법관들과 법학자들의 주관적 의견과 관점들이 밀물처럼 밀려들게 하고, 사회의 실질적 가치들과 가치판단이 주도적으로 형성되게 만든다"[die Schleuse für das Einströmen methodisch nicht kontrollierbarer subjektiver Meinungen und Anschauungen der Richter und Rechtslehrer sowie der vorherrschenden zeitigen Tageswerte und -wertungen der Gesellschaft, 41]); 예를 들어 Mittasch (1939), 32-3(가치 관련적 법학은 "가치들과 관련되는 타당성이 … 전반적으로 이성적이지 않을 때는, 이성적일 뿐 아니라, '감

비판은 형이상학적 법이론에 대한 비판으로도 사용된다. 형이상학적 법이론은 정당성의 근거를 이념이나 실재존재론에서 비롯되는 믿음이나 판단이라고 답한다.[477] 그렇기 때문에 이 비판이 가치실재론에도 똑같이 적용될 수 있다. 그러나 법질서를 통해 가치를 구체화하는 것은 중요하다.[478] 어쩌면 필연적이다. 그렇지만 방법론적 비판을 통해 어떤 가치를 존중할지 그 근거를 이해하고 설명하는 방법을 찾아야 한다.[479] 이 방식은 법치주의를 존중하는 민주적 국가에서 자유주의적 헌법을 통해 구체화될 수 있다. 그 변경 역시 구체적 판결의 변화에 따라 현실적으로 이루어질 것이다(헌법적 형법). 이런 비판은 가치가 실재한다는 설명에 의문을 제기한다. 그러나 이들도 합리적인 토론과 대화에 따라 결정된 헌법에 근거를 둔 가치들은 동의할 수 있다.[480] 모순적이지만 칼 쉬미트[481]와 에른스트 호르스트호프[482] 모두 법이 근원적으로 가치를 결정[483]해준다는 견해를 비판하였다. 이들은 나치 독재와 가치의 절대화, 그리고 독재와 절대적 가치

정에 따라' 구성되기도 한다[wertbeziehende Rechtswissenschaft nicht nur verstandesmäßig, sondern zugleich auch 'gefühlsmäßig-kasuistisch' ... Werte und ihre relative Geltung ... nicht bis ins letzte rational erfaßbar])."

477 Lindner (2017), 4 이하, 181(형이상학은 자기 제한성이 왜 필요한가에 대하여는 나치스 시기 가치와 도덕, 정의를 구조화된 권력관계에서 확정하는 형이상학적 유혹을 근거로 설명한다).

478 이에 대한 언급은 Starck, in: Dreier (1990), 47 이하.

479 예를 들어 Starck, in: Dreier (1990), 51 이하는 상호주관적인 승인을 제안한다. 그는 경험-역사적이고 법적인 비교 관점과 근본적으로는 인류학적인 가정들을 정당함의 범주로 판단할 것을 제시한다.

480 또한 Starck, in: Dreier (1990), 49.

481 Schmitt, FS Forsthoff (1967), 37 이하(49, 59 이하). 그러나 Schmitt는 자신의 역할에 대하여는 침묵하고 있다; 그가 나치주의, 인종말살을 독일 인민들의 "최상의 가치"(Höchstwert, Hitler)로 파악하였음에도 불구하고, 이 문제에 대한 자신의 입장에 대해서는 언급이 없다(42).

482 Forsthoff, Festgabe Schmitt (1968), 185(190, 209-10)는 가치의 쉬운 "존중과 재평가, 폄하" (Auf-, Um- und Abwertung)를 경계한다. 그리고 기본권을 그 자체로 이해하는 것을 반대한다("만일 1933년 나치주의가 기본권을 형식적 가치로 인정했다면, 이를 감히 폐지하지는 못했을 것이다"[Hätte der Nationalsozialismus 1933 die Grundrechte als Werte vorgefunden, dann hätte er sie nicht abzuschaffen brauchen, 190]) 그는 이런 이유로 "실질적 법의 집행"[materiale Aufladung des Rechts, 209]을 거부한다. 그 시대의 "가치의 폄하와 재평가"[Ab- und Umwertungen]로 나타나기 때문이다. 같은 책); Forsthoff에 대한 비판은 Starck, in: Dreier (1990), 50.

483 Bockenförde, in: Dreier (1990), 34, 46.

에 따른 법이론을 제안하고 있었다.[484]

나치의 "가치의 독재성"[485]이 가진 문제점 때문에 오늘날 법에서 가치에 대한 설명을 거부한다면, 이는 아기가 운다고 목욕탕에 던져 버리는 것과 같다.[486] 언급한 대로 민주적 헌법국가의 (다원적) 가치 — 실제로 인간의 존엄과 정의, 실질적 평등이 인정하는 — 규범적 프로그램을 만들어야 한다.[487] 이 프로그램은 인권에 반하는 전체주의적 경향을 반대할 수 있게 한다. 또한 실증주의를 완성하는데 필요하다. 실증주의가 무기력했기 때문에 — 전후 나치와 네오나치즘의 미신과 반대로[488] — 당시 독일 법률가들이 나치 정권의 부정의에 저항할 수 없었다는 평가는 사실이 아니다. 라드브루흐가 말한 **실증주의 또는 항거불가능론**[489]은 실증주의적 미신으로 볼 수 있다. 왜냐하면 위에서 설명한 대로[490] 나치주의자는 규정을 엄격하게 존중하는 실증주의를 못마땅하게 생각하였기 때문

---

484 이러한 관점에 대하여 정밀한 분석은 Robbers, in: Dreier (1990), 162, 167-8(Schmitt의 개인적 가치와 아군-적군 사상에 대한 절대화를 지적하며).

485 Schmitt, *FS Forsthoff* (1967), 37 이하.

486 유사하게는 Starck, in: Dreier (1990), 50("나치 정권을 형성한 가치들이, 모두가 알고 있지만, 인권을 존중하면서 형성되었다는 것 때문에 우리가 오늘날 법에 기초가 되는 모든 가치들을 비판해야 하는 것은 아니다"[Weil sich die Wertungen, die Grundlagen des nationalsozialisti-schen Regimes waren, letztes Endes für jedermann erkennbar, als menschenverachtend her-ausgestellt haben, müssen wir nicht zur Fundamentalkritik aller Wertungen als Grundlagen des Rechts schreiten]).

487 비교법을 통해 인권에 관한 가치에 대한 연구로는 Ambos, *RW* 8 (2017), 247, 271-2 (영문 판은 24 *UCLA J. Int'l L & For. Aff.* (2020)).

488 예를 들어 Schwinge에 대한 설명은 Garbe [1989], 76; 또한 Welzel, *FS Niedermeyer* (1953), 279-8. 그는 "20년전(1933)에는 … 의심할 나위없이 실증주의가 성행했다"("vor 20 Jahren … völlig unbestritten der Positivismus" "herrschte"). 제3제국은 "말그대로 법실증주의를 선택하고"(den Rechtspositivismus beim Wort genommen), "실제로도 철저하게 실증주의적인 이론을 따랐다"(mit der positivistischen Lehre … wirklich Ernst gemacht). 이 때문에 "절대적 국가의 권한을 소유한 자가 명령하는 경우 모든 파란 눈을 가진 아동을 학살하는 것도 가능했다"(selbst ein Befehl zur Tötung aller blauäugigen Kinder gültig sei, wenn er nur vom Inhaber der höchsten Staatsgewalt ausgeht); 또한 Dahm (1956), 15는 국제법 "또한 자연법으로부터 실증주의로와 실증주의로부터 다시 자연법으로의 … 발전한다고 설명"한다(die Entwicklung … vom Naturrecht zum Positivismus und vom Positivismus zum Naturrecht zurück); 자세한 설명은 Foljanty (2013), 23 이하(세 가지 발전단계를 구분).

489 Radbruch, *SJZ* 1 [1946], 105, 107.

490 제2장 제2절의 주 209 이하와 이 장의 제2절 주 337.

이다. 그들은 무엇보다도 법관을 인종주의와 *인민*의 이념[491]에 따라 판단하는 "자연법 사상"에 따라 조종하길 원했다. 법은 나치 입법, 특히 *지도자의 명령*[492] 만을 존중해야 한다. 오늘날 독일 법률가들은 나치주의가 "그릇된 법률 실증주의 … 와 '자연법사상'"에서 비롯된 것이라는 사실을 너무 잘 알고 있다.[493] 전쟁 후 많은 (나치에 경도되었던) 법률가들은 실증주의라는 "허수아비"만 비판하고, 나치 법사상에 기여한 자신들의 부도덕성은 은근슬쩍 숨기고, 1945년 이후 자연법 회복 연구에만 집중하게 만들었다. 이로써 자신들이 한 부끄러운 짓(나치 동조)을 물타기하는 데 이용하고 있었다.[494] 결과적으로 "항거불가능론"은 진짜

---

491 제2장 제1절 주 141과 이 장의 제2절 주 345, 374.

492 제3장 주 263.

493 Dreier/Paulson (1999), 248(einem pervertierten Gesetzespositivismus … und einem pervertierten 'Naturrechtsdenken'); 같은 취지로는 Braun, *JZ* 2017, 454; 또한 Marxen (1975), 251-2(실질적, 규범적 범죄개념과 나치 입법/지도자명령에 대한 집착 때문에 엄격 책임성은 거부된다); Maus (1989), 81 이하(실증주의의 두 가지 잘못된 전제는 나치 규범을 법과 충분히 정의된 명령과 구분할 수 없게 만드는 것[82 이하]과 이미 1933년 이전에도 존재한 반실증주의적 경향을 인정하지 못하게 만든 일이다[84 이하]. 이들은 실제로 법률에 복종하는 것이라기보다는 "가치에 구속되는 것"[Wertbindung]으로 여겼기 때문이다[92]); Walther, in: Dreier/Sellert (1989), 325 이하, 335 이하(법률실증주의나 *효력실증주의*는 바이마르 공화국에서는 "유효한 실증주의"로 존재하지 않았고, 나치주의도 이를 유효한 실증주의로 파악하지 못했다); Wapler (2008), 255 이하 (실증주의자 누구도 나치가 되지는 않았고, 나치들은 "과격한 반실증주의자"들이었다[radikal antipositivistisch, 257]); 독일 법률가들을 무기력하게 만든 것은 실증주의 사상이 아니었다. 오히려 실정법을 (나치의 공격으로부터) 방어하려는 능력의 부재와 의지 박약이 원인이다.(257-8); Foljanty (2013), 19 이하(제1차 세계대전 이후 생긴 반실증주의적 "경향성"[Richtung]이 나치스에게도 지속되었다); Ott (2016), 25 이하(항거불능론은 "명백하게 잘못된 것이다"[nachweislich falsch, 27]. 왜냐하면 반실증주의는 바이마르 공화국에서도 존재했으며 나치주의 법은 그 자체로 반실증주의적이었기 때문이다. 게다가 대부분의 법률가들은 반자유주의적이었고 권위주의적인 국가관을 신뢰하였다); Lindner (2017), 181 (나치 이념은 실증주의를 경멸하였고 나치법은 "형이상학적인 법으로 실제로 독특한 법이념에서 파생되었다. 이는 혈통이나 인민, 인종, 무가치성 등 현실적으로 존재하고 실제로는 인간의 삶을 피폐하게 만들 수 있는 유형의 개념들에 의해서 제시되었다"[metaphysisches Recht, aufgeladen durch außerrechtliche Substanzideologien, die sich mit Hilfe von Begriffen wie Blut, Volk, Rasse, Lebensunwert etc. ihren menschenverachtenden und -vernichtenden Weg gebahnt haben]; Frommel, *JZ* 2016, 913, 916, 919-20(그는 실증주의를 나치스의 적으로 설명한다); Whitman (2017), 148 ("법실증주의가 아니라 … 오히려 보통법적인 실용주의"); 이러한 미신적 요소에 반대하는 글로 Rückert, *ZRG-GA* 103 (1986), 207-8; id, *JZ* 2015, 804; Rüping/Jerouschek (2011), 111 (정권의 일반적 지지를 강조하여); Stolleis (2016), 11, 23("거절되었다"(widerlegt)).

494 Walther, in: Dreier/Sellert (1989), 350 주 42 *끝부분*, 자연법으로 "언급된 문헌"(Wendeliteratur)

피해자였던 켈젠이나 라드브루흐 등과 그 반대인 나치주의자들[495]을 동등한 존재로 만들어 버린다. 그리고 항거불가능론은 자행된 부정의를 애매하게 만들어, 나치에 의해 오염된 사법을 회복하는 핑계로만 이용되었다.[496]

"부당한 법"은 어쩔 수 없이 인권 이념을 규범화하여 회복할 수밖에 없다. 여기서 라드브루흐의 가치 상대주의 이론의 변천 과정이 확인될 수 있다. 원래 라드브루흐 이론은 법명확성을 최우선적인 법효력으로 확보[497]하기 위한 공식으로[498] 제안되었다. 그런데 이 공식은 "부당한 법"을 — 라드브루흐의 핵심적

에 대한 상세한 설명에서 실증주의와 형벌/책임 문제를 "허수아비"로 만들어 버렸다고 한다. Foljanty (2013), 4 이하, 35-40, 37 이하; 이러한 "상호적 관련성"(Netzwerken)과 "언급된 문헌들"(Wendeliteraturen)에 대한 비판은 Frommel, *JZ* 2016, 917 이하, 2017, 462 (특히 Welzel에 대하여) 그리고 Rüthers, *JZ* 2017, 457 이하; 실증주의 미신에 대한 배제적 기능에 대하여는 Gross (2010), position 214.

495 Foljanty (2013), 38-9.

496 같은 글, 76 이하.

497 Radbruch (1932), 81 (Dreier/Paulson, 1999, 82) ("만일 무엇이 정당한지 알 수 없다면 무엇이 법적인가를 확인해야 한다. 그리고 … 법에 대한 견해 차이는 *권위적 의지*로 결정할 수밖에 없다 … 법을 완성할 수 있는 사람은 법을 제정하는 사람으로 볼 수 있다"[Vermag niemand festzustellen, was gerecht ist, so muß jemand festsetzen, was Rechtens sein soll, und … den Widerstreit entgegengesetzter Rechtanschauungen durch einen *autoritativen Machtspruch* … beenden … Wer Recht durchzusetzen vermag, beweist damit, daß er Recht zu setzen berufen ist, 이탤릭은 저자]) 그리고 83 (84) ("법관의 직무상 의무는 법률의 의도된 효력을 실현하는 것이고, 자신의 개인적 정의감에도 불구하고 권위있는 법질서에 복종하여 단지 법이 정당한지에 대해 의심하지 않고 무엇이 법적인가만을 문의하는 일이다"[Für den Richter ist es Berufspflicht, den Geltungswillen des Gesetzes zur Geltung zu bringen, das eigene Rechtsgefühl dem autoritativen Rechtsbefehl zu opfern, nur zu fragen, was Rechtens ist, und niemals, ob es auch gerecht sei]). 이에 대하여는 Dreier/Paulson (1999), 245-6; 비판적으로는 (다른 사람들 중에서도) Welzel, *FS Niedermeyer* (1953), 279("이러한 이론을 배운 채로", "독일 법률가들"은 강제적으로 "제3제국으로" 영입되었다["in solchen Lehren ausgebildet", "die deutschen Juristen ins 'dritte Reich'"]). 그리고 Bockenförde, in Dreier (1990), 43(Radbruch가 "독일 법률가들"을 "이러한 "관점"을 가지고 "나치 정권 속에서" 활동하게 만들었다["die deutschen Juristen", "Orientierung", "in das NS-Regime entlassen"]); 이에 대한 비판은 Walther, in: Dreier/Sellert (1989), 339-40(왜 Radbruch의 실증주의이론이 "자기 자신에 대한 비판" [Selbstanklage]인지에 대하여). 그러나 Radbruch는 언제나 합리주의와 상대주의(주 447)를 지지했고 심지어 1933년 이전에는 순수한 실증주의적 법개념을 옹호한 적이 없다. 그의 견해는 법이념과 정의에 대한 관심이 중심이다(주 447). (이에 대하여는 Wapler [2008], 202 이하; 유사하게는 Frommel, *JZ* 2017, 460은 Radbruch의 "상대주의자로서의 토대"[relativistischen Grundlagen]를 강조).

인 이론인 가치 상대적이고, 민주적 요소를 강조한 — 개인주의[499] 원리를 강조
하고 인권을 불가침적인 권리로 강조하게 만들기 위해 고안되었다.[500] 그래서
그 결과로 *기본법*과 *가치 법학*을 존중한 오늘날 공화국(본과 통일 베를린 정부)도
다양한 법이론 논쟁[501]을 인정하게 만든다. 또한 다양한 형법과 신칸트주의자,
가치 상대적 사상들 모두가 공존하고 지금까지 유지될 수 있는 여건 또한 조성

---

498 Radbruch, *SJZ* 1 (1946), 105 (107) (실정법의 기본적 우선 원리는 "실정법과 정의 간의 갈등이
감당할 수 없는 정도로 "문제가 있을 때"는 정의를 위하여 제한되어야 한다[der Wider spruch
des positiven Gesetzes zur Gerechtigkeit ein so unerträgliches Maß erreicht, daß das Gesetz als
'unrichtiges Recht' der Gerechtigkeit zu weichen hat]); Litschewski Paulson and Paulson, *OJLS*
26 (2006), 1). 더 많은 언급은 Dreier/Paulson (1999), 247 이하; Wapler (2008), 261 이하
(Radbruch의 설명은 지속적으로 유지된다고 한다); 자연법에 대한 Radbruch의 비판에 관하
여는 Frommel, *JZ* 2016, 916-7; 그러나 이러한 비판에 대하여(특히 Frommel의 분석에 반하
여) Braun, *JZ* 2017, 452 이하(Radbruch가 1945년 전후로 쓴 글을 인용하여)와 Rüthers, *JZ* 2017,
459; 또한 Frommel *JZ* 2017, 460, 462는 "*인간적* 견해 변화"(*persönliche* Wende, 이탤릭은 본
문)는 인정하지만, Radbruch는 상대주의자(반실증주의자이며 반자연법주의자)로서 남아있
었다고 한다. 흥미로운 것은 Erik Wolf는 — Frommel이 자연법 재해석에 책임이 있다고 설명
하는 — Radbruch의 이론과 "다르지 않으며"(Ungebrochenheit) 그의 이론을 "계승하고 있
다"(Kontinuität)고 말한다(같은 설명은 Hollerbach, *JZ* 2017, 455, 456-7).

499 Wapler (2008), 264; 유사하게는 Frommel, *JZ* 2017, 460(1945년 이후 "개인적인 입장의 중요성
을 강조하며"(Wichtigkeit einer individualistischen Position)).

500 Wiegand (2014), 194 이하(평등은 인권의 수준에 따라 구체적으로 변화된다). 이는 바로 자연
법적 인권이 어떤 의미에서는 주 494 설명처럼 실증주의 미신의 또 다른 양면이라는 점을 보
여주는 것이다. 이들이 왜 빈번하게도 나치주의 사상에 쉽게 오염될 수 있었는지를 보여주기
때문이다; 특히 Dahm (1956), 15는 인권의 "역사적이고 문화적으로 그 내용이 변화되어 상대
화되어 있는 자연법과 문화법"(geschichtlich und kulturell relativierten Natur-und Kultur-
rechts mit wechselndem Inhalt)의 맥락에서 "증대되는 의미"(erhöhte Bedeutung)라고 설명하
고 있다.; 또한 Welzel, *FS Niedermeyer* (1953), 290 이하 (293-4)는 "사물본성적 구조"(sa-
chlogischen Strukturen) (오직 입법자의 "상대적" 태도[nur relativ, 293])로 설명하여, 자연법
과 인권으로부터 나오는 기준들(Kant의 "객관적 준칙"에 따른 인간의 존엄성)을 "실정법의
내재적 한계"(immanente Grenzen des positiven Rechts)로, 그리고 "어떤 국가질서도 위반할
수 없는 내재화된 실질적 원칙"(als immanente materiale Prinzipien, die kein staatlicher Befehl
verletzen darf)이라고 설명한다. (Radbruch의 상대주의 비판에서, 주 457, Welzel은 Radbruch
의 이론 변화를 설명하지 않는다); 위의 문제점에 대하여는 (후에 활동하였기 때문에)
Amelung (1972), 258 (문화가치론은 나치 폭정에 대한 제한 요소로 평가). "명백히 피상적인
자연법철학"(scheinbar heile Naturrechtsphilosophie)을 통한 나치주의 찬양에 대하여는 Eser,
in: Hilgendorf (2010), 77, 80 (공법학자 Günter Küchenhoff를 언급하며).

501 Rückert, 위의 글 (2018a), 278 이하 (세 가지 변화를 구분하여); 1945년 이후에도 유지된 방법
론적 연속성이 독일 관념주의의 영향력이라는 설명은 Stolleis (2016), 36 이하.

하고 있다.[502]

---

502 Roxin (2006), § 7 mn 27("나치에 의하여 ... 매장되었던 ... 신칸트주의 입장의 전후 새로운 발전은 ..."[neukantianischen ... Ansätze der Zwischenkriegszeit, die ... in der Nazizeit verschüttet worden waren]); 이에 대하여는 Ziemann (2009), 19; 그외의 "발견"(Entdeckungen)들은 Vormbaum (2015) 151 이하.

제5장 킬 학파의 나치 형법

1. 기본 방향과 주요 대표자

킬 학파는—계몽적 자유주의나 나치에 경도된 신칸트주의적 마부르크 학파와 달리—독자적으로 나치 형법을 기획하고 있었다.[503] 이들은 형법 분야에서 가장 중요한 나치 협력자였다.[504] 자파로니는 그의 책에서 3개의 장에 걸쳐 이들에 대해 설명한다. 이들의 주요 관점은 형법의 근거를 의무침해[505]로 하고, 전통 범죄이론(구성요건과 위법성, 책임의 3단계설)을 폐지하여 새로운 통합된 범죄유형을 구상하는 모델을 제시하였다. 특히 불법[506]과 책임의 구분을 폐지했다.[507]

킬 학파에 대한 설명에서 자파로니는—독일 연구와 관련하여[508]—킬 학파를 "공격선봉대"로 묘사한다.[509] 주요 형법 학자는 게오르크 담(Georg Dahm 1904–1963)과 프리드리히 샤프쉬타인(Friedrich Schaffstein 1905–2001)이다. 1927년 하이델베르크 대학에서 라드브루흐 지도로 교수자격논문을 마친 담[510]은 이미 1933년부터 NSDAP

---

503 또한 Zaffaroni (2017), 231.
504 Zaffaroni (2017), 171.
505 Zaffaroni (2017), 197 이하(제6장).
506 Zaffaroni (2017), 231 이하(제7장).
507 Zaffaroni (2017), 255 이하(제8장).
508 Eckert, in: Säcker (1992), 37 이하(37: "모든 학과를 오직 학문의 이념화와 정치화 실험장으로 … 활용"[Experiment, eine ganze Fakultät … geschlossen in den Dienst der Ideologisierung und Politisierung der Wissenschaft zu stellen]). 그러나 킬 학파는 1933년에서 1937/38까지만 존속했다. 왜냐하면 그 인원들이 대부분 다른 곳으로 차출되었기 때문이다. 같은 책, 68.
509 Zaffaroni (2017), 198.
510 Lepsius, *FS Dilcher* (2003), 389, 413 이하; Telp (1992), 49 (Dahm은 1930년 *교수자격논문*을 완성); Eckert, in: Säcker (1992), 48-9, 55, 69; 또한 Zaffaroni (2017), 199이하(부분적으로 기술은

에 가입하고 있었고,[511] — 아마도 이때는 나치 사상과 관련없이 — 학자로서 경력

부정확함).

[511] Lepsius, *FS Dilcher* (2003), 413, 417-8 (그에 따르면 "Dahm은 나치주의자였기 때문에 임용되었다"[vor allem seinem nachhaltigen Einsatz für den Nationalsozialismus zu verdanken hatte]. 그의 경력은 "나치주의와 긴밀한 관련성 없이는 생각하기 어려웠다"[-ohne seine enge Anbindung, politischen Vorstellungen ... nicht denkbar]); 유사하게는 Zaffaroni (2017), 232 ("Dahm은 나치주의의 이념을 가지고 ..."[Dahm asumía su condición de nazi ...]). Dahm은 또한 학과 운영에 관여할 수 있었고 나치주의 교수협의회(the National Socialist Association of Lecturers)의 주요 회원이기도 했다(Lepsius, *FS Dilcher* [2003], 418). 그는 31세의 나이에 킬 대학의 학장이 되었다. Telp (1992), 49에 의하면 Dahm은 1933년 이전에는 "전혀 알려지지 않은"(kaum bekannt) 학자였다. 그러나 Hattenhauer (*JJZG* 7 [2005], 173)는 그를 "킬 대학의 마지막 중요 법률가"로 평가한다. 그리고 Zaffaroni (2017), 238는 Dahm을 "지적인 이론가"로 보고 있다(Zaffaroni의 관점에 대하여는 제4장 제3절, 주 379). Schaffstein은 Dahm이 대학 내에서 급부상한 원인을 그의 "인상적인 인품"(eindrucksvolle Persönlichkeit)과 "카리스마"(Ausstrahlung) 덕분이라고 평가한다. 정작 Dahm은 "중요한 정치적 직위를 갖지는 못했다"(ein bedeutendes politisches Amt bekleidet oder ... angestrebt hat; Schaffstein, *JJZG* 7 [2005], 182). 그 대신 그는 나치당원이 된다. "나치당(the NSDAP)과 지도자들에 대하여는 비판적이었다"(der NSDAP und ihren führenden Personen mit weiterhin großer Distanz und einer gewissen Skepsis). 이를 "다른 당원들에게는 직접 표현하지 않았다"(freilich nach außen hin ... laut werden ließ; 같은 책, 183). Schaffstein은 Dahm과 곧 교수가 된 다른 젊은 대학사강사들은 "나치가 정권을 잡으면서 생긴 그전에는 상상하지 못한 새로운 대학 제도와 신설 대학의 유리한 위치를 차지"(als sich durch die Machtergreifung ... ungeahnte Betätigungsfelder in der universities Gesetzgebung und an den Hochschulen eröffneten; 같은 곳) 할 수 있던 "기회주의"(Opportunismus)로 비난 받았다고 회고한다. 이 글이 변명처럼 보이는 이유는 곳곳에서 발견할 수 있다. 예를 들어 Schaffstein은 Dahm이 나치정권에서 높은 정치적 지위를 차지하지 못한 이유를 "그 지위를 감당할 능력이 의심되었거나, 자신도 그렇게 생각했기 때문"이라고 한다(hohen Funktionäre seine innere Distanz zu ihnen ahnten oder gleichsam fühlten; 같은 책, 184). Dahm은 스트라스부르크 특별법원 판사를 하면서도 형벌에 대해 온건한 입장을 가지고 있었다고 한다("사형선고가 한 건도 없음"[keine Todesurteile], 193-4), 그리고 학생들 사이에 "강성 나치당 지지자들"(ganz überwiegend begeisterte Parteigänger, 184)에게만 국한된 인기를 누렸다고 한다. 그러나 1933년 킬 대학을 다니던 유대인 학생 Heinz Weil은 이와 다른 주장을 한다. Weil은 나의 동기생들은 모두 "나치 친위대 군화 따위를 신고 다니며 열정적으로 환호성을 지르면서"(das tosende Beifallsgetrampel der Kommilitonen in ihren SA-Stiefeln) Dahm의 강의를 들은 경험을 말한다: "*모든 것을 이해하면 모든 것을 용서한다*는 거짓말이며, 우리에게는 *모든 것을 이해한다는 것은 절대로 용서할 수 없다*는 뜻이다"("Statt des verlogenen *Alles verstehen, alles verzeihen* gilt für uns *Alles verstehen, gar nichts verzeihen*"; Weil [1986], 31, 이탤릭은 원문). 그러나 Schaffstein은 자신과 Dahm이 반유대적 (인종주의자라는) 비난은 거부하였다(Schaffstein, *JJZG* 7 [2005], 188): 비록 Dahm이 반유대적인 언급을 하기는 했지만 (이 장의 제2절의 주 550), "비난은 ... 기껏해야 우리가 그런 차별에 일시 침묵했다는 것에 있을 뿐이다." (Vorwurf ... allenfalls insofern berechtigt, als wir damals und später geschwiegen ... hätten). Dahm은 나치 정권기에 자신의 입장에 대해 그의 사후 출간된 Eb. Schmidt

을 쌓아가고 있었다. 그는 킬 대학에서 처음 교편을 잡는다.(1933-39, 1935-37 동안
은 학장) 그 후 라이프치히 대학(1939-41), 그리고 1941년부터는 스트라스부르크에
있던 "제국대학"(나치들이 프랑스 점령 이후 "점령지 대학"으로 여김)의 학장으로
재직하였다.[512] 전쟁이 종료되어 나치 청산이 시작되면서 담에게 독일 내 대학 강의

에게 보낸 1948년 2월 4일자 서신이 기록된 글(*JJZG* 7 [2005], 199)에서 밝히고 있다. 여기서 그는
Schmidt가 글(Schmidt [1947], 396-8, 413-4)에서 서술한 Dahm(그리고 Schaffstein)을 특히
397-8에서 1932년 프랑크푸르트에서 개최된 독일 국제범죄학회 *Internationale Kriminalistische
Vereinigung* (IKV)에서(이에 대하여는 Marxen [1975], 92 이하). 그들이 자유주의적 형법에 대한
비난(이에 대하여는 제2절 주 521 이하)과 함께 노골적으로 "미래의 권력" (der kommenden
Macht)과 "신중하게 요구되는 구분점"(vorsorglich die erforderlichen Trennungslinien;
Schmidt [1947], 398)을 지적하는 연설을 했다는 언급에 대한 변명조의 답변이었다. Dahm은
이러한 비난에 대하여 자신을 변명하기만 하고 반성은 하지 않았다: "나는 우리 모두가 어쩌
면 피해자였던 시행착오라는 점을 부정하지 않는다. 나 역시 나치정권이 국내외적으로 그렇
게 커질 것으로 예측하지 못했고 비극적인 사태를 만들기를 바라지 않았다"(Ich leugne nicht
die Irrtümer und Fehler, denen wir mehr oder weniger alle zum Opfer gefallen sind. Auch ich
habe die äussere und innere Entwicklung des nationalsozialistischen Staates nicht vorhergesehen
und Hoffnungen gehegt, die bitter enttäuscht worden sind; *JJZG* 7 [2005], 201). Schmidt는
Dahm과 Schaffstein을 책의 다음 판에서도 계속 비난하였다. 그러나 위의 언급은 삭제하였다
(Schmidt, 1951, 420-1과 1965, 426-6). 아마도 그는 Dahm이 1933년 12월 7일자 함부르크 대학
교 학장시절 ─ "노동으로, 친위대 일원으로, 그리고 학자로서의 삼대 사명"(Trias des
Arbeitsdienstes, des SA.-Dienstes und des Wissenschaftsdienstes) ─ 연설에서 대학을 나치 정
권에 봉사하는 집단으로 만들고 자신의 나치 정권과 히틀러와의 관계를 폭로한 내용을 추가
하였다(Schmidt, in: *Hamburgerische Universität* [1933], 27-49 [46]); 상세한 내용은 *Schmidt's
involvement with National Socialism*, M. Vormbaum, in: Jeßberger/Kotzur/Repgen (2019), 399
이하; 또한 Görtemaker/Safferling (2016), 437. Dahm (1963), 268-9에는 다음과 같은 변명을 한
다. "당시에는 아직 시기적으로"(ist ... noch nicht an der Zeit) 나치주의자들이 활발한 시기가
아니었다; 어떤 경우도 나치주의는 "개인의 작품이 아니다."(nicht nur das Werk von
Einzelpersonen) 어떻게 "정치적인 지도자와 행위자가 그러한" 지도력을 "만들어 낼 수있는
지를 보여준"(erweist sich der politische Führer und Täter irgendwie als der Geführte) 일종의
"역사적 사건"(ein Werk der Geschichte)이다. 그리고 "개인의 책임이라기보다는 운명적인
어떤 것"(Anteil des Persönlichen sinkt, und es steigt der des vom Schicksal Verhängten)이었다.
이런 표현은 *개인적* 책임을 회피하려는 절묘한 변명이었다.

512 Schaffstein은 Dahm이 스트라스부르크 대학으로 옮긴 것에 대해 다음과 같이 말한 바 있다.:
"당시 전쟁에서 이기리라는 희망과 적어도 전선이 한동안 정체될 것이라는 생각 때문에
Dahm과 나는 스트라스부르크 대학의 초빙에 응했다. 그리고 알사스 지역은 원래 독일 영토
였기에 회복지역이기도 했다. 알사스 지역 사람들 대부분도 그렇게 믿었고 그들은 독일에 우
호적이었다. 그리고 대학의 기회는 모든 알사스 지역민들에게도 동등하게 제공되었다. 그런
이유로 이 초빙을 거절할 이유가 없었다"(Der Ruf nach Straßburg traf Dahm und mich zu ei-
nem Zeitpunkt, in dem man hoffen durfte, daß der Krieg gewonnen sei oder doch zumindest mit

가 금지되었다. 그는 1951년부터 다카 대학(당시는 파키스탄, 현재 방글라데시의 수도)에서 국제법과 영어, 기타 과목을 담당하는 교수로 일했다.[513] 1955년 다시 킬 대학의 국제법 정교수로 복귀한다.[514] 그는 강의에서 형법과 함께 자주 뉘른베르크 전쟁 법원의 문제를 다루기도 했다.[515] 샤프쉬타인은[516] 로베르트 폰 히펠의 제자였

---

einem Patt enden würde und das Elsaß für Deutschland wiedergewonnen sei. Auch die elsässische Bevölkerung war ganz überwiegend dieser Auffassung und zunächst durchaus deutschfreundlich gesonnen, was übrigens namentlich auch für unsere elsässischen Studenten galt. Ich hatte deshalb keine Bedenken, den Ruf anzunehmen; Schaffstein, *JJZG* 7 [2005], 191).

513 라이프치히 대학교의 기록에 따르면 Dahm은 1951-55년 사이 다카르 대학의 인도 형법과 형사소송법 담당 교수로 나와 있다(http://research.uni-leipzig.de/catalogus-professorum-lipsiensium/leipzig/Da hm_/markiere:Georg%20Dahm/)(last accessed 9 May 2019); 이 시기에 대한 기술은 Schaffstein, *JJZG* 7 (2005), 195 이하.

514 Zaffaroni (2017), 211에 따르면 Dahm은 처음에 "법학개론"(explicar *enciclopedia del derecho*, 이탤릭은 원문)과 같은 과목을 주로 강의했다고 한다. 이 사실은 아마도 Schaffstein, *JJZG* 7 (2005), 196 (그는 당시 형법 교수 Mayer와 국제법 교수 Menzel이 "[Dahm과 같이] 강의나 연설에 탁월한 학자와 경쟁하기를 꺼려해서"[die Konkurrenz einer so glänzenden Vortragenden und Lehrers ... nicht akzeptieren wollten] 그를 "법학개론 담당 교수"[Professur für Rechtsenzyklopädie]로 임명했기 때문이라고 한다). 강의 제한에 관한 다른 예는 주 512의 Schaffstein의 변명 글에서도 다시 확인할 수 있다.

515 Dahm (1956). 국제형법에 관한 내용에 대해 다른 관점은 Siegert (1953) (Göttingen Institute for International Law 저작물), 비판적으로는 Halfmann, in: Becker (1998, 130)과 Henkel, *FG Kraft* (1955), 122-3 (전쟁범죄에 대한 개인적인 책임성을 제한하는 관점).

516 그의 일반적 경력에 대하여는 Stefanopolou, *JoJZG* 2010, 111, 112, 117. Schaffstein에 대한 긍정적인 찬사로는 그의 제자였던 Beulke, *MSchrKrim* 85 (2002), 81(Schaffstein의 나치 정권하의 경력에 대하여 Beulke는 "미스터리 같은"[erscheint es, rätselhaft] 일이어서, 그는 "이 당시 문제적 강의와 논문을 쓰기도 했다"[so problematische Dinge gelehrt und niedergeschrieben hat] 라고 회고한다; 반면에 "아마도 그는 그의 생애 특정 시기에서 어쩔 수 없이 그 세대를 대표하는 인물"[vielleicht gerade in dieser epochalen Gespaltenheit seines Lebenswegs ein typischer Vertreter unserer Vätergeneration]로서 "공개적으로 과거의 실수를 상징하는"[Fehler der Vergangenheit ... offen beim Namen genannt] 사람이었을지 모른다고 말한다); 유사하게 Schaffstein에 대해 긍정적인 언급은 Maiwald, *NJW* 2002, 1250 (그에 따르면 Schaffstein의 나치 시대 "경험"[Erfahrung]은 "엄청 고통스러웠을"[außerordentlich schmerzlich]을 것이고, "당시 권력을 가진 자들의 이념과 우연히 유사했을 뿐"[in die Nähe des Gedankenguts der Machthaber jener Zeit geriet]이라고 한다. 이는 — Beulke가 Schaffstein을 평가한 것처럼 (Beulke, *MSchrKrim* 85 [2002], 82), "젊은 시절 그는 충분히 의지적으로 강하지 못했다"[als junger Mann nicht willensstark genug gewesen zu sein]와 매우 유사하게 — Maiwald가 Schaffstein의 *교수자격논문*을 "24세의 젊은 학자의 성과로는 너무도 탁월한"[für einen jungen 24-jährigen Wissenschaftler ungewöhnlich] 것으로 칭찬하면서도 반복된다). *Schaffstein 자신*은 우선 1965년 자신의 "과오"[Irrtümer]를 반성했다. 그는 나치주의는 "당시 젊은 사람

으며 괴팅엔 대학교 *사강사*였다. 그는 1933년 라이프치히 대학교,[517] 1935년 킬 대학

들에게 … 그들의 목표"[der Nationalsozialismus der Jugend von damals … über sie selbst hinausweisende Ziele zu bieten]를 제시했다고 한다(*MSchrKrim* 48 [1965], 67; 또한 이 장의 제3절 주 570에 나오는 법치주의원칙에 대한 그의 진술 참조). 후에 그는 (Dahm과 함께) 나치가 법을 훼손하는 "사악한 판결들"(schlimme Fälle)에 반대하지 않은 것을 후회하기도 했다고 한다. 그들은 Hans von Dohnanyi (히틀러를 반대하는 법학자 단체에서 주도적으로 활동하다 1944년 체포, 1945년 특별법원에서 사형선고 후 처형됨 — 역자) 재판의 판결을 "새로운 시대의 혁명적 단계를 여는 소아병"(Kinderkrankheiten in der revolutionären Phase eines Neubeginns; Schaffstein, *JJZG* 7 [2005], 185-6)과 같은 것으로 생각했다; 그렇지 않았다면 형법이론은 "나치 정권의 거부할 수 없는 성공에 가려진 채"(durch die unzweifelhaften Erfolge des nationalsozialistischen Regimes geblendet; 위의 책, 187) 모두 소멸되었을 것이다. "나에게는 당시 형법이론들이 모두 시대에 안 맞는 것"(strafrechtsdogmatischen Auffassungen aus dieser Zeit erscheinen mir heute als überholt; 같은 글, 189)으로 보였다고 한다. 그의 스승인 Robert von Hippel과 Curty Bondy에 대한 평가에서 Schaffstein은 "잘못된 길"(Irrweg; *RJ* 19 [2000], 647, 654)이라고 말한다. Schaffstein 스스로 인정하듯이, von Hippel과 Bondy가 나치주의에 반대하였지만(*RJ* 19 [2000], 649, 654), *당시* 시대를 어떻게 살아가야 할지에 대한 모델은 되지 못했다고 회고한다. Schaffstein, *RJ* 19 (2000), 651에 의하면, von Hippel은 심지어 그의 논문 "Liberales oder autoritäres Strafrecht"(자유적 또는 권위적 형법)에 대한 "확실한 동기"(eine gewisse Anregung)를 제시하기도 했다. "그(von Hippel)는 … 바이마르공화국 형법은 너무 '유약했다'"(auch er das Weimarer Strafrecht … als zu 'weichlich' kritisierte)라고 비판했다. 만일 **나치 형사정책의 희생자**들이 이런 글을 읽는다면 어떨까? 그들의 나치주의 경력이 다른 적극적 나치주의 지식인들에 비해 역할이 크지 않았고, 단지 의지가 덜 부족했던 것으로 보일까? 특히 Schaffstein의 괴팅엔 대학교 재직시절에 대한 비판은 Schumann (2008), 84, 89, 108, 114-5(그는 Schaffstein이 1933년 강제로 교수직을 박탈당한 Richard Honig의 강의 대행으로 임용될 때, Siegert가 같은 경쟁자였던 Welzel보다 Schaffstein을 더 선호하였지만 정규 교수직이 아닌 임시직으로 채용된 것에 대해 다음과 같이 말한다; 사실 당시 그 말고는 "충분한 학문적 능력을 가지고 정치적 활동"[politische Aktivität mit hinreichend wissenschaftlichen Leistungen; 같은 글, 89 주 94, 115]을 함께 하던 사람은 없었다); Schaffstein의 소년법 "개혁"에 대한 활동에 대하여는 Schumann, *ZJJ* 28 (2017), 313, 315 이하; 그의 1934-41년 동안 독일법학회의 소년법위원회 위원으로서의 역할은 Schumann, Der Ausschuss für Jugendrecht der Akademie für deutsches Recht 1934-1941, in Schumann/Wapler (2017), 73, 87 이하. (93-4). Halfmann, in: Becker (1998), 119; Görtemaker/Safferling (2016), 393은 Schaffstein의 나치와의 "거리두기"(Distanzierung)는 말도 안 된다고 평가한다. "왜냐하면 Schaffstein은 나치주의 정치와 이념적 목적의 가치에 대해 늘 맹목적이었고, 이러한 태도는 당시에도 예외적이기 때문이다"(denn Schaffstein bezeugte damit eine Wertblindheit gegenüber den politisch- ideologischen Zielen des Nationalsozialismus, die selbst für damalige Verhältnisse erstaunlich anmutet). 또한 Zaffaroni (2017), 199 이하(부분적으로는 부정확하지만)와 Zaffaroni, in Zaffaroni, 2011, 17 이하(Schaffstein의 위에서 언급한 과오에 대하여[pero nada más, 19-20] 비판하지만, 그를 Dahm보다는 형법이론을 존중한 사람으로 설명한다[32]); 이 언급에 대한 반대 견해는 Guzmán Dalbora, *RDPC* VII (2017), 231("악어의 눈물").

517 Zaffaroni의 설명(Zaffaroni [2017], 208)과 반대로, Schaffstein은 Honig의 후임이 아니라 강의

교수를 지냈으며, 1941년 담과 마찬가지로 스트라스부르크 대학(제국대학)으로 자리를 옮겨 1944년까지 교수로 재직했다. 전쟁 후 샤프쉬타인은—처음엔 나치 청산 대상으로 직무가 정지되었으나, 1954년 다시 괴팅엔 대학교 교수로 임명될 수 있었다.(당시 본 대학으로 이전한 벨첼 교수 후임)[518] 그는 괴팅엔 대학교에서 1969년 정년 퇴임할 때까지 교수로 일했다.

2. 형사정책: 권위주의적 나치 형법

나치 형법에 대한—자파로니가 언급은 하지만, 심도있게 다루지 않았던[519]—가장 중요한 킬 학파의 기여는 담과 샤프쉬타인의 공저[520] "자유주의 또는 권위주의적 형법"이다. 이는 일종의 선언문이다. 출판 당시(나치가 권력을 잡기 전[521])와 이후 "권위주의적 국가"[522]의 새로운 형법의 경향을 위해 중요한 역할로 보이는 "형법 개혁을 위한 반자유주의적 운동"[523]에 대한 최초 구상이고, 오늘날까지도 많은 사람들이 비판하는 글이기도 하다.[524]

대행이었다. Schumann (2008) 위의 주 참조.

[518] Stefanopolou, JoJZG 2010, 117은 그의 빠른 괴팅엔 대학교 복귀를 "놀라운"(bemerkenswert) 사실로 — 부정적인 의미에서 — 평가한다. 실제 그의 복귀는 여전히 존재하는 (나치) 네트워크의 실태를 보여주고, 독일 학문이 나치주의와 **연속성**을 가지고 있다는 증거이다; 이에 대한 연구는 Halfmann, in: Becker (1998), 129 이하.

[519] Zaffaroni (2017), 203; 그러나 Zaffaroni, ed (2011)는 서문에서 "facetas múltiples"(다양한 측면) 중 다음의 네 가지 측면을 강조한다: (1) "보수적-권위주의적 선언", (2) Liszt/Beling의 객관-주관적 범죄 개념의 훼손, (3) 전통적 형벌목적론에 대한 파괴, (4) C. Schmitt 적인 "비도덕적 비합리주의" 경향 (Zaffaroni, in Zaffaroni, 2011, 14).

[520] Dahm/Schaffstein (1933). Zaffaroni는 스페인어판을 참조한다.

[521] 이 책은 이미 1932년 강의에서 완성되어 같은 해 가을 출간되었다(Schaffstein, JJZG 7 [2005], 176-7, 178).

[522] Dahm/Schaffstein (1933), 40 이하.

[523] Marxen (1975), 103 (antiliberalen strafrechtlichen Erneuerungsbewegung) ("주목받는 저술들" [meistbeachtete Veröffentlichung]), 105 ("그 후 모든 권위주의적 형법 프로그램의 기본적인 근원"[grundlegenden Beitrag für alle späteren autoritären Strafrechtsprogramme]); Feldmüller-Bäuerle (2010), 47. Mittermaier, SchwZStR 52 (1938), 225-6는 Schwinge/Zimmerl (1937) (제4장 제2절 주 322)에 기본적으로 동의하면서, 지적인 측면에서 주목할 점이 있다고 생각했다.

　　50페이지 정도의 글에서 담과 샤프쉬타인은 나치주의를 통해 형법에서 "합리주의와 개인주의 사상"을 몰아내야 할 것을 주장한다(4). 그들은 나치주의가 "폭넓고 심오한 지적 운동"(Ausdruck einer weit breiteren und tieferen geistigen Bewegung)이므로 형사정책도 이에 따라 "기본적인 방향"(Grundstimmung)을 따를 것을 주장하였다. 다만 과거 형법 이론 전통과 단절하기보다는 사비니와 헤겔이 제안한 방식처럼 전통을 준수하자고 하였다(4–5). 자유주의와 사회주의의 기본적 관념인 개인주의의 역사적 특성을 설명한 후(제1장 7 이하)[525] "처벌의 고통을 인간화시키고 약화시키는 것을 경고"하고(bedenkliche Humanisierung und Abschwächung des Strafübels, 18), 형법이 "약해지는 것"(Erweichung)[526]과 행형에서 교육 이념과 "이미 유전적 요인에서 결정된 것이 아니라 환경적 영향을 강조하는 것"(Überbetonung der Umwelteinflüsse gegenüber

---

524 예컨대 Riemer, *MSchrKrimPsych* 24 (1933), 222 이하("여기서 뒤죽박죽으로 보이는 가치들은 모두 '지식'이나 경험적 관점에서 정당화할 수 있는 … 근거를 모두 결여하고 있다"[fehlt es den Wertungen, die hier in Bausch und Bogen gesetzt werden, an einer Begründung, die irgendwie auf 'Erkenntnissen' oder empirischen Einsichten … gründen, 222]; "과학이란 어떤 권위가 아니다. 그들[Dahm과 Schaffstein]만 이를 모르고 있다"[Wissenschaft die einzige Autorität, die sie nicht anerkennen, 222 주 1]; "기본적인 것은 … 모든 실질적 목적과, 모든 구체적 사회 문제와 대립하는 비현실성을 해결하려면 결정적인 접근이 있어야 한다"[Grundstimmung … die bei aller Losgelöstheit von sachlichen Zielsetzungen, bei aller Weltfremdheit, mit der sie den konkreten sozialen Problemen gegenübersteht, zu ganz entscheidenden Auswirkungen … führen kann, 223]); "궁극적인 권위에 대한 욕망과 행동주의에는 실질적 내용이 없다" [Verlangen nach einer Autorität schlechthin und nach einem Aktivismus, dem es an jeder inhaltlichen Bestimmung gebricht, 223]; "권위의 가설적 개념을 형식적으로 확인할 뿐이다"[rein formale Bejahung des hypostasierten Autoritätsbegriffs, 224]). 또한 Blasco y Fernández de Moreda, *Criminalia*, IX (4/1943), 238 (Dahm/Schaffstein을 "극단주의 이론가들"[teorizantes del más agudo extremismo]이라고 언급한다).
525 Marxen (1975), 118은 글의 "주요 내용"(Hauptsache)이 "자유주의에 포함된 개인주의"(Individualismus im Liberalismus)에 대한 공격이라고 설명한다.
526 이미 초기 책임론 논쟁에서 이러한 관점들은 제기되고 있었다. Grossmann (1926), 8("유약한"[weichlich], "여성스러운"[feminin]) 그리고 Schumacher (1927), 64 주 85("책임론에 대한 새로운 이론이 '여성주의'와 관련되는지에 대한 [die Anschauungen der neuen Schuldlehre auf 'Feminismus' beruhen] 의심은 있다"; 다른 예로 Gemmingen (1933), 11 이하(Frank의 주장: "범죄자는 반드시 또 다른 범죄를 범한다"[der Verbrecher soll wieder zittern, 11]). 또한 Eb. Schmidt (1965), 426-7("형법개혁 정신에 따라 형사사법이 유약해지는 것을 반대하는 권위주의적 정부를 옹호하며"[gegen die vom Geiste der Strafrechtsreform angeblich bedingte Verweichlichung der Strafrechtspflege]).

der vererbten Anlage)(17)[527]을 비판하였다. 이런 사상은 "국가의 이익을 희생시켜서 개인을 존중하는 정책"(ein Höchstmaß von Vorteilen für das Individuum zum Nachteil der Staatsinteressen)이라고 비판한다(23).[528] 응보관념은 "인민의 법감정에 깊이 뿌리박힌 것"(tief im Rechtsgefühl des Volkes)(22)이기 때문에 포기할 수 없으며, 이러한 법감정은 "침묵하는 인민에 의해 유기적으로 법으로 발전하여 형성되는"(Rücksichtnahme auf die organische Rechtsentwicklung durch den still waltenden Volkgeist) 것이라고 한다(23) (제2장 13 이하). 그들은 "개인주의와 합리주의, 도덕과의 분리론"(Individualismus, Rationalismus und die Tendenz der Lösung des Rechts von der Ethik) 등을 통해 형성한 법익보호론이 오류라고 주장하였다(25). 또한 종교적—정치적 범죄 등은 처음부터 죄가 아닌 것[529]으로 다룰 것을 제안하였다(제3장 24 이하). 법관에게는 불명확한 구성요건을 해석할 수 있는 자율적 권한이 없고, — 실질적인 삼권분립을 약화시켜 — "사법의 정치화"(Politisierung der Justiz)(33)를 달성해야 한다고 주장하였다. 모순적이지만, 이러한 정책은 당시 "자유롭고 민주적이던 언론"(liberale und demokratische Presse)의 지지를 받았다(34). 이런 언론의 지지는 법관의 권한을 축소시키는 전략에 이용되었다(36).[530] 그들은 전통 형법이 "보편적인 개인주의 착상을 특별하고 너무 지나치게 강조한 나머지 자유주의자와 사회주의자 사상을 하나로 결합"(die Verbindung liberalistischer und sozialistischer Gedankengänge mit dem Ergebnis einer besonderen und übertriebenen Hervorhebung des gemeinsamen individualistischen Ausgangspunktes)시키고 있다고 공격하였다. 그 결과 형법이 "국가의 이익"(Staat-

---

527 이런 경향에 대하여는 Dahm, *MSchrKrimPsych* 24 (1933), 171-2, 176 ("응보와 일반예방을 희생시켜서"[auf Kosten von Vergeltungs- und Generalprävention] 특별예방을 도입하고, 안전을 훼손시켜 유전적 요소의 중요성을 감안하지 못하는 교육형을 강조); Schaffstein, *ZStW* 55 (1936), 276, 277 이하 (일반예방과 반대되는 특별 교육이념을 지나치게 강조; 유전적으로 증명된 유전적 요소들의 무시). "교육형" (Erziehungsstrafe)에 대한 비판은 Gemmingen (1933), 21-2.

528 응보에 관하여는 제2장 제3절 주 226과 위의 본문.

529 이런 의미의 "특별처분"(Sonderbehandlung)을 반대하는 견해는 Dahm, *DR* 4 (1934), 419(그 이유는 반역죄는 국가에 대한 범죄라기보다는 나치 국가의 근원인 *인민* 자체에 대한 범죄로 여겨지기 때문이다).

530 또한 Dahm, *MSchrKrimPsych* 24 (1933), 169 이하.

sineresse)을 전혀 방어하지 못하고, 단순한 "범죄자의 마그나 카르타"로 전락했다(제4장 28 이하)라고 비난한다.

(이처럼 단편적이고 비전문적인)**531** — "범죄와의 투쟁 약화와 형사정책의 비효율화, 국가권력의 감소로 이어진다는" — *현실* 분석을 통해 저자들은 다음 3개의 장에 걸쳐서(37 이하) *미래의 형법에 대한 계획*을 제안하고 있었다. 특히 제4장(40 이하)에서는 저자들 스스로 이를 단순한 계획으로 간주하지 말 것을 강조한다(40). 제5장에서 "변화"(37 에서 이들은 "변화의 징조"(Anzeichen eines Wandels), "정신적인 변화"(geistige Wende)(37)를 "보편적인 가치들의 타당성에 대한 신뢰"(Glauben an die Gültigkeit allgemeinverbindlicher Werte)(37)가 회복되고 "새로운 민족정신, 살아있는 국가양심"(eine neues Nationalgefühl, eine lebendige Staatsgesinnung)이 출현하여 결국 새로운 형법으로 발전하는 과정"(Kurs der Starrechtsentwicklung)으로 진행되어야 한다고 말한다. (새로운) 형법은 "일회적 반응이거나 반사회적인 것이 아니라, 개인의 이익을 넘어서는 … 민족의 무조건적인 우월성을 기반으로"(der ohne reaktionär und antisozial zu sein, auf dem unbedingten Primat der Nation … gegenüber den Interessen des Individuums beruht)해야 한다(38). 마지막 제7장(53 이하)에서 그들은 형법 개혁에 대해 너무 지나친 기대를 하는 것을 경고한다. 왜냐하면 사람들은 당시 현행법의 법감정에 친숙하고(도저히 확인은 안 되겠지만), 다른 측면에서 갑작스런 개혁은 "통합된 법감정"을 만들 수 없기 때문이다(54).**532** 그러므로 무엇보다도 중요한 것은—

---

531 이러한 입장은 Riemer, *MSchrKrimPsych* 24 (1933), 224 ("자유적이고 사회주의자들의 형법이 남긴 이미지에 대하여 상세한 분석은 필요없다"[Es erübrigt sich, im einzelnen auf das Bild einzugehen, das vom Wesen des liberalen und des sozialistischen Strafrechts gezeichnet wird]); Marxen (1975), 111 이하(특히 입법과 판례 모두에서 처벌의 증가와 형법 확대를 "은닉" [Unterschlagung]하는 현상에 경험적 근거가 없음을 지적한다); 비판적으로는 또한 Vogel (2004), 61.

532 나치 정권은 의미있는 법적 개혁을 성취하지 못했다(새로운 형법전을 만들 것으로 1944년 마지막으로 시도되었던 제국형법전 초안에 대하여는 Werle, 1989, 53, 661 이하; 또한 Hartl [2000], 276 이하, 379). 이런 현실 때문에 그들은 주로 개별적 법률(특별법) 입법을 중심으로 개혁을 추진했다. 이에 대한 설명은 Schreiber, in: Dreier/Sellert (1989), 151 이하 (153 이하, 167 이하); Hartl (2000), 278 이하; 나치 "입법"의 특별법 위주의 전개에 대하여는 Maus (1989), 84; Werle (1989), 59 이하, 203 이하; Vormbaum (2011), 7; Arnedo, in Zaffaroni (2017), 55.

그림 15: 담과 샤프쉬타인의 1933년 반자유주의-권위주의 기획서

"국가와 형법에 대한 형사사법에 새로운 정신과 의식을 만들 수 있는"(die Durch
dringung der Rechtspflege mit einem neuen Geist und mit einer neuen Staats-und
Strafrechtsgesinnung) ― 지적 토대를 창조하는 일이다(56).

그러면 "권위주의 국가"의 **새로운 형법의 보편적 가이드라인**은 무엇이어야 하는
가? 그들의 설명은 전혀 놀라울게 없다. 담과 샤프쉬타인은 "민족주의와 *전체주의적*
국가관"(nationalistischen und *totalen Staatsauffassung*)[533]으로부터 출발하였다. 예를 들
어 이태리 파시즘에서 보듯이,[534] "모든 것을 형사정책의 대상으로 삼는 통합된 형
법체계를 발전"(ein geschlossenes, alle kriminalpolitischen Bereiche umspannendes

---

[533] 제2장 제1절 주 208와 위의 본문(이탤릭은 저자).
[534] 나치와 파쇼주의 형법 간의 차이에 대하여는 제2장 제1절 주 121 참조.

Strafrechtssystem zu entwickeln)시켰다. 이러한 형법은 "국가권력의 유지와 보호 수
단"(Mittel zur Erhaltung und Bewährung der Staatsgewalt schlechthin)일 뿐이다(같은
곳).[535] 국가는 형벌을 통해 "모든 세계에 자신의 권력을 보여주고"(um seine Macht
aller Welt sichtbar vor Augen zu führen)(41), 엄중한 사형제도(49) 등으로 "결정적으로
각인시켜"(eindringliche sichtbar) "시민들이 반드시 국가에 복종해야 하는 것처
럼"(daß der einzelne dem Staat preisgegeben werden darf) 만든다. "국가의 존엄성을 상
징적으로"(symbolisch die Würde des Staatses) 확인해준다(41). 여기서 저자들은 형법
은 "모든 권력 수단 중 가장 중요한 것"(immer nur eines unter vielen Mitteln der
Autoritätsbewahrung sein)이라고 말한다(41). 또한 형법의 *일반예방*요구가 특별예방
보다 우월하다는 점을 강조하고 있다(42).[536] "범죄자에 대한 고려"는 단지 "국가권
력이 보호되어 전체성이 유지되는 범위에서만"(nur so weit gehen, daß die Staats-
autorität gewährt bleibt, der Eindruck auf Gesamtheit nicht verfehlt wird) 고려되어야 하고
(같은 곳), 동시에 처벌과 그 효과는 "범죄자뿐 아니라 장래에 다른 사람에게도 미칠
수 있도록"(so nachhaltig sein, daß außer dem Täter auch andere für die Zukunft
abgeschreckt werden) 해야 한다(같은 곳). 이들은 형벌의 *교육이념*은 필요하다고 생
각했지만, "사회 전체를 교육"(Erziehung der Gesamtheit) 하는데 더 집중하고(41), 교
육 목적도 "개별 사례에 맞게"(von Fall zu Fall zu prüfen) 구체적인 내용의 "특
성"(Anlageeinflüsse)을 고려해야 할 것을 요구한다(45). 어떤 경우도 행형의 교육기능
이란 "권위주의적 사법의 필요성"(den Notwendigkeit der autoritären Rechtspflege)에 따
라야 한다. 그 필요성은 "행위자의 개선가능성을 고려하지 않고"(ohne jede Rücksicht
auf die Besserungsfähigkeit des Täters) 중범죄자를 처벌할 것(44)과 "국가 형벌의 최소

---

535 강력한 국가 보호를 위한 필요성에 대하여는 제2장 제2절 주 104와 Dahm, *MSchrKrimPsych*
24 (1933), 167-8 (비록 그는 1930년 나치의 "민족보호법"[zum Schutze der Nation] 초안을 제
안하였지만 "채택되지는 못하였다"[untragbar] Dahm (1935b), 21에 따르면 (이탈리아) "파시스
트 형법"(das faschistische Strafrecht)이 "독일 형법보다 진보적"(dem deutschen Strafrecht vor-
aus) 것이었다.
536 예를 들어 일반예방 대 특별예방에 관한 관점에 대하여 Schaffstein, *ZStW* 55 (1936), 280, 286,
288; 함께 볼 수 있는 문헌은 Marxen (1975), 147; 또한 Dahm, *MSchrKrimPsych* 24 (1933), 179
에서는 형벌 목적에 "엄격한 위계"(feste Rangfolge)가 없음을 설명한다.

한을 더 감형"(Vor-Befriedigung staatlicher Mindestbedürfnisse)하지 못하게 하는 것이다
(49).[537] 더 나아가서 "권위주의 국가가 요구하는 처벌의 교육적 효과는 사회적-자
유적 국가의 그것과는 다르다"(Erziehungsstrafvollzug im autoritären Staate wesentlich
anders aussehen als im sozial-liberalen Staat)(46). 왜냐하면 그 목적은 이념적으로 교육
이념에 따른 자율성을 제한하여 "독일 문화의 전통적 가치"(traditionellen Werte der
deutschen Kultur)(48)와 "군사적 엄격함과 훈육"(Bedeutung militärischer Straffheit und
Disziplin)만을 강화해야(49) 하기 때문이다.[538] 양형에서 담과 샤프쉬타인은 — 이전
에는 삼권분립 원칙 폐지를 비판한 것과 반대로—"법관 자율성을 제한하고"(Ein-
schränkung des richterlichen Ermessens), 상소(Revision) 요건을 엄격하게 심사하며,[539]
"형벌을 강화하는 것"(die Heraufsetzung der Strafminima)을, 요컨대 "법관이 더 강력한
형벌을 내리도록"(kurz ein Zwang für den Richter zum Durchgreifen)하는 것을 지지하였
다(50). 삼권분립은 "외부의 해로운 공격"(schädliche Einflüsse von außen: 특히 자유주
의를 따르는 "유해한" 언론처럼)과 "내부에서 국가관을 잠식하는"(der Aushölung des
Staatsgedankens von innen) 것을 방지하기 위하여 탄력적으로 적용되어야 한다(51).
특히 "법관은 권위주의적인 국가의 리더십을 위해서만 형법을 적용해야"(der Richter
das Strafrecht im Sinne der autoritären Staatsführung auch wirklich anwendet) 한다(51). 그
리고 법관의 신념은 "범죄자를 위해서만 기능"(einseitig zugunsten des Täters verwendet)
될 수 없으며, "형사정책을 너무 약하게 적용하여 법률을 위험하게 만들면"(die
Strafrechtspflege durch eine zu weitgehende Aufweichung des Gesetzes gefährdet wird) 안
된다고 말한다(52). 결국 법익보호론의 관점에 대해 저자들은, 이 이론을 우선 인정
은 하지만,[540] 국가의 전체 이익을 — "국가의 존엄성과 민족의 명예"(Würde des

---

537 또한 Dahm, MSchrKrimPsych 24 (1933), 176(교육은 교육이 가능한 사람에게만 필요하다).
538 좀 더 자세한 내용은 Schaffstein, ZStW 55 (1936), 288(교육형의 한계에 대한 지적).
539 비판은 Vogel(2004), 65.
540 법익보호론의 지나친 강조에 대하여는 Dahm, in: id et al. (1935), 62, 80 (Zaffaroni는 이 글에
   대하여 부정확한 분석을 하고 있다); 또한 Schaffstein, ZStW 56 (1937), 106(불법은 법익보호
   개념으로는 분명히 설명되지 않는다). "보호법익침해론"과 관련한 반자유주의적 논쟁에 관
   하여는 Marxen (1975), 177 이하; Amelung (1972), 228 이하; Schaffstein의 논증에 대한 비판은

Staates und Ehre der Nation) — 위하여 활용할 것을 주장하였다(50).[541] 담과 샤프쉬타인은 칼 쉬미트의 죄형법정주의에 대한 관념[542]을 그대로 따르고 있다. 그들은 헌법적인 관점을 — 법관이 "권위주의적 국가의 이해" 사상을 따라 법률에 복종되어야 하는 — 강조하고 있었다(52). 후에 담은 명시적으로 자유주의 사상을 포기했다.[543] 그렇지만 전쟁 후 뉘른베르크 전범재판을 언급할 때는 이 사실을 숨기기도 했다.[544]

이제 — 요컨대 *지도자의 명령*과 법을 동등하게 보는[545] 전체주의적이고 선별된 인종으로 전제한 *인민과 지도자 국가*의 나치 이념[546]을 기반으로 한 — 새로운 **형법 사상을 따르는 형사정책적 근거**가 만들어진다.[547] 담과 샤프쉬타인은

같은 글, 231 이하, 236 이하; 비판적 입장은 또한 Amelung, in: Alexy (2002), 368-9.

541 법익보호개념의 지적 또는 윤리적 원리에 대하여는 *Mittasch* (1939), 86 이하; Amelung (1972), 216 이하(217-8: 시민에 대한 충성).

542 제2장 제1절 주 162.

543 Dahm, *DStR* 80 (1934), 87, 92(법관이 나치 지도자 의지에 복종할 때 더 이상 어떤 추가적 근거도 필요없다); Dahm, in: Dahm et al. (1935), 78.

544 Dahm (1956), 55 이하는 이 원칙을 상대화한다. 그 근거로 비교법과 국제법을 들고 있다. 그는 특정 시점의 행위가 불법이 되려면 국제법에서도 충분히 책임을 물을 수 있을 때 조건이 충족되는 것으로 설명한다(64-5). 동시에 뉘른베르크 재판에서 적용된 법과 판례에 대해서 비판적이다(56 이하). "이 원칙이 … 나치 국가에 … 적용되는 것은 엄격히 비판할 수 있다"(die Lockerung des Grundsatzes … im nationalsozialistischen Staat … scharf kritisiert)는 표현으로 그의 이러한 원칙 "훼손"을 우회적으로 변명하고 있다. 또한 Dahm (1963), 515는 원칙의 상대화가 인민들의 법감정 자체가 "성문법을 해체하려는 기본 사상"(Grundgedanken eines bestimmten Gesetzes) 때문이고, 새로운 규정들은 언제나 조심스럽게 적용되어야 한다고 한다.(규정이란 "법원을 자의적으로 만들어 버리는"[die Willkür der Gerichte entfesselt] 이상한 "미신"이다).

545 제3장의 주 263 윗부분 참조.

546 뉘른베르크 국제형법에 관하여 Dahm은 후에([1956], 65) 다음과 같이 말한다: "특정 이념을 적용하는 것은 결코 법의 근거가 아니다"(Bekenntnisse zu einer bestimmten Ideologie begründen kein Recht).

547 이 글이 나치형법 전체를 대상으로 하는 것인지 아니면 단지 반자유적 요구를 위하여 권위주의를 통한 전체주의적 나치이론"만"을 설명하는지는 여전히 논쟁 중이다("유약한" 형벌을 반대하는 관점은 주 527 윗부분 참조) (그러므로 Radbruch, 1933/1957, 76은 독일 민족의 형법을 권위주의적으로 분류하는 것은 나치의 인종적·*인민적* 이해와 구분된다고 말한다; 유사하게는 Eb. Schmidt [1965], 426-7; Cattaneo [2001], 201-2). 이 논쟁은 가상적이다. 왜냐하면 당시 나치당(NSDAP)에 의해 출간된 이 글은 형사정책에 대하여 구체적인 입장이 없기 때문이다 (유사한 분석은 Schmidt, 1965, 426-7; 또한 Marxen [1975], 120); 어떤 경우도 Dahm/

이후 다양한 저술과 활동에서 나치 형법을 구체화하고 발전시켰다. 그들은 언제나 *(법) 철학적인* 관점에서 자신들의 방법론 근거를 밝히길 꺼려했다. 그래서인지 담은 쉬빙에와 짐멀이 "킬 학파 학설"을 후설의 현상학과 관련짓는 것을 강하게 반대하였다. "새로운 독일 법을 유대인 철학자[548] 이론으로 설명하기" 싫었기 때문이었다.[549] 담은 킬 학파 학자들의 "기본 방법론"은 철학적 입장이 아니라, "법과 그와 관련된 *인민*의 생활방식[550]에서 비롯된 사고"에서 비롯되었다고 설명하였다. "법개념이란 지속적으로 유지되어 기본적 감정에 따라 발전하고, 이 감정처럼 유연하고 지속적인 인민의 생활 질서에서 자연스럽게 나오는 것"이라고 말한다.[551] 그러므로 인민들의 생활과 구체적인 질서에 따라 (세속화되고 더 간결하게) 발전된 생활철학과 비슷한 모습[552]으로 설명될 수 있다. 여기에 나치 정치운동의 지도력이 추가된다. 지도자 국가와 지도자 원칙을 통합시키면 흡사 신헤겔주의와 유사해진다.[553] 게다가 *(신칸트주의)* 방법이원론 또는

Schaffstein은 이러한 입장에 분명한 기여를 한 것은 사실이다.

548 Dahm, ZStW 57 (1938) 225, 285(eine Richtung der jüngeren deutschen Rechtswissenschaft auf die Lehren eines jüdischen Philosophen zurückgeführt); 이런 관점에서 Dahm의 입장을 Wolf, DRWis 4 (1939), 173-4는 "본질관"(Wesensschau)이란 용어가 너무 "보편적이고 일반적"(so abgegriffen und allgemein)으로 표현되고, "킬 학파가 이를 너무 보편적이고 부정확하게 사용했기 때문에"(auch von den Kielern Autoren in einem so populär-unbestimmten Sinne verwendet worden) 이를 보고 "Husserl의 현상학에서 비롯된 내용이라고 하기는 어렵다"(daß hieraus eher auf Unbekanntschaft mit der Phänomenologie Husserls ... geschlossen werden könnte, 173).

549 제4장 제2절 주 327과 본문.

550 Dahm, ZStW 57 (1938), 285(methodischen Grundanschauungen, einer bestimmten Grund anschauung von Recht und seinem Verhältnis zum völkischen Leben).

551 Dahm, ZStW 57 (1938), 289(der Rechtsbegriff Teil der sich fortentwickelnden völkischen Lebensordnung und im Volksempfinden begründet, wie dieses ständig im Fluß und der Gestaltung bedürftig).

552 Mittermaier, SchwZStR 52 (1938), 213-4에 따르면 Dahm/Schaffstein은 한번도 Husserl을 언급한 적이 없다고 한다. 그러나 "본성적으로"(der Sache nach)란 말은 "분명하게 현상학에 대한 선호를 보여주고 있다"(Anhänger einer etwas reichlich vereinfachten phänomenologisch gerichteten Anschauung). Marxen (1975), 236 이하는 현상학적인 유사성을 생철학적인 세속화와 단순화 관점에서만 인정한다.

553 Wolf, DRWis 4 (1939), 174-5는 킬 학파 학자 중 Larenz를 언급하며, 그가 신헤겔주의 전통에서 "*인민적* 국가형이상학"(völkischen Staatsmetaphysik)을 주장한 것으로 설명한다; 신헤겔

이원주의 사상[554] 을 *부정하고* 나면,[555] 이제 형법을 실질적인 *사회 윤리로 만들 수*[556] 있게 된다. 나치형법 사상에서는 이러한 철학적 관점들이 명시적이고 구체적으로 드러나지 않았다.[557] 그렇지만 실제로 이들의 법철학 또는 방법론 관점은 이와 같은 철학 사상들이 포함되었다.

3. 나치 지도자 국가에서 법관의 역할

킬 학파 형법의 개별적인 내용을 살펴보기 전 나치 지도자 국가에서 법관들은 어떤 역할을 했는지 살펴보기로 하자. 위에서 언급했듯이,[558] 나치형법 프로그램은 법원의 적극적 도움이 없었다면 성공하지 못했다. 실제로 담과 샤프쉬

주의적 영향에 대하여는 Marxen (1975), 239-40; Hegel의 형벌론이 나치주의에 중요한 역할을 했다는 관점은 Kiesewetter (1974), 322("직접적인 유래"[direkte Ableitung]).

554 이런 관점에서 Zaffaroni (2017), 235("잘못된 관점이 아니다"[no le faltaba razón])라는 말은 이해하기 어렵다. 왜냐하면 제4장 제4절 주 454 이하(본문)에서 언급했듯이 (형)법의 윤리화를 반대하는 것은 자유적-민주적 (형)법 이외에는 없기 때문이다.

555 제4장 제3절 주 408과 본문.

556 제2장 제2절 주 193-9(나치 원칙들과 문헌)와 주 530 이전 부분의 본문 참조: Dahm, in: Dahm et al. (1935), 83, 89와 기타 부분; Dahm (1940), 37("법과 윤리의 통합"[Übereinstimmung von Recht und Sittlichkeit]); Schaffstein, *ZStW* 53 (1934), 606("법과 도덕을 보다 더 긴밀하게 결합해야 ... 그로부터 법가치도 가능한 한 윤리 가치에서 파악한다"[Recht und Sittlichkeit enger als bisher zu verknüpfen ... gesetzliche Wertung möglichst auf die ethische zurückzuführen]); Schaffstein, in: Dahm et al (1935), 110("형법과 *인민*의 도덕질서를 단일화"[Einheit von Strafrecht und völkischer Sittenordnung]); Schaffstein, *DStR* 81 (1935), 101("분리론"이란 "법과 도덕, 형법과 윤리적 가치를 구분하는 것"[Trennung vom Recht und Sittlichkeit, von strafrechtlicher und ethischer Wertung]으로서 "학문적인 개인주의의 특성"[charakteristisch für den wissenschaftlichen Individualismus]이며 "정치적 존재를 실제 공동체와 그에 상응하는 구체적 질서와의 결합"[Einheit des politischen Seins mit ihren echten Gemeinschaften und den ihnen gemäßen konkreten Ordnungen]을 파괴하게 만든다); Schaffstein, *FS Schmidt*, 1936, 12 ("윤리와 법가치의 구분을 제거해야 한다"[Spaltung zwischen ethischer und rechtlicher Wertung zu beseitigen]); Schaffstein, *DRWis* 1 (1936), 46("형법과 인민적 도덕질서의 구분"[Trennung von Strafrecht und völkischer Sittenordnung]에 반대하여); Schaffstein, *ZStW* 57 (1938), 301, 314("위법성론의 윤리적 근거"[ethische Grundlegung der Rechtswidrigkeitslehre]), 325("형법의 윤리적 내용"[ethische Gehalt des Strafrechts]).

557 이미 이에 대한 비판은 Liszt, *ZStW* 27 (1907), 91; 제4장 제4절 주 449 윗부분.

558 제2장 제1절 주 153 이하와 제2장 제2절 주 345와 374.

타인은 법원의 반자유적 경향성을 구체적으로 언급하지 않았으나, 그들의 저작
에서 이런 반자유적 경향은 분명히 중요한 역할을 했었다.

샤프쉬타인은 1933년 라이프치히 대학교 취임 강연에서 — 같은 해 출판된
도전적인 글과 마찬가지로 — 법률 해석은 나치주의적 "법창조"(Rechtsschöpfung)
여야 한다고 선언한다. 법해석은 "법에 깃든 지도자의 의지"를 추구하는 일[559]
이라고 주장했다. 1년 후 칼 쉬미트의 공식인 "처벌없는 범죄는 없다"(nullum
crimen sine poena)[560]를 법명확성 원칙을 주장하는 형식주의자들과 투쟁하기
위한 훌륭한 수단이라고 찬양한다.[561] 동시에 법관에게 자율성을 인정하는 것
은 그가 열렬히 강조하던 지도자 원칙을 약화시킬 수 있기 때문에 인정할 수 없
다고 주장하였다.[562] 그러므로 "새로운 형법"에서 "법관의 법적용"이란 "형식
에 의존하지만, 결코 형식주의여서는 안 된다."[563] 형식주의는 반드시 거부되어
야 할 자유주의의 정치 관념이며 원칙이므로 거부해야 하고, "실질적이고 필연
적인 나치 법의 형식"[564]만 따를 것을 제안하였다. 법관은 후자에만 복종해야 한
다. 구체적인 말로 바꾸면 "지도자 의지를 반영한 법률"[565]에만 복종해야 한다.
나치 입법자는 "지도자"[566]이다. 그리고 예를 들어 *반역죄*(Rasseverrat)와 같이

559 Schaffstein (1934), 20, 24.
560 제2장 제1절 주 162.
561 Schaffstein *DR* 4 (1934), 349, 352.
562 Schaffstein *DR* 4 (1934), 351-2.
563 Schaffstein *DR* 4 (1934), 352(neuen Strafrecht, richterliche Rechtsanwendung formgebunden, aber nicht formalistisch sein).
564 Schaffstein, *DR* 4 (1934), 349(politischen Formprinzipien des Liberalismus, den echten und notwendigen Formen des nationalsozialistischen Rechts).
565 Schaffstein, *DR* 4 (1934), 352(den Führerwillen repräsentierende Gesetz).
566 Schaffstein, *ZStW* 53 (1934), 619와 607(사법적 신뢰는 "인민의 건전한 법감정"[auf das gesunde Rechtsempfinden des Volkes] 준수여부에 달려있다), 618-9(양형은 "나치주의 형법에서 의도하는 처벌 수준에 따라야 한다"[aus dem Bereich der Willkür in den der bewußten Planung im Sinne der nationalsozialistischen Strafrechtsauffassung]), 628(법관은 "매우 중요하고 책임감 있는 지위"[wichtiger und verantwortungsvoller]); 같은 저자, *FS Schmidt*, 1936, 50 ("나치주의 입법자와 동일한 방식으로 소송 수행"[wie der nationalsozialistische Gesetzgeber zu verfahren]), 52("최고 지도자의 법정책 목적과 가치에 복종하여"[Bindung an die rechtspolitischen Ziele und Wertungen der obersten Führung]), 63("지도자의 의지 … 에 복종하

나치가 제정한 법률처럼 "지도자의 의지가 … 실제로 반영된 법"에는 더 "전력을 다하여", "더 가열차게" 복종해야 한다.[567] 나치 입법과 특히 *지도자의 명령*은 법적 구속력의 느슨함을 실질적 불법개념과 *본질관*을 결합시켜 그 내용을 엄밀하게 정의해 주기 때문이다(5 이하). *지도자 명령*은 엄격하게 주목해야 하고,[568] 법관들은 판결에서 이를 비판없이 따라야 한다.[569]

나치가 정권을 잡기 2년 전 1931년 하이델베르크 대학 취임 강연에서, 담은 비교적 온화하게 "법원의 해석 권한이 증가"하는 현상을 비난한다. 그는 이러한 현상은 "근대법이 법형식"과 "범죄 개념의 요건을 완화시킨 결과"라고 설명하고 있다.(불법구성요건의 규범적 성격과 실질적 위법성론, 규범적 책임론) 그래서 이 문제를 해결하려면 양형보다는 구성요건 판단을 "가치와 행위자 의지를 결합시킨 평가"로 바꾸어야 한다고 제안하였다.[570] 담이 나치주의자가 된 시기는

여"[Bindung … an den Führerwillen]). 이에 대한 Cattaneo(2001), 213-4의 글에서는 Schaffstein 의 위에서 인용된 글과 관련하여 어떤 "해석 문제"(Interpretationsproblem)도 없다고 말한다. 어떤 경우도 Schaffstein은 근본적으로 법관은 지도자의 의지에 복종해야 한다고 강조한다; "결국"(letztlich), Cattaneo (2001), 214는 그 자신이 삼권분립의 폐지의 필요성은 없다고 했지만 "동일한 효과"를 주장한 것이다. 그래서 Schaffstein이 "법명확성에 대한 주장"(Kontakt mit der Rechtssicherheit; Cattaneo, 2001, 213)은 의미가 없다. 그에게 법명확성이란 결국 "지도자의 의지"와 같기 때문이다.

567 Schaffstein, DR 4 (1934), 352(umso stärker, je wahrscheinlicher, das Gesetz wirklich … den Führerwillen repräsentiert).

568 제3장 주 263과 본문.

569 Schaffstein, in Ellscheid/ Hassemer (1974), 417("이는 정치적 의미에서나 … 오해에서 기인한다. 이렇게 판단하면 방법론적인 문제를 해결하기 어렵게 된다. 전체주의적 이념은 매우 중요한 사항 하나를 가려버리는데 … 즉, 어떻게 법관이 법에서 말하지 않는 이익과 가치를 해석할 것인가에 대한 기준과 범주가 애매해지고 만다"[Als Irrweg erwies sich jene Auffassung nicht nur … im eigentlich politischen Sinne. Darüber hinaus bewirkt sie auch eine unzulässige Verkürzung der behandelten methologischen Fragestellungen. Der Glaube an eine totalitäre Ideologie schneidet eine der wichtigsten Fragen … ab, nämlich wie die Maßstäbe und Kriterien zu gewinnen sind, nach denen der Richter bei der Auslegung und Lückenausfüllung den Ausgleich der widerstreitenden Interessen und Werte vorzunehmen hat]). Zaffaroni (2017)은 이 차이를 간과하고 있다.

570 Dahm (1931), 4(서남독일 신칸트주의에 대한 간략한 언급은 5) (Zunahme der Richtermacht, die neuzeitliche Neigung zur Erweichung der Rechtsformen, Bestandteile des Verbrechensbegriffs, Wertungen und Willensentscheidungen). Zaffaroni (2017), 245 주 446은 이 문헌(*Recht und Staat*)에 대하여 부정확하게 언급하고 있다. 이런 유형의 양형에 대하여는 Hartl (2000), 243

1934년이다. 그는 법관들은 나치 입법자의 요구를 — 입법자들과 동등한 수준에서 — 따라야 하고 정치가들은 "인민의 정의관"과 "건전한 인민의 감정", 그리고 "구체적 생활관"(구체적으로 불법행위를 파악하는)을 감안해서 결정해야 한다고 말한다.[571] 이 말을 한 시기가 담이 나치주의자로 전향된 때로 볼 수 있다. 담은 나치 지도자 정권에서는 법원의 권한 확대란 현실이 아니라 하나의 환상이라고 말했다. 법관들은 "이전보다 훨씬 정치 지도자와 *인민공동체*의 법률관"에 복종해야 한다.[572] 담의 — 법적 문제만을 다룬 것(1931: "근대 형법에서의 법관의 권한"[Die Zunahme der Richtermacht im moderne Strafrecht])으로부터, "나치적인 법관의 인격성 평가"(1934: 나치형법의 법관 평가[Das Ermessen des Richters im nationalsozialistischen Strafrecht])까지, 즉 분석적 관점에서 순수 이념적인 접근으로 — 사상적 변화는 그동안 소홀하게 다루어졌다.[573] 당시 저술된 대부분의 그의 (형)법 문헌들은 이런 변화를 잘 보여주고 있다.

4. 충성, 의무침해, 명예형

샤프쉬타인의 **의무침해론**은 결정적인 관점이다.[574] 그는 "과거 — 범죄를 권

이하.

571 Dahm, *DStR* 80 (1934), 87 이하(völkischen Rechtsgedankens, gesunden Volksanschauung, konkreten Lebenstatbestand) (89: "법과 법관의 판결은 ... 같은 등급이어서"[Gesetz und Richterspruch ... auf gleicher Ebene], 모두 "인민의 정의감"[den völkischen Rechtsgedanken]과"인민적 질서"[völkische Ordnung]을 동시에 의미하고, 법관은 "정치적 지도자의 법에 대해 생각에 따른 결정에 복종해야 한다"[im Gesetz zum Ausdruck kommende Entscheidung der politischen Führung]; 90: 법관은 반드시 "법에 대한 나치주의 관점과 정치적 지도자의 의지에 맞게 법을 적용해야 한다"[Werturteile zu fällen, die der nationalsozialistischen Rechtsanschauung und dem Willen der politischen Führung entsprechen]; 91: "법관은 정치적 지도자의 의지에 맞는 적합한 결정을 해야 한다"[durch Gehorsam gegenüber dem Willen der politischen Führung findet der Richter die zutreffende Entscheidung]). 여기서 다시 Dahm은 Zaffaroni (2017), 245에 의해 인용된다. 그는 다른 글인 *Deutsches Recht*를 언급하고 있다.

572 Dahm, *DStR* 80 (1934), 96(Scheinzunahme, an den Willen der politischen Führung und die Rechtsanschauung der Volksgemeinschaft heute stärker gebunden als je).

573 Zaffaroni (2017), 245는 초기 문헌 (1931)을 인용하고 있다. 다만 연속성에 대해서는 후기 문헌(1934)을 언급하고 있다. 그러나 연속성에 대한 문헌적 근거는 제시하지 않는다.

리나 보호된 법익침해로만 파악하는 자유주의 이론에 따르면서도[575] — 개인주의자들이 붕괴시킨" 형법을 회복하고, 다시 범죄를 "인민공동체에 대한 부당한 공격"으로 볼 수 있는 이론을 구상하였다.[576] 샤프쉬타인은 개인과 공동체는 대립적 관계가 아니라고 보았다. 개인은 공동체에서만 존재할 수 있다. 소위 *인민*으로서 존재하는 개인은 언제나 우월한 *인민공동체*에 대해 의무를 지는 주체로 파악한다.[577] 그래서 의무를 충족하지 않는 것 — 즉 (도덕적으로 부당한)[578] 부작

---

574 Schaffstein, in: Dahm et al. (1935), 108 이하(Zaffaroni의 인용은 다시 다른 글을 잘못 인용하고 있다). 또한 Schaffstein, *DRWis* 1 (1936), 39(42 이하: 위법성에 대한 법적/보호법익 침해를 전제하는 자유적-개인주의적 이론을 인민적-전체주의적 의무위반으로 대체); 이에 대하여는 Marxen (1975), 185-6; Hartl (2000), 106 이하; 비판적으로는 Hoyer (1997), 54 이하("남용가능성"[Mißbrauchsmöglichkeiten]과 합법성의 결여); Cattaneo (2001), 222-3; 최근 비판에 대하여는 Stefanopolou, *JoJZG* 2010, 113-4.

575 법익보호관점의 자유주의적 경향에 대한 비판은 Schaffstein, in: Dahm et al. (1935), 112-3, 117; 유사하게 Schaffstein, *DStR* 81 (1935), 97 이하(보호법익론은 "계몽적-개인주의적인 내용들이 설명되어야"[aufklärerisch-individualistischen Gehalt es zu entlarven gilt, 97]하고 "특별한 위험성으로서 정신적 관념"[Vergeistigung … als besonders gefährlich]으로 보완되어야 한다. 왜냐하면 이 관점은 "유해한 계몽주의 이념"[dem Gift der Aufklärungsideologie]에서 비롯되어 "형법에 다양한 균열과 틈"[in viele Ritzen und Spalten des Strafrechts, 101]을 만들기 때문이다).

576 Schaffstein, in: Dahm et al. (1935), 108-9(individualistische Strafrechtszersetzung der vergangenen Jahrzehnte, verbrecherischen Angriffe gegen die völkische Gemeinschaft).

577 Schaffstein, *ZStW* 53 (1934), 605(" *인민공동체*의 보호는 … 개별 *인민집단* 보호에 앞선다"[Schutz der Volksgemeinschaft … geht dem Schutz des einzelnen Volksgenossen voraus]); 같은 저자, in: Dahm et al. (1935), 109; *DStR* 81 (1935), 104(전체주의와 개인적 범죄 간의 대립은 "독립적 행위자가 공동체 일원이 되는 순간, 그리고 개인이 인민집단이 되는 순간"[sobald aus dem isolierten Einzelnen das Gemeinschaftsmitglied, aus dem Individuum der Volksgenosse wird] 소멸된다); *DRWis* 1 (1936), 46-7("개인의 상태는 전체 조직의 구성원으로 표현될 뿐이고 … 그의 공동체에 대한 의무는 … *인민집단*은 공동체의 일원으로 귀속되어 … 왜 범죄가 의무침해인가를 정밀하게 설명해주고 있다."[Gliedhaftigkeit des einzelnen im völkischen Gesamtorganismus bekundet sich … in den Pflichten gegenüber der Gemeinschaft … gliedmäßige Verbundenheit des Volksgenossen in der Gemeinschaft … Grund dafür, warum uns das Verbrechen gerade als Pflichtverletzung erscheint]).

578 예를 들어 Preußischer Justizminister (1933), 132(인민들의 건전한 감정에 따라 도덕적으로 행동할 의무)와 1936년 형법 초안 제13조("행위자가 … 인민들의 건전한 법감정에 따라야 하는 것처럼"[wie ein Handelnder … nach gesundem Volksempfinden], 이를 부작위한 경우도 의무위반으로 처벌되어야 한다. Hartl [2000], 141; 또한 Mezger, *DJZ* 39 (1934), 104 문단(원칙적으로 "적당한"[berechtigt]); Schaffstein, *DJ* 98 (1936), 767("모든 의무는 법질서로서 *인민적* 도덕질서에서 비롯된다"[jede der völkischen Sittenordnung entspringende Pflicht als Rechtspflicht]).

GRUNDFRAGEN
DER NEUEN RECHTS-
WISSENSCHAFT

Von

Georg Dahm / Ernst Rudolf Huber
Karl Larenz / Karl Michaelis / Friedrich
Schaffstein / Wolfgang Siebert
sämtlich Professoren der Rechte in Kiel

Juristisches Seminar
an der Universität
Göttingen.

1935
JUNKER UND DÜNNHAUPT VERLAG / BERLIN

그림 16: 1935년 담 등과 집필한 샤프쉬타인의 의무
침해론 주요 논문이 실린 책의 표지

위[579] ─ 도 형법에 의해서 처벌될 수 있다. (아래 설명할 반역죄의 경우)

의무[580]와 (인민과 법공동체의) *명예*,[581] 그리고 (지도자와 인민, 국가에 대한[582])

이러한 관점은 법과 도덕의 구분을 없애고 도덕형법론으로 만들어 버린다. 이에 대하여는 제 2장 제2절 주 194.

579 부작위범을 더 심각한 문제로 보는 것에 대한 Schaffstein, in: Dahm et al. (1935), 140 이하(결 정적으로 보호법익침해가 아니라, "특정한 의무침해"[Eigenart der jeweils verletzten Pflicht] 이다); 불법은 의무침해를 근거로 하고 더 이상 보호된 법익을 침해하는게 아니다.; *FS Gleispach* (1936), 73 이하; *DJ* 98 (1936), 767 이하(범죄자의 유형을 부작위범까지 확대시키는 것은 "인민공동체"를 강조한 결론이다[767]); 또한 Mezger, *DJZ* 39 (1934), 102 문단("행위 형 상의 비교"[Vergleich des Tatbildes]); 또한 제5절 주 670와 Hartl (2000), 139 이하; Hoyer, *GS Eckert* (2008), 358; Stefanopolou, *JoJZG* 2010, 114-5.

580 의무에 관하여는, 특히 인민공동체에 대한 충성 의무는 Frank (1935), 11 이하(충성 의무에 대 한 언급은 3과 4, 5, 20, 38).

충성[583] 개념은 형법을 극단적으로 **윤리** 또는 도덕규범으로 만든다.[584] 구체적으로 — 칼 쉬미트[585]가 구체적인 질서[586]로 설명하는 — "의무 영역"은 형법이 "행위와 행위자를 대립적으로 파악하던 오래된 관념"[587]을 극복하게 해주었다. 인민공동체에 대한 의무침해란, 비록 독일인만 인민으로서 특정한 충성 의무가 전제되어야 하고, 외국인에게는 ("국권 침탈"과 같은) 특정 권리 위반이 있어야 하지만, 일종의 "배신"[588]이다.[589] 충성과 명예 관계에 대한 이해 때문에 명예형

---

581 명예개념에 대하여는 제2장 제2절 주 192와 나치 가이드라인(Frank, 1935)을 참조. 프랑크의 글(5와 27)은 명예를 상실한 경우의 (형법적) 처벌을 충성의무침해로 설명한다. 특히 나치스 형법에서 명예죄에 관하여는, Dahm, *DR* 4 (1934), 416("본질적인 사항의 조건이고 실제 공동체의 유지와 그런 한에서 직접적인 인민적 법익"[wesentliche Voraussetzung für den Bestand und die Erhaltung einer wirklichen Gemeinschaft überhaupt und insofern unmittelbar ein völkisches Rechtsgut], "삶보다 더 중요한 가치"[wertvoller als das Leben]로 프로이센 Memorandum [1933]을 평가한다]); 명예죄 처벌에 대하여는 주591과 본문.

582 Thierack, in Frank (1934), 27.

583 충성 개념에 대하여는 제2장 2절 주 192. 충성 의무에 대한 나치 가이드라인(Frank, 1935)은 프랑크의 글 3과 4, 5, 38; 또한 Siegert, *DR* 4 (1934), 528 이하(인민 공동체에 대한 혈연에 따른 충성); Schaffstein, *DStR* 81 (1935), 104; 역사적-정치적 관점은 Gross (2010), position 813 이하 (936), 1077 이하 등; 법역사적 관점은 Kroeschell (1995), 158 이하(162: "독일적 법의 미스테리"(einem germanischen Rechtsmysterium)로 확대될 위험); Kroeschell, in: Rückert/Willoweit (1995), 60-1, 66 이하.

584 제3절 주 557.

585 제4장 제2절 주 340.

586 상세한 설명은 Schaffstein, *DRWis* 1 (1936), 45("범죄의 본질"[Wesen des Verbrechens]은 구체적 공동체라는 본질"[Wesen der konkreten Gemeinschaft]에서 나온다), 47(의무는 "인민공동체의 구체적 질서"[aus der konkreten Ordnung der völkischen Gemeinschaft]에서 비롯된다; 개인은 "전체 인민공동체에 속할 뿐 아니라 다양한 지역을 토대로 하고 다른 공동체의 '개별 질서'로 편입된다"[Volksgemeinschaft in ihrer Gesamtheit, sondern darüber hinaus in eine Vielzahl ständischer und sonstiger Gemeinschaften 'niederer Ordnung']). Schaffstein 자신은 후에 Schmitt의 영향을 인정하였다. Schaffstein, *JJZG* 7 (2005), 187-8. 이 관계에 대하여는 Schwinge/ Zimmerl (1937), 53.

587 Schaffstein, in: Dahm et al. (1935), 114(Pflichtenkreise, den alten Gegensatz von Tatstrafrecht und Täterstrafrecht); *DRWis* 1 (1936), 49("행위자와 행위 대립"[Antithese von Täter und Tat]의 폐지).

588 Schaffstein, in: Dahm et al. (1935), 114. 비판적으로는 Schwinge/Zimmerl (1937), 50-1. 반역죄와 명예위반에 대하여는 Dahm, in: Dahm et al. (1935), 103 이하. "반역죄로서 범죄" (Verbrechen als Verrat)에 대하여는 Marxen (1975), 186 이하; Hartl (2000), 111 이하.

589 이에 대하여 Dahm (1935a), 13; Dahm (1935b), 29-30; Schaffstein, *DRWis* 1936, 48; 유사하게는 Siegert, *DR* 4 (1934), 530; 또한 Freisler, *DJ* 97 (1935), 1251("심각하게 인민에 대한 충성심을 위반하는 것의 반역성"[schwerer Treubruch gegenüber dem Volke selbst]).

은 더 중요해질 수 있다.[590] 그리고 충성 의무를 위반하여 비롯되는 (도덕적으로 설명되는)[591] *명예실추*를 상징적으로 만든다.[592] 원칙적으로 충성 의무는 "행위자가 속한 공동체의 근본 이념을 침해하고 위태롭게 만드는 행위"[593]로 한정되어야 한다. 그러나 샤프쉬타인은 충성 이념조차 사적 영역까지 확대 적용하고 있었다. 예를 들어 직업적인 의무위반, 공적 – 사적 거래상 의무위반, 가족과 혼인관계상 의무위반, 그리고 배임죄 같은 개념으로 무한히 확대시키고 있었다.[594]

배임죄의 경우, 아직도 유효한 형법 제266조[595]는 1871년 형법에서 재산권 보호를 위한 추상적 의무를 강조하여 제정되었고,[596] 1933년 5월 26일 형법률에서 구체적인 범죄로 개정되었다.[597] 연방헌법재판소는 현행 형법 제266조가 "나치 사상에 의해 입법된 규정"[598]은 아니라고 판단하고, 이를 순수 의무위반보다는 실질적 재산권 침해라고 강조하였다.[599] 그러나 이 설명이 이 범죄개념이 나치 입법자들에 의해 "나치 이념에 따라야 하는 충성 사상을 통해 확장된 불법 개념"[600]이라는 사실까

---

590 Schaffstein, in: Dahm et al. (1935), 115; 또한 Schaffstein, *DStR* 80 (1934), 273; Schaffstein, *DJZ* 39 (1934), 1179 문단(민법 개념인 "징벌권"[Strafanspruch]은 명예 처벌과 부합하지 않는다); Schaffstein, *ZStW* 53 (1934), 625-6; Schaffstein, *ZStW* 55 (1936), 286, 288(처벌의 "명예효과"[Ehrenwirkung], "명예실추"[Ehrenminderung]를 강조하는 것이 양형에 고려되어야 한다); 역시 Dahm (1935a), 6 이하(모욕감을 주는 처벌로서 공동체 추방까지 포함); Dahm, *DJZ* 39 (1934), 821 문단(명예형[과 사형]에 소극적인 것의 비판과 그 필요성 옹호).

591 Radbruch는 1922년 명예형을 폐지하는 형법 초안을 제시한 바 있다. Goltsche (2010), 304-5, 360, 376-8.

592 주 582.

593 Schaffstein, in: Dahm et al. (1935), 115-6, 118(diejenigen Fälle, in denen die so gekennzeichnete Tat die Gemeinschaftszugehörigkeit des Täters wirklich in ihrem innersten Kern angreift und in Frage stellt).

594 Schaffstein, in: Dahm et al. (1935), 127 이하(비록 정밀하지 않았지만, 의무범을 네 집단으로 구분). 형법 각론의 반자유주의화 시도에 관하여는 Marxen (1975), 124 이하.

595 나치의 충성 개념에 대한 자세한 설명은 Siegert, *DR* 4 (1934), 531; also Dahm (1935a), 14.

596 RGBl I 1871 127(§ 266 RStGB).

597 RGBl I 1933 295.

598 BVerfG, 2010년 6월 23일 선고(형법 제266조의 헌법성에 관하여) — 2 BvR 2559/08 et al, sub-paragraph 88(zugrunde liegenden Wertungen nicht als nationalsozialistisches Gedankengut).

599 형법 각론 범죄에 대한 설명은 Hoyer, *GS Eckert* (2008), 362; Stefanopolou, *JoJZG* 2010, 117.

600 BVerfG, 2 BvR 2559/08, subparagraph 16(extensive Handhabung des Tatbestands im Sinne na-

지 부정하지는 못한다. 오늘날까지 배임죄는 나치 입법 기술이 남겨둔 "유산"이다.[601] 나치가 형식적으로 권력을 잡은 초기 수개월 내 이루어진 개정으로 지금까지 유지되고 있다. 이 글이 주장하고 있는 **연속성 테제**를 입증하는 좋은 예이다.

형법에서 인민공동체에 대한 충성과 의무가 지배적으로 되면 더 이상 *법률과 보호법익 침해*는 중요하지 않다. 충성 의무에 대한 심적인 태도(양심)가 더욱 중요하다. 점차 범죄는 과실처럼 충성심을 유지하지 못한 내면적 심리 태도까지 의무 침해로 확대되고 만다.[602] 샤프쉬타인은 "법익침해 형법"을 "**태도 중심의 형법** 또는 **의무 형법**"(Gesinnungsstrafrecht oder Pflichtenstrafrecht: 심정형법 또는 의무형법)[603]으로 바꾸어 버렸다. 법익보호개념은 이제 필요 없다.("나쁜 의지"만으로도 처벌이 가능하다. 아래 설명) 그리고 의무침해개념은 "개념 자체를 확장할" 수 있다.[604] 쉬빙에와 짐멀이 주장했던 목적론적인 이해[605]가 나치 이념과 연결되는 루트를 여기서 발견할 수 있다.[606] 이 확장성 때문에 킬 학파는 법익보

---

tionalsozialistischer Vorstellungen) (Bruns의 1938년 교수자격논문[*Habilitation*]의 의미에 대한 논쟁에 관하여는 Jeßberger, in: Jeßberger/Kotzur/Repgen [2019], 244 주 44; Bruns에 대한 비판은 Wolf, *JuS* 1996, 189).

601 Wolf, *JuS* 1996, 193(Vermächtnis); Safferling, *NStZ* 2011, 376, 377 왼쪽 문단. 주석서들은 1933년 수정본을 무비판적으로 재인용하고 있다. 예를 들어 Dierlamm, in: *MüKoStGB* (2014), § 266 mn 20; Kindhäuser, in: *NK-StGB* (2017), § 266 mn 17.

602 Schaffstein, *DRWis* 1 (1936), 45(범죄를 "인민에 대한 적대감을 표출하는 태도"[Ausdruck einer verwerflichen und volksfeindlichen Gesinnung]로 여김); 이에 대하여는 Marxen (1975), 188-9.

603 Schaffstein, in: Dahm et al. (1935), 110; 의무위반과 태도반가치에 대한 상세한 설명은 같은 글, 119 이하, 125; 또한 Schaffstein, *DStR* 81 (1935), 105(범죄를 의무위반으로 파악하는 것은 "새로운 나치형법 체계"[Neubau des nationalsozialistischen Strafrechtssystems]의 "주춧돌"[Grundstein]; id, *DRWis* 1 (1936), 45 이하; 태도 기반의 형법에 대하여는 Hartl (2000), 126 이하.

604 Amelung (1972), 238(geschmeidig).

605 제4장 제2절 주 350-358과 본문-Hartl (2000), 102는 킬 학파와 마부르크 학파 간의 의견 차이를 (어떤 면에서 의도적으로) 간과하고 법익보호문제를 반자유주의 형사법 개혁으로 가정하고 있다(그의 Schwinge/Zimmerl에 대한 인용은 109 주 401).

606 이런 의미에서 Murmann (2005), 138(보호법익이란 "어떤 내용으로 충전되느냐"에 달린 것[für jede inhaltliche Auffüllung offen]; Hoyer, *GS Eckert* (2008), 361(불능미수의 형사책임은 보호법익에 따라 정당화된다) (전통적인) 법익보호론의 비정형적인 특성에 대하여는 Ambos,

호개념의 "내용과 실질적 의미"[607]를 유지하면서도 — 다른 나치 법률가들처럼[608] — 형법개혁에서 이용할 수 있었다. 또한 포이어바하의 (주관적) 권리침해론도 효과적으로 이용할 수 있었다.(Rechtsverletzungslehre)[609] 그래서 "킬 학파"와 "마부르크 학파" 간의 논쟁은 접근 방식만 — 즉 의무침해냐 아니면 목적론적 법익보호냐에 따라 — 다를 뿐, 본질적으로 같은 것으로 볼 수 있다. 두 견해 모두 그들이 혐오하던 자유주의 사상[610]을 몰아내는 수단이다. 특히 마부르크 학파조차 나치주의에 반대하는 감정이 형사책임의 근거라고 설명할 때[611] 더욱 그 의미가 살아난다. 그렇기 때문에 이 논쟁은 위에서 언급한 대로[612] *가짜 논쟁*에 불과하다.

주관적 의무침해론은 곧바로 범죄 개념의 변화를 가져왔다. 한편으로 — 의무에 대한 주관적인 갈등 (비록 의무는 객관적인 것으로, 즉 "인민의 도덕질서"에 반하지만)[613] — *주관적 위법성,*[614] 다른 한편 *책임을 강화*[615]시키는 요소로 작용하

FS *Wolter* (2013), 1285, 1288 이하(영문 번역은 *Criminal Law and Philosophy* 9 [2015], 301, 304 이하); 공격대상 원칙(*principio de ofensividad*)은 강조하지만 비판적으로 이를 옹호하는 이탈리아의 견해에 대하여는 Zaffaroni (2017), 228-9.

607 Dahm, *ZStW* 57 (1938), 231(inhaltlichen und substanzerfüllten); *Tätertyp* (1940), 31 주 56(원칙적으로는 동의); Schaffstein, *DRWis* 1 (1936), 43-4(그에 따르면 "법익보호론의 핵심"[Kern der Rechtsgüterlehre]은 인민공동체의 특정 가치를 보호하는 데 있다고 한다) 또한 Amelung (1972), 249(나치 사상을 인민이익론"[Volksgutlehren]으로 설명한다), 특히 251 이하.

608 예를 들어 나치주의자들의 법익보호론 확대에 관하여는 Strauß, in Frank (1934), 31 이하.

609 정확한 설명은 Günther, in: Institut für Kriminalwissenschaften (1995), 445, 452 이하.

610 이런 의미에서 Schaffstein은 Schwinge/Zimmerl (1937), 48-9, 67(이 글에서 그들은 의무침해론을 자유적 개인주의 사상과 유사한 것으로 보려고 한다)을 비판하고 있다.

611 제4장 제2절 주 355와 본문.

612 제4장 제3절 주 429와 본문.

613 Schaffstein, in: Dahm et al. (1935), 139("의무 위반의 객관화"[Objektivierung der Pflichtwidrigkeit]); 또한 Schaffstein, *DRWis* 1 (1936), 49("규범적으로 이해된 책임의 객관화"[Objektivierung einer normativ verstandenen Schuld]).

614 Schaffstein, in: Dahm et al. (1935), 123; 또한Schaffstein, *DRWis* (1936), 49(불법의 주관화).

615 예를 들어 Schaffstein, in: Dahm et al. (1935), 123; Schaffstein, *DRWis* 1 (1936), 49(불법과 책임의 증가); 이러한 차이를 부정하는 입장은 Marxen (1975), 222 이하; 공식적 형법개혁위원의 논의(Gürtner, 1934 and 1935)에 대한 상세한 내용은 Hartl (2000), 159 이하(이에 따르면 "불법과 책임의 통합을 지지하였지만 … 결국 … 관철은 못했다"고 한다[Befürworter einer Vereinheitlichung von Rechtswidrigkeit und Schuld … letztlich … nicht durchsetzen, 162]).

였다. 왜냐하면 책임은 언제나 내적 태도에서 결정되어 행위로 표출되고, 결국 의무의 문제로 다시 객관적으로 평가되기 때문이다. 다른 말로 의무위반론이란 설령 불법과 책임 사이의 차이점이 있더라도 모두 인민공동체에 대한 주관적 의무위반(불이행)으로 파악할 수 있게 되었다.[616] 이 관점은 이후 "심정형법이나 의무형법"으로 발전했다. 예를 들어 자신이 거짓말하고 있다고 믿은 증인은 실제로는 진실을 말하는 경우도 위증죄가 될 수 있다. 그의 의도는 허위의 사실 증언이었기 때문이다. 여기서 증인은 진실을 말해야 하는 의무를 저버리고, 양심에 반한 행동을 한 것이다. 즉 의무위반이다.[617]

의무위반론은 명백히 *의사형법* 요소를 포함하고 있었다. 다른 한편 의무위반론에 의한 위법성의 주관화는 (행위자 양심을 중심으로 하는) "의사형법"으로도 발전하였다.[618] 게다가 의무위반론은 "의사형법 개념을 가장 중요한 것으로" 만들어 버린다.[619] 왜냐하면 인민공동체에 대한 의무를 위반하는 것이 가장 나쁜 것이기 때문이다.[620] 샤프쉬타인은 "나쁜 의도"를 강조하여 나치주의자들이 "형법을 윤리화"할 수 있는 중요 근거를 만들어 주었다.[621] 아래 두 절을 통해 이 사

---

616 Schaffstein, in: Dahm et al. (1935), 132 이하 (134, 137); 특히 그는 범죄를 불법과 책임 등 삼단계로 구분하는 것을 반대하고 있다. 그의 글, 123, 132; 또한 Schaffstein, *DRWis* 1 (1936), 46 이하(범죄개념을 의무위반으로 보는 것이 인민 공동체의 구체적 결론이다).

617 Schaffstein, in: Dahm et al. (1935), 128-9; 또한 Gallas, *FS Gleispach* (1936), 52(그는 보호법익론을 비판하기는 하지만 의무위반론 역시 "단편적"[Einseitigkeit]이라고 한다. 그로 인해 윤리적 관점을 "본질적 준수 원칙"[zum wesensbestimmenden Prinzip, 67-8]으로 제시하고 있다) (또한 Zaffaroni [2017], 221 주 420, 다만, 이 글은 Schaffstein과 Gallas의 논문 모두를 인용하고 있지만 부정확하고, 명확하지 않은 인용이다) 비판적으로는 Schwinge/Zimmerl (1937), 68. 이 글은 법익보호의 목적론적인 개념(제4장 제2절 주 358)이 각 행위 주체들이 주관적으로 "범죄 의미를 해석"(Sinndeutung eines Delikts)해야 한다고 비판한다; 목적론적 방법에 대한 비판은 Schaffstein, *FS Schmidt* (1936), 59 이하. 어떤 경우도 행위의 반가치를 강조하는 것은 같은 결과를 초래한다는 주장은 Welzel, *FS Kohlrausch* (1944), 101, 107-8.

618 Schaffstein, in: Dahm et al. (1935), 123(주관화와 [불법] 강조는 "의사형법"으로 변한다), 137 (범죄를 의무침해로 보는 것이 *의사형법*의 요소); Schaffstein, *DRWis* 1 (1936), 45(태도반가치와 의무침해의 관련성이 미래 "의사형법"을 결정). 이에 대하여는 Hartl (2000), 160-1.

619 Schaffstein, in: Dahm et al. (1935), 114(Begriff des Willensstrafrechts erst seinen eigentlichen Gehalt).

620 Schaffstein, *DRWis* 1 (1936), 49("의무침해의 개시"[Eintritt der Pflichtverletzung]는 "침해 결과의 개시와 독립적"[Eintritt des schädigenden Erfolgs unabhängig]인 것이다).

실과 범죄 개념의 변화에 대해 살펴보기로 하자.

5. 구체적 본질관(범죄의 본질)과 행위자형법(행위자 중심 형법), 그리고 의사형법(의지를 처벌하는 형법)

이원론적 방법론을 거부하면, 범죄의 본질 또는 실체에 대한 통합적 모델을 얻게 된다.(본질적으로 전체를 고려하는 것 wesensmäßige Gesamtbetrachtung) 이 모델은 인민공동체의 현실과 쉬미트의 구체적 질서를 따라 "인민적 존재"[622]라는 가공물을 전제하고 있다. "사람의 생명을 끊는 행동(Tötung)은 '그 자체로'는 의미를 정할 수 없다. 어떤 조건을 충족해야만 '살인'(Mord)이라고 평가된다. 공동체는 사람이 죽는 것을 문제 삼는 것이 아니라, 살인에 주목하고 있다. 공동체 관점을 고려하면 사람의 죽음만으로는 살인이 아니다."[623] 범죄에 대한 "추상적 생각은 그 자체로 파괴의 씨앗"[624]일 뿐이다. 범죄라는 추상적 구성요건만

---

621 Schaffstein, ZStW 53 (1934), 609 이하(선함과 악함을 "결정하는 의지"[Wille entscheidend]는 도덕판단을 위하여는 "중요하지 않다"[gleichgültig]. 오히려 "악한 의지만을 집중"[Abstellen allein auf den bösen Willen]하여 "형법의 윤리적 관점"을 판단해야 한다; "윤리화된 의사형법의 관점들"[Standpunkt eines ethisierenden Willensstrafrechts]).

622 Dahm, in: Dahm et al. (1935), 86("인민적 존재"[völkisches Sein]는 하나의 "질서"[Ordnung], 법은 "구체적 질서"[konkrete Ordnung], 범죄는 "구체적 반질서"[konkrete Unordnung]), 101(법은 "본질적인 삶의 실재와 독일 인민들의 실제 질서를, 그리고 *지도자의 명령*을 표현하고 있다"[Ausdruck einer wesenhaften Lebenswirklichkeit, der lebendigen Ordnung des deutschen Volkes und des Führerbefehls]); 또한 Dahm (1940), 35(법은 "사물의 실제 질서 [lebensmäßiger Ordnung der Dinge]를 삶과 일치시키기 위하여" 노력한다); Schaffstein, DRWis 1 (1936), 47(도덕성은, "미세한"[niedere] 기본 질서들을 반영하는, "인민 공동체의 구체적 질서에서 비롯된다"[ergibt sich aus der konkreten Ordnung der völkischen Gemeinschaft]). Schmitt에 대한 것은 제4장 제2절 주 339. 본질관(*Wesensschau*)과 질서 기반의 사상에 대하여는 Marxen (1975), 221-2; 간략하게는 Vogel (2004), 65-6.

623 Dahm, in: Dahm et al. (1935), 86(Die 'Tötung' kann nicht für sich gesehen, sie kann nicht 'als solche' festgestellt und alsdann mit dem Stempel 'Mord' versehen werden. Sie ist von vorneherein Mord, wo sie die Gemeinschaft zerstört. Wer von der Gemeinschaft her denkt, sieht gar nicht die Tötung, sondern den Mord).

624 Dahm, in: Dahm et al. (1935), 63-4(abstrakte Denken trägt den Keim der Zerstörung in sich), ("받아 들이기 어려운 사상을 기반으로 하고 있는"[zersetzendes Denken, das hier am Werke ist]).

을 충족할 뿐 의미가 없다.[625] 여기에 인민공동체를 전제해야만 의미가 발생한다. "공동체 내의 존재와 효과, 즉 인민과 민족"에 의해 의미가 생길 수 있다.[626] 인간의 행위는 "공동체이지, 단순히 개인적이나 독립적으로 존재하는 자연적 관계에서는 평가될 수 없다 ···. 그들은 그 의미 또는 의미와의 갈등 모두 그 안에서, 즉 인민적 존재로서 만들어낸다."[627] 여기서 문제되는 것은 "인민의 도덕질서"[628] 내에서 행위가 발생했다는 것이다. 형법적 불법은 순수 합리적이고 논리적 불법 구성요건 분석으로는 파악될 수 없고, 본질과 "실체 존재성"[629]에서,

---

추상적 개념과 분리사상(*Trennungsdenken*)에 대한 반론은, Marxen (1975), 214 이하.

625 Beling의 구성요건론에 대하여, 특히 가치중립성(*Wertfreiheit*)과 자유적 의미(법률주의 등)에 대한 반론은 Dahm, in: Dahm et al. (1935), 63 이하, 78 이하, 89와 107("인위적" [künstlich]이고 "실체 없이 왜곡되어 있으며 아무런 의미 없는" [gespensterhafte, ausgelaugte und tote Worte] 개념인 "구성요건" 개념의 폐지); 이와 다르게 Dahm (1940), 37(구성요건(*Tatbestand*)을 단순히 "범죄 ··· 유형을 공부하기 위한 것"[Ausgangspunkt jeder Untersuchung über den ··· Typus)이고, "유형"[Typus]은 "구성요건론의 애매한 면"[Schatten des Tatbestands]이라고 한다). 이 글의 다른 곳에서 Dahm은 구성요건 개념 폐지를 주장하지 않은 것처럼 언급하고 있다. 불법의 추상적 개념과 그 평가 논의에 대하여는 Marxen (1975), 219 이하.

626 Dahm, in: Dahm et al. (1935), 86(aus ihrem Sein und Wirken in der Gemeinschaft, verstanden aus Volk und Rasse).

627 Dahm, in: Dahm et al. (1935). 86-7(sehen als in der Gemeinschaft, nicht als einzelnen, selbständigen und natürlichen Vorgang ···, sondern es trägt seinen Sinn oder Widersinn in sich, das heißt in seinem völkischen Sein). 행위의 자연주의적 개념에 대한 논쟁에 대하여는 Marxen (1975), 217 이하.

628 Dahm, *ZStW* 57 (1938), 250 이하("의미의 실재를 반영한 것"[Nachbildung einer sinnerfüllten Wirklichkeit, 251-2], "역사적으로, 사람들의 의식 속에서 살아 있고"[geschichtlich gewordene, im Volksbewußtsein lebendige, für das Gemeinschaftsleben in bestimmer Weise bedeutsame Vorstellungen, 252], 특정한 방식에서 공동체의 삶에서 중요하며"[Zurückgehen auf tieferliegende, im Volke lebende Vorstellungen, 같은 곳], "법의 배경으로 작용하는 ··· 법과 불법에 대한 공통의 감정"[hinter dem Gesetz wirkende volkstümliche Anschauung ··· ein Volksempfinden für Recht und Unrecht, 255]과 "역사적으로 발전된 도덕질서의 개념과 인민들의 공동체 질서의 기준"[Maßstab in der geschichtlich gewordenen Sittenordnung, in dem inneren Lebensgesetz und den Gemeinschaftsordnungen des Volkes, 같은 곳]으로서의 "법제도의 본질"[Wesen der Rechtsinstitute] 또는 "법학의 개념"[Begriff der Rechtswissenschaft]); 또한 Dahm (1940), 34-5("인민의 감정"[Volkempfinden]은 "모든 법개념의 배경"[hinter jedem Rechtsbegriff]이어서 입법과 사법의 "순수 요건"[Rohstoff]이다.)

629 Dahm, in: Dahm et al. (1935), 89 (wirklichen Sein) ("범죄의 본질은 '논리적으로' 파악되지 않는다는 점이다[Denn der Kern, das Wesen des Verbrechens ist eben 'logisch' gar nicht zu fassen]); Dahm (1935b), 14(명예와 충성 등의 핵심 나치 개념은 "궁극적인 판단의 근거"[sich

즉, — "본질적으로"630 — "인민적 질서를 위한 중요성"631에서 판단될 수 있다.
그러므로 제1차 세계대전에서 독일군에 의한 전쟁 범죄란 — 그 본질에서는 — 단
순히 사람을 죽이거나 살인632으로 볼 수 없다. 이는 히틀러 청년단이 (이를 반대
하던) 가톨릭 기를 뺏은 행위를 단순한 절도로 보지 않은 것보다 훨씬 근본적인
경우이다.633(나치정권과 가톨릭 교회의 갈등으로 청년단이 가톨릭 교회를 공격한 사건
— 역자)

einer letzten rationalen Erfassung]이다). Dahm 이전에도 Mittermaier (ZStW 44 [1924], 8-9) 역
시 행위의 "내적 본성"을 범죄로 정의한 바 있다("내적 본성 말고는 범죄자를 법적으로 정의
할 수 없다"[Es kann aber etwas vom Recht in einem Tatbestand ausgeprägt werden und ist sei-
nem inneren Wesen nach doch kein Verbrechen, 8]). Dahm은 후에 범죄구조론의 논리-합리적
구조를 인정하였다("범죄개념을 합리적으로 판단하고 형태에 따라 분류하여 판단하는 것은
학문적으로 매우 의미있으나"(Aufgabe der Wissenschaft, die einer rationalen Erfassung und
Gestaltung im weitesten Umfange zugänglichen und bedürftigen Bestandteile des
Verbrechensbegriffs zu ermitteln und das Ganze des Verbrechens sinnvoll zu gliedern) 여전히
전체적인 관점 ("범죄를 각 의미의 내적 관련성의 한 부분으로서의 전체로 보는 관
념"(Verbrechen als eines Ganzen, als eines inneren Sinnzusammenhangs))은 "중요하다"(von
größerer Bedeutung; Dahm [1940], 60-1)).
630 Schaffstein, ZStW 53 (1934), 612("불법의 면책은 나치 법이념에 따른다"[Prinzip des materi-
ellen Unrechtsausschlusses im Sinn der nationalsozialistischen Rechtsidee]).
631 Dahm, in: Dahm et al. (1935), 102(Bedeutung für die völkische Ordnung); 또한 Dahm (1940),
21(범죄자의 인민적 유형론을 정의하는 것은 "인민의 의견"[Volksanschauung]을 통해, "범
죄자의 이미지"[Täterbilde]에 따라 정해진다), 34("인민의 감정"[Volksempfinden]과 "인
민적 도덕질서"[völkische Sittenordnung]가 법의 근원), 37(범죄자 유형은 "이성적
인"(vernünftige) 법적용을 위한 "가이드라인"[Richtlinie]). 이에 대하여 더욱 Schmitt의 질서
사상을 응용한 설명은 Dahm (1935a), 16("구체적 공동체와 살아 있는 질서로부터 나오는 사
상" [Denken aus der konkreten Gemeinschaft und aus der lebendigen Ordnung heraus]).
632 Dahm, in: Dahm et al. (1935), 71 이하(라이프치히 전쟁범죄 재판에 대한 비판), 91("오늘날 법
관들은 전쟁터에서 병사들은 살인자가 아니며, 타인을 살해하는 것 '자체'가 아님을 알아야
한다"[Der Jurist muß heute tatsächlich wieder lernen, daß der Soldat im Kriege kein Mörder ist,
daß er auch 'an sich' keine Tötung begeht]).
633 Dahm, in: Dahm et al. (1935), 102("절도의 본질은 그 정의된 요소들을 모두 파악한다고 나타
나지 않는다"[Das Wesen des Diebstahls erschöpft sich nicht in der Summe seiner Tatbestand
smerkmale]), 103("근본적으로 무엇이 절도인지 법은 말해주지 못한다; 오히려 절도란 사물
의 본질에서 설명된다"[Was Diebstahl ist, sagt ja im Grunde nicht das Gesetz, sondern das er-
gibt sich aus dem Wesen der Sache]). 남편에 의해서 아내의 물건이 강탈되는 경우(92-3)나 베
르사유 조약에 따라 전쟁에서 항복한 프랑스 국기를 뺏는 경우 모두 절도가 아니다. 이 경우
들은 모두 절도의 본질에 맞지도 않고 그 행위나 행위자의 유형에도 일치하지 않기 때문이다
(Dahm, ZStW 57 [1938], 253-4; 이에 대하여는 Marxen [1975], 207).

본질/실체나 본질관에 집중하면 "범죄를 제한하는 것"과 동시에 확장도 가능해진다.[634] 궁극적으로 범죄와 불법 구성요건(또한 책임)은 범죄 유형에 따라 정해질 수 있다. 그런데 그 실체에 따라 모호하게 정해질 수도 있다. 실제로(이 사항은 6절에서 다루겠지만) 이를 명확하게 정의할 가능성은 없다. 그 때문에 그는 구성요건 기능에서 어떤 행위를 특정하고 제한할 수 있는 기능을 아예 없애 버린다.[635] 우리는 여기서 본질관 개념의 모호성에 대한 오늘날 비판을 다시 생각해볼 수 있다.[636]

나는 이미 한스 벨첼이 사회적 상당성을 통해 같은 결론을 내리고 있다고 지적하였다. 왜냐하면 벨첼은 이 개념을 적용하여 "전쟁 시기의 전투 상황에서"는 "전쟁으로 인한 적절하고 정상적인 행위"여서 "범죄로 파악되기" 어렵고, "근본적으로 군대가 전투에서 ― 법적인 것은 논외로 하고 ― 형사 범죄를 저질렀다라고 하는 것은 터무니 없다"[637]라고 했기 때문이다.

---

634 Dahm, in: Dahm et al. (1935), 102. Dahm, ZStW 57 (1938), 254는 보다 일반화된 관점에서 "범죄유형의 제한"(Einschränkung des Deliktstypus)을 언급하는데 이는 그의 말처럼(in: Dahm et al, 1935, 68) 구성요건해당성(Tatbestandsmäßigkeit)을 "범죄의 구성"(Belastung)으로 볼 때 모순이 발생할 수 있다. 또한 Dahm (1940), 42-3("유형화"[Typisierung]와 "행위자 타입"[Tätertypus], "특정 생활 관계"[das typische Lebensverhältnis]를 "유형화"하여 "제한"(Einschränkung), 49(행위자 타입을 "적절히 적용"(entsprechende Anwendung)하여 "확장"(Ausdehnung)한다) 같은 견해는 Schaffstein, FS Gleispach (1936), 104(범죄자 타입이 불법 요소에서 파생될 때를 제한한다)

635 비판은 Marxen (1975), 203 이하("정의되지 못한 사항과 모호한 설명들"[unbestimmte Andeutungen und vage Umschreibungen, 221]); Hoyer, GS Eckert (2008), 355(특정 범죄와 범죄자들의 유형).

636 특히 Schwinge/Zimmerl (1937)과 Schwinge (1938), 이에 대한 설명은 제4장 제2절; 또한 Mittermaier, SchwZStR 52 (1938), 213, 217("충분히 감정적인 '본질관'"[reichlich gefühlsmäßige 'Wesensschau']); Wolf, DRWis 4 (1939), 173(본질관 개념은 "진부하고 평범"[abgegriffen und allgemein]하며 "일상적이고, 정의되지 않은 채 사용"[populär-unbestimmten Sinn verwendet]되고 있다).

637 Welzel, ZStW 58 (1939) 491, 516 이하(in den kriegerischen Kampfsituationen, kriegsadäquate, kriegsnormale Handlungen [unterfallen] von vornehein nicht deliktischen Tatbeständen; der Gedanke, daß das Heer im Kampf um Leben und Tod lauter strafrechtliche Tatbestände―wenn auch rechtmäßig verwirkliche, zu absurd, zu papieren konstruiert, als daß er richtig sein könnte, 527). 사회적 상당성론이 나치주의 이념과 유사하기 때문에 비판받아야 한다는 주장은

담은 **행위자/태도 유형**과 **의사형법**을 범죄가 법익이나 재화를 침해하는 것을 인정한다. 그렇지만 의사와 태도로만 구성하는[638] 순수 형법에는 동의하지 않았다. 행위자 중심(*행위자형법*)[639]의 *행위관련성*을 강조하고 이를 근거로 정범과 공범의 구분을 유지하고자 했다.[640] 담에게 정범이나 종범의 역할과 공동체 내에서의 —"그가 살아가는 직업이나 재산 등에 따른 외적인 조건들[641]에 따른 —지위는 평가해야 할 요소이기 때문이었다. 중요한 것은 그가 —"행위자의 특성"[642]을 강조하여 지나치게 "단편적"이라는 비판에도 불구하고 — 인민의 도덕질서[643](*본질관과 의사형법 간의 결합*)[644]에 일치하는 구체적 행위를 평가하

Llobet (2018), 301 이하; 독일 학자들이 이 개념의 비판에 소극적인 이유는 개념 자체가 아예 모호하기 때문이다(예를 들어 Loos, in: Loos [1987], 502 이하[503: "개념의 모호성" (Vagheit des Begriffs)]; Eser, *FS Roxin* [2001], 199, 205 이하는 나치 이념에 의해 "설명된" 것이 정확하게 무엇인가를 제시한다([이런 관점에서 더 비판적인 최근의 언급은 Kindhäuser, in: Kindhäuser et al [2019], 160)(" *인민적인 것*의 개념은 분명히 구체화되지는 못한다"[wenig konkretisierten Begriff des Völkischen]), 178-9(불법은 "경험적인 용어로는 절반조차 파악되기 어려운 '인민의 의지'로 정의될 수 있다."[empirisch auch nicht halbwegs exakt einzufangenden 'Volkswillen']).

638 행위자형법(*Täterstrafrecht*)은 의사형법(*Willensstrafrecht*)과 경쟁적이라는 주장은 Hartl (2000), 116 이하(그에 따르면 "의사형법"은 총론에 영향을 주고 있는 반면, 행위자형법은 새로운 범죄를 만들고 기존 형법 뿐아니라 공동체에 중요한 형법 사상이 되고 있다"[121]).

639 Dahm (1940), 55(*행위자형법*은 "행위의 외적 ... 실현과정에 의해 형성"[äußeren ... Tatvorgang geprägt]하고 "행위지배"[Tatherrschaft, Lange의 견해]를 "정범"[Täterschaft]의 특성으로 파악한다; 또한 후에 Dahm (1963) 511("의지가 실현된"[Wille betätigt] 것으로 설명한다); 이와 원론적으로 유사한 관점은 Mezger, *DJZ* 39 (1934), 100 문단(불법 구성요건과 관련하여 의사형법과 분리될 수 없으며, 그 "중추"[Rückgrat]가 "법적으로 규정된 구성요건을 실현시킨다는 데에 있다"[Verwirklichenwollen eines bestimmten gesetzlichen Tatbestands]), 103 문단("객관적인 수정"[objektive Korrektur]).

640 Dahm (1940), 54 이하(의사형법의 "출발점"은 "모든 형태의 범죄가담을 동등하게 ... 처음부터 부당한 행위로 파악하는 것이다"[Gleichbehandlung aller Beteiligungsformen ... schon im Ansatz verfehlt, 54]). Schaffstein, *ZStW* 57 (1938), 319 이하는 이러한 차이를 인정하지만, 형사책임의 요건을 정범행위 중심으로(wesensbegründend) 설명하여, 방조범과 구분하고 있다(그렇게 하면 공범은 — 형사책임 면책을 위한 개별적 근거를 감안하여 — 범죄가담과 별개로 취급할 수 있게 된다). 이런 측면에서 의사형법에 대한 설명은 제2장 제3절 주 251.

641 Dahm, in: Dahm et al. (1935), 88-9(die äußeren Bedingungen, unter denen er lebt, die Zugehörigkeit zu einem bestimmten Beruf oder Stand usw).

642 Dahm, *ZStW* 57 (1938), 256(zu einseitig, Wesen des Täters).

643 Dahm, *ZStW* 57 (1938), 253("이 규정 내의 보편적 범죄자 유형의 본질"[Wesen des in dieser Vorschrift gemeinten Tätertypus], "법률에 의해 설명되는 행위와 행위자 사고의 본질" [Wesen der den gesetzlichen Umschreibungen zugrundeliegenden Tat- und Tätervorstellungen]).

는 객관적 방식을 제안했다는 점이다. 그리고 행위자 유형[645]을 통해 "'행위' 형법을 수정"하고, — "살인자, 절도범" 등 사람들이 실제로 어떻게 생각하는지에 따른[646] — 행위자 유형과 "인격에 대한 생각", "인간에 대한 이미지"[647], 범죄유형,[648] 등으로 행위를 파악하는 기준, 그리고 "행위와 행위자를 하나로 통합"하는 기준으로 이용했다는 사실이다.[649] 결국 어떤 범죄자 유형을 실정법으로 규정해야 하는지에 대한[650] "공동체 내에서의 일정한 행동 방식"[651]이라는 객관

---

644 Dahm, in: Dahm et al. (1935), 89("범죄자에게 붙여지는 명칭 — 반역자와 살인자, 절도범, 사기꾼, 협박범 — 은 대체로 그의 '의지'에 따라 붙여진다"[Wo der Täter mit einem Hauptwort genannt werden kann-Verräter, Mörder, Dieb, Betrüger, Erpresser-dort liegt das Wesen in der Regel im 'Willen']); Dahm (1935a), 11("범죄의 본성"[Wesen des Verbrechens]은 "의지의 황폐화"[Entartung des Willens]이다).

645 Dahm (1940), 25(die Vertiefung und richtige Erfassung des 'Tat'-Strafrechts).

646 Dahm (1940), 24(im Volk lebende Vorstellung vom Mörder, vom Diebe) ("살인은 언어적으로 살인자와 장물 취급은 장물애비와 같다"(wie in der Sprache ja auch dem Mord der Mörder und der Hehlerei der Hehler entspricht))

647 Dahm, ZStW 57 (1938), 257(Persönlichkeitsvorstellung, Menschenbild).

648 정확한 설명은 Zaffaroni (2017), 253.

649 Dahm, in: Dahm et al. (1935), 92(Tat und Täter als Einheit); Dahm (1940), 24.

650 이러한 관점에서 그의 *Tätertyp* (1940)은 이미 유사한 내용을 언급하고 있다. Zaffaroni는 일부만 지적하고 있지만, Dahm은 "법의 주관화"(Gesetzessubjektivismus)라는 점을 알면서도 판례법을 "새로운 의사형법을 위한 '시도'로서"(als Vorkämpferin des neuen 'Willensstrafrechts', 5) 파악한다. 그는 이어서 "오늘날 형법은 여전히 행위형법만을 중심으로 논의되고 있다"(auch heute noch das Strafrecht zunächst einmal Tatstrafrecht ist, 7)라고 비난한다. 당시 형법은 범죄를 저지른 자를 실질적으로 파악하지 못하고, "범죄자의 전체적인 인격이론"(Gesamtpersönlichkeit des Verbrechers, 8, 9)으로 발전하지 못했다고 말한다. 이는 양형을 넘어서 불법을 확정하는 데에도 적용할 수 있다(7-8). 그는 이를 수정하기 위해 — Mezger의 "생활영위책임"(Lebensführungsschuld; 제4장 제1절 주 305) (11 이하)과 Freisler의 "속죄" 개념(제3장 제3절 주 245)과 유사하게(11, 38, 40) — 행위자 유형을 발전시켜서 — "책임감있는 범죄자 존재"(schuldhaftes Tätersein, 9)로 — 중요 나치 규범(예를 들어 상습범처벌특별법과 전쟁특별법[Volksschädling, 34])을 판단할 때 — "제3의 기준"(dritte Spur)으로 사용한다(9 이하; 다른 범죄자유형에 대하여는 27 이하). 그러나 그의 (추상적) 미수개념은 여전히 모호했다: "무엇보다도 범죄자 유형 사상은 불법행위 자체를 충분히 설득력있게 만드는 경우 그 행위를 범죄자 또는 행위자의 작품으로 파악할 수 있게 한다" (Will doch der Gedanke des Tätertypus besagen, daß, wo das Tatbild in sich hinreichend anschaulich und geschlossen ist, mit der Tat auch die Vorstellung eines Täters gegeben sei, 24). Dahm에게 실제 놀라운 것은 그가 자신의 "Liberales oder autoritäres Strafrecht" (Dahm/Schaffstein, 1933)의 입장을 "오늘날(1940년)의 형사정책 상황이 1933년의 그것과 다르다"(kriminalpolitische Lage heute eine andere als damals)라며 수정한 사실이다. 그 이유는 1933년과 비교하여 1940년에는 "강제적 기소와 범죄 박멸의 … 목적이 오늘날 대체로 성취되었기"(kraftvolle Verfolgung und Vernichtung des wirkli-

적 기준을 제시하였다. 여기서 주목할 것은 1941년 9월 4일 나치가 주도하여 개정된 제국 형법 제211조[652]의 살인자 유형 구분(모살과 고살로 구분)은 유지하고, 반면에 1872년 형법에 있던 살인예비죄[653] 폐지(사형과 별도로)는 그대로 유지되고 있는 오늘날 독일 형법의 현실이다. 이는 나치 형법 계획이 여전히 지속된다는 또 다른 예이다.[654](암보스 교수는 독일 형법 제211조 모살죄 규정이 행위자의 행위 유형을 감안해 고살죄(제212조)보다 가중처벌하는 개정이 나치의 행위자형법 계획의 일환이었고, 반면에 같은 개정으로 1872년 형법전부터 있던 살인예비죄를 폐지하여 살인죄와 동등하게 처벌할 수 있게 한 개정을 전쟁 후 회복시키지 못한 사례로 나치 형법의 연속성을 보여주는 것으로 설명 ― 역자)

이런 맥락에서 ― 의무위반론을 더욱 주관화시키는 시도와 반대로[655] ― 샤프쉬타인은 *의사형법*의 외적 관점을 강조하고 있었다.[656] 그는 "모든 범죄적 의지 자체가 아니라" 행위를 위법하게 만드는 것은 "특정 외적 사태로 현실화시키는 것"이라고 주장했다. 또한 "행위와 행위자의 통합"[657]과 "구성요건요소의 형

---

chen Verbrechens ... heute im Wesentlichen erreicht, 44) 때문이라고 한다.

651 Dahm, in: Dahm et al. (1935), 88(ein bestimmtes Sein in der Gemeinschaft).

652 RGBl I 549.

653 이 규정이 "지나치게 현학적"(überintellektualistisch[en])이라는 지적은 Freisler, *DJ* 103 (1941), 935.

654 다양한 개혁 시도에 관하여는 Eser/Sternberg-Lieben, in Schönke/Schröder, *StGB* (2019), 2056 이하.

655 제4절 주 620 내지 624.

656 Schaffstein, *ZStW* 57 (1938), 313(nicht der verbrecherische Wille als solcher, sondern erst seine Verwirklichung in einem bestimmten äußeren Geschehen). 또한 같은 글, 315에 따르면 "의지를 실현하려는 범죄의 본질은 의지와 그 성취를 구분하게 하고, 고의와 그 고의의 외적 실현을 구분하게 만든다"(aus der Natur des Verbrechens als Willensverwirklichung zwangsläufig eine Unterscheidung zwischen dem Willen und seiner Verwirklichung, zwischen dem Vorsatz und dem äußeren Geschehen, in dem er sich in die Tat umsetzt, folgt). 또한 Schaffstein, *DRWis* 1 (1936), 43("의지와 태도"[Wille und Gesinnung]의 외적 표출). 이와 유사하게는 Mittermaier, *SchwZStR* 52 (1938), 221-2(의지 대상의 개념); Mittasch (1939), 133-4(의사형법은 "사회적 저급한 가치"[soziale Minderwertigkeit]와 결부되어야 하고, 적어도 "인종적 건전성"[rassehygienisch] 유지라는 이유 외에는 처벌이 필요없다).

657 Schaffstein, *ZStW* 57 (1938), 332(Einheit) ("범죄자는 행위를 저지른 자이고 행위는 그 범죄자가 저지른 것이다. 행위는 행위자 없이 발생하지 않고 범죄자는 행위 없이 존재하지 않는다"[Täter ist wer die Tat begeht, und die Tat wiederum erhält durch den Täter ihr Gepräge. Die Tat kann nicht ohne einen Täter und der Täter nicht ohne eine Tat gedacht werden]); 또한

식화와 해석"이 중요하다고 한다. 이를 위해 — 제6장에서 더 설명하겠지만 —
행위자 유형을 감안하여 행위 불법의 실제 내용[658]을 판단하는 에릭 볼프의 이
론[659]을 인용하기도 했다(반면에 담은 볼프의 이론이 지나치게 주관적이라고 말한
다).[660] 그러므로 의무위반론과 행위자 유형론은 모두 태도(양심)를 기준으로 하
고, 태도반가치(심정반가치)를 처벌하는 공통점을 가지고 있다고 볼 수 있다.[661]
전자는 나치 도덕 질서에 대한 충성심이 결여된 것이고, 후자는 행위자의 인격
결핍이 처벌의 근거이다. 위에서 언급한 것처럼 형법을 제한하기 위한 (행위의)
외적 관점이란 추가적인 요소일 뿐이다. 어떤 경우도 샤프쉬타인은 *순수* 태도
또는 의무 중심의 형법[662]의 주관적 측면을 중심으로, 단순한 악의[663]도 처벌할
것을 제안하였다. 그래서 외적 요소를 강조하는 것(*구성요건*과 범행 의지의 관계
성)은 단순한 립서비스[664]로 보인다. *의사형법*과 *심정형법* 사이의 차이(의지에
대한 형법과 내적 태도의 형법)만 무의미하게 강조할 뿐이다. 사실 이 구분은 이론
적으로도[665] 불가능하다.[666] 만일 이 개념이 다른 분명한 내용(악의적으로 나치 도덕

Schaffstein, *DRWis* 1 (1936), 49("행위자와 행위 대립 테제"[Antithese von Täter und Tat]의 폐지).

[658] Schaffstein, *ZStW* 57 (1938), 336(Tatbestandsbildung und Tatbestandsauslegung).

[659] Schaffstein, *ZStW* 57 (1938), 334-5; Schaffstein, *FS Gleispach* (1936), 70, 103; "범죄자"와 ""태도" 유형에 관해서는 Schaffstein, *DRWis* 1 (1936), 46.

[660] Dahm (1940), 25-6. 그러나 그는 Wolf의 글을 인용(제4장 제1절 주 692)하지만, Schaffstein은 1936년 후기 논문을 인용하고 있다(제4장 제2절 주 750).

[661] 의무위반론과 의사형법의 관련성에 대하여 상세한 설명은 Schaffstein, in Dahm et al. (1935), 137("의무위반은 … 의사형법의 일부이다."[Pflichtverletzung … Willensstrafrecht … zugeordnet]); Stefanopolou, *JoJZG* 2010, 113.

[662] 제4절 주 604; Freisler의 입장은 제2장 제3절 주 230 이하.

[663] Schaffstein, *DStR* 81 (1935), 102(불능미수도 부당한 의지가 실현될 가능성이 있으면 처벌할 수 있다).

[664] 단순한 절차적 문제에 대하여는 Freisler, 제2장 제3절 주 240.

[665] Mezger (1936), 29는 행위 중심(Betätigung) 의사형법, *Willensstrafrecht* (태도[심정]형법, *Gesinnungsstrafrecht* 과 다름)과 내적 태도에 집중하는 순수한 의사형법(여전히 특정 외적 행위[die Tat entsprungen]는 필요)을 구분한다. 그 이유는 증명 방식 때문이라고 한다. 주 240. 아마도 가장 중요한 것은, 내 생각에, 순수 심정형법(*Gesinnungsstrafrecht*)을 입법하기 위한 나치의 초안 "Gesetz über die Behandlung Gemeinschaftsfremder"(외국인처리법) 때문일 것이다. 이 법률 초안은 "범죄자 집단"(Verbrechergruppe)을 각 "인격과 생활 유형"(Persönlichkeit und Lebensführung)에 따라 구분하여 집단이 가진 "심적 유형과 관련되는 중한 범죄"(범죄자들의 공동체에 대한 반감과 경향성)(Sinnesart auf die Begehung von ernsten Straftaten ger-

질서에 대한—추상적으로만 위험한—공격과 같은 경우처럼)에 따라 터무니없다고 판단되지 않는다면, 언제든 목적론적으로 재해석되어 나치가 정한 법익(Rechtsgut) 개념에 따라 무한정하게 처벌을 정당화시키는 수단이 될 수도 있었다.[667]

이런 관점에서 샤프쉬타인은 **부작위** 역시 — 의무위반론에 따라 강조되어[668] — "행위자의 특성을 결정"하고 불법적인 부작위의 결정적인 기준으로서 행위의 본성을 말해줄 수 있는 하나의 "행위자 유형"이라고 말한다.[669] 주관주의적 의미를 넘어서 악의적 의사를 처벌하는 형법과 행위자 유형론은 이제 하나의 "이념형 그룹"으로 발전되고 있었다. 또한 인민의 건전한 법감정에 따라 정한 행위는 모두 준수해야 한다는 논리적 결론 역시 만들어진다.[670] 다른 측면에서 이들은 반나치주의자들의 위반행위를 주관적으로 해석하여 이를 미리 예방하는 방

---

ichtet ist gemeinschaftsfeindlicher Verbrecher und Neigungsverbrecher)를 구분하고 있었다; 이 법률 초안 제1조 제1항 제3호, in Ayaß (1998), Nr. 153; 이에 대하여는 Werle (1989), 636 이하.

666 비판은 Hartl (2000), 93 이하("애매한 구분"[ambivalente Abgrenzung]).

667 Hoyer, *GS Eckert* (2008), 361에 의하면 불능미수의 처벌도 특정 법익을 고려할 때 가능할 수 있다.("행위자의 생각 속에서 실현될 수 있는 추상적 위험성과 그로 인한 법익침해가능성"[abstrakte Gefahr, dass die Realität tatsächlich so beschaffen sein könnte, wie sie sich der Täter vorstellt, und es deshalb zu einer Rechtsgutsverletzung kommen könnte]이 있는 경우) 그러나 Schaffstein의 주장처럼 이를 *위험하지 않은* 불능미수에는 적용할 수 없다.

668 이 장의 제4절 주 580.

669 Schaffstein, *FS Gleispach* (1936), 102 이하(범죄자 유형이란 "새로운 범주는 … 결과에 대한 형사책임을 제한할 수 있고"[neues Kriterium …, das in sinvoller Weise die strafrechtliche Haftung für den Erfolg beschränkt, 102], "범죄자가 구체적으로 부담하는 의무를 감안하고 … 그의 행위 동기를 감안하여 범죄자의 본질"[Wesen des Täters]을 "정한다"[vor allem durch die Art der Ausführung, durch die konkrete Pflichtenstellung des Täters, durch die Gesinnung … und durch die Motive der Tat bestimmt, 105]); "부작위 의무의 구체적 내용과 강도, 그의 태도라는 … 범죄적 의지의 정도"(konkrete Art und Stärke der vom Unterlassenden verletzten Pflicht, die Gesinnung … die Intensität des verbrecherischen Willens)는 행위자의 유형을 구분하여 불법을 정하는데(das Maß des Unrechts 중요하다"(107)]; 또한 Dahm (1940), 46-7; 이전 글은 Preußischer Justizminister (1933), 132("범죄자의 개인적 관계"를 감안[persönlichen Verhältnisse des Täters]). 이에 대하여는 Marxen (1975), 229 이하(인민공동체를 위한 일반적 행위의무는 의무위반론을 형성하고, 범죄자유형론에 따라 작위/부작위 구분을 폐지하도록 한다), 260(오늘날 형법 제13조[부작위범]를 "행위의무와 행위자 범주에 대한 전반적이고 본질적 오해 때문에 빠져나오지 못하는 오류 개념"[ganzheitliche, wesenhafte und damit verschwommene Bestimmung der Handlungspflichten und des Täterkreises]으로 비판한다. 이 부작위의무를 나치 사상의 연속성으로 볼 수 있다); Zaffaroni (2017), 256 이하.

670 이런 관점에서 범죄자 유형을 분석하는 Cattaneo (2001), 238 이하.

법을 고안하기도 했다. 또한 나치주의 원칙에 동조하는 행위자를 유리하게 판단하여 그에게 형벌을 감면할 수도 있었다.[671] 위에서 언급한,[672] 미수와 기수의 구분을 폐지한 나치 범죄론의 구체적인 결론[673]일 뿐 아니라, "이중적 법도덕"과 "이중의 법, 즉 나치당원에게만 유리하게 적용되는 법과 정치적 적대자는 무자비하게 처벌하는 법"으로 형사정책을 구성하게 된다. 이 위험성은 이미 1933년 라드브루흐가 구체적으로 예견하고 있었다.[674]

6. 범죄체계론을 대신한 총체적 반가치("범죄 유형")에 의해 결정되는 포괄적 불법

그렇기 때문에 의무위반론은 혼란스러운 "태도/의무 중심 형법" 형식으로부터 형사 불법과 책임을 통합 하고(제4장), 신비스러운 *본질관*(제5장) 개념을 통해 모든 반가치를 단일 개념으로 하는 **총체적 구성요건** 개념[675]으로 발전되었다. 샤프쉬타인은 1936년[676] 불법과 책임 구분을 없애 전체주의적 관점[677]을 달성할 것을 주장하였다. 그는 "구형법 체계"는 "불완전"했다고 비난하였다. 구형법은 개별 범주들의 구분과 대립점들이 불분명하고, "전체주의적으로 이해되는

---

671 Frommel, in: Reifner/Sonnen (1984), 86, 88; Marxen, 같은 글, 81(범죄 개념의 제한은 기껏해야 나치 범죄자들에게만 적용-); 범죄자 유형론을 통해 이념과 관련 없는 형사책임의 제한으로 시도하는 관점은 Marxen (1975), 208 이하.

672 제2장 제3절 주 249.

673 Schaffstein, in Dahm et al. (1935), 137; Schaffstein, *DRWis* 1 (1936), 48-9; 또한 Stefanopolou, *JoJZG* 2010, 115-6.

674 Radbruch (1933/1957), 75, "zweifache Recht, eines Rechts für die eigenen Parteigänger, eines anderen für die politischen Gegner"; (이탤릭은 저자).

675 Zaffaroni, in Zaffaroni, 2011, 36(불법구성요건을 법관이 행위와 행위자를 고려하여 결정하는 "일종의 창문" 같은 것으로 설명[ventana que le permitía al juez completarlo con un tipo de delito y de autor]한다).

676 Zaffaroni (2017), 266 이하는 이 시기를 1938년 정도라고 설명한다.

677 제4절 주 616과 본문 참조. Schaffstein, *DRWis* 1 (1936), 49; 이미 Schaffstein, *FS Schmidt* (1936), 77(심정형법과 의사형법의 관점에서는 이 구분이 다소 의심스럽다); 이에 대하여는 Schaffstein, *ZStW* 57 (1938), 295. 또한 Marxen (1975), 222 이하; Stefanopolou, *JoJZG* 2010, 114.

6. 범죄체계론을 대신한 총체적 반가치("범죄 유형")에 의해 결정되는 포괄적 불법

형법개념들의 체계적 연결점과 관계들을 불완전하게 분류"한다고 말한다.[678]

샤프쉬타인은 범죄의 범주를 범죄 구성과 면책, 즉 형벌을 주는 구성요건 (Strafandrohungstatbestände)[679]과 이를 배제하는[680] 형벌 면제 요건(Straf-aus schließungsgründe)[681]으로 구분하는 전통적 범죄체계는 인정하였다. 그러나 근본적으로 반가치적으로 평가된 "범죄 유형"을 통해 구성요건을 통합할 것을 주장한다.[682] 전체적 반가치에 따라 결정되는 총체적 구성요건은 모든 반가치적 범죄들을 포괄할 수 있었다. 건전한 태도와 법적 처벌 면제는 개인적인 면책사유로만 제한한다. 범죄유형은 의무위반론과 인민 도덕질서와 인민적 법감정,[683] 그리고 전체적 본질관[684]으로부터 형성한 (새로운) 나치 형법 윤리에 따라 확정한다. 이 목적을 실질적 범죄개념을 극단적으로 윤리화시켜서 완성하고자 하였다. 이 과정은 — 형법을 극단적으로 윤리화시켜 — 규범적 책임개념으로까지[685] 확대하는 것까지 이어졌다.

샤프쉬타인은 형벌 면제 사유의 초법규적 원리(1933년 인정[686])[687]로서 — 행위자가 이성적으로 법에 따르기 힘들었다는 사유인 — **기대불가능성** 개념을 부

---

678 Schaffstein, ZStW 57 (1938), 327(alten System, Unzulänglichkeit, unnatürlichen Zerreißung der Systemzusammenhänge und der ... ganzheitlich zu verstehenden Strafrechtsbegriffe). 동시에 그는 범죄개념의 논리적 합리성을 인정하면거도 체계적으로는 "필요없는 것"(unbrauchbar; 같은 글, 330)으로 여긴다.

679 Zaffaroni (2017), 267는 "형벌위하적 구성요건 개념"을 부정확하게 사용한다.

680 Schaffstein, ZStW 57 (1938), 302, 305, 305-6, 311. 다소 애매하게 Zaffaroni (2017), 267은 범죄 개념을 실질적인 의미로 전제하고 있다.

681 chaffstein, ZStW 57 (1938), 311("모든 면책사유는 ... 형벌위하적 구성요건에 대한 소극적 불법 구성요소로서 일종의 제한이다"[alle Strafausschließungsgründe ... Einschränkungen der Strafandrohungstatbestände in Form negativer Tatbestandsmerkmale]).

682 Schaffstein, ZStW 57 (1938), 315-6.(Deliktstypen) Zaffaroni (2017), 269는 이 개념을 Beling의 용어라고 한다.

683 Schaffstein, ZStW 57 (1938), 305(*형벌위하적 구성요건*과 형벌 면제 사유들은 "무가치하다"[Gesamtunwert]). (비판은 Marxen [1975], 226-7; 또한 Zaffaroni [2017], 271 이하[행위와 행위자 유형은 모든 것을 포함한다]).

684 Schaffstein, ZStW 57 (1938), 301, 322, 327.

685 Zaffaroni (2017), 273.

686 Schaffstein (1933).

687 또한 Stefanopolou, JoJZG 2010, 115; Zaffaroni (2017), 258 이하.

정하였다. 이러한 사유는 새로운 권위주의적이고 일반예방적 (나치) 형법과 모순되었다. 왜냐하면 처벌을 면해주는 (추가적) 근거들은 "법에서 개인주의적 입장을 표현"[688]하고 있어서, 나치 정권의 형벌사상을 약화시킬 위험성을 가지고 있기 때문이다. 어떤 경우도 나치 정권의 형벌은 반대자에게만은 주저 없이 발동되어야 했다. 그를 위해 형사정책뿐 아니라 형법 도그마틱도 전통적인 자유주의적 형법의 경향에서 벗어나야 한다. 그는 이렇게 말한다. "… 인민의 법의식에 개인주의가 영향을 미칠수록, 이 개인주의는 책임개념을 상대화시키는 위험요소로 발전하게 될 것이다."[689]

---

688 Schaffstein (1933), 60 이하(Zumutbarkeitslehre als Ausdruck individualistischer Strafrechtsgestaltung).

689 Schaffstein (1933), 82(je stärker der Individualismus von dem Rechtsbewusstsein des Volkes Besitz ergriffen hat, desto verhängnisvoller wäre es, ihm auch noch durch die Relativierung des Schuldbegriffs entgegenzukommen); 이에 대하여는 Zaffaroni (2017), 265.

제6장 에릭 볼프: 범죄자 유형론으로부터 행위자 태도론으로

1. 권위적-사회주의적 형법과 행위자론

에릭 볼프(1902-1977)는 공식적인 킬 학파의 일원은 아니었다. 그러나 그의 규범적 행위자 이론은 이들 이론과 매우 흡사했다. 자파로니는 볼프를 — 킬 학파의 불법론에 대한 장에서 언급하면서도[690] — 올바르게 기술하지 못하고 있다. 어쩌면 그가 볼프 저작들의 일부만 분석하고 있어서 이런 평가가 나왔을 수도 있다. 자파로니는 볼프의 1932년 프라이부르크 대학 취임강연인 "행위자의 본질에 관하여"(Vom Wesen des Täters)[691]만 다소 부정확하게 언급하고 있다.[692] 그는 볼프의 1933년 하이델베르크 대학과 프라이부르크 대학의 강연("형법개혁의 위기와 새로운 구상")[693]과 "나치주의 국가의 올바른 법"(Richtiges Recht im nationalsozialistischen Staat),[694] 그리고 다소 중요도는 떨어지지만 1935년 *총체적 형법지*(ZStW)에 발표한 논문[695] 등은 외면하고 있다. 그런데 이 글들은 매우 중요한 문헌들이다. 왜냐하면 1932년과 1933년 출간한 저술에서 볼프의 나치주의적 경향은 분명하지 않지만, 적어도 1933년 후반 집필하여 1934년 출간한 "나치주의 국가의 올바른 법"은 그에게서 나치주의 경향이 확

---

[690] Zaffaroni (2017), 246 이하.

[691] Wolf (1932). 현상학의 영향("인격적-존재적 방향을 가진 새로운 이론"[personalistisch- existentialistisch ausgerichtete neue Lehre])에 관하여는 Wolf 자신의 글, 12(개인주의는 "현상학적인 인격주의"[phänomenologischen Personalismus]에 의해 대체된다). 그리고 K. Barth에 대한 편지(Wolf, 2009, 305) 참조; 또한 Hollerbach, in: *Heidegger-Jahrbuch* 4 (2009), 284, 326 이하.

[692] Zaffaroni (2017), 247.

[693] Wolf (1933).

[694] Wolf (1934).

[695] Wolf, *ZStW* 54 (1935), 544. 이에 대하여는 Zaffaroni (2017), 247 이하.

FREIBURGER UNIVERSITÄTSREDEN
═══════ Heft 13 ═══════

Richtiges Recht
im nationalsozialistischen Staate

von

Erik Wolf

Freiburg im Breisgau
Fr. Wagnersche Universitätsbuchhandlung
1934

그림 17: 볼프의 나치주의 관점이 등장한 첫 저술 "나치
국가의 올바른 법"

실하게 나타나기 때문이다.(1935년 총체적 형법지 논문 이전 이 글이 나왔다)[696]

"행위자의 본질에 관하여"(1932)에서 볼프는―리스트의 행위자 유형의 다양화

에 반대하면서[697]―"법적 인격"(Rechtspersonalität)과 "태도"(심정 Gesinnung)[698]를

---

696 마찬가지 설명은 분명한 입장의 Guzmán Dalbora, *RDPC* VII (2017), 231("정통 나치법률
가"[otro jurista nazi]).

697 제3장 주 270과 Wolf (1932), 7 이하(분명한 인용은 없지만 그는 Liszt 의 범죄자 개념이 과다하
게 원인만 중심으로 하는 자연주의적 설명이어서 "실질적 오류"[verhängnisvolle Irrtum]이
므로 받아들일 수 없다라고 한다. 9 이하, 32).

698 Wolf (1932), 12, 14 이하(16: 범죄자는 "본성적으로 법에 대하여 저급한 태도를 보이는 인격을
가진 법공동체 구성원이다."[seinem Wesen nach ein personales Glied der Rechtsgemeinschaft
mit verfallender Rechtsgesinnung]; 18: "문화적 범위"에서 "현재의, 유일한 행위자"로서[im

기반으로 한 규범적 (인류학적-문화적) 행위자 유형을 제시한다. 이런 관점만 보면,[699] 아직 볼프의 사상에서 나치주의를 찾기 쉽지는 않다.[700] 그는 당시 형법을 기준으로 범죄자를 5개 유형(형사범의 개념)[701]으로 구분하고 있었다. 당시 법률이 어떤 유형으로 행위자를 규정하는지 설명하고 있다.[702] 볼프는 1933년 "형법개혁의 위기와 새로운 구상"에서 당시 실정법을 비판하고, 개혁적인 방향을 주장하기 시작한다.[703] 그 후 "권위적 형법의 형사정책"(Eine Kriminalpolitik des autoritären Strafrechts)

Raum der Kultur, jetzige, einmalige Täter]; 19: "현존하는 독일 법체계에 따른 ... 법개념"으로 서[juristische Begriff ... abhängig von bestimmten Voraussetzungen des deutschen Rechtssystems]; 32: "법의 세계 내에 존재하는 사람"[Mensch, wie er in der Welt des Rechts steht]; 36: "법 안에서의 인간 존재" [Seinsweise des Menschen im Recht]); 법인격과 법주체의 구분은 같은 글, 16; "태도의 흠결"(Gesinnungsverfalls)에 대하여는 17 이하.

699 근대적 관점에서는 이런 형법의 행위중심경향이 비판받는 것은 일반적이었다. Wolf는 효과적인 형사법의 억제기능이 저평가되어 처벌을 인권중심적으로 파악하는 것을 반대하고 있다: Wolf는 "법치주의 원칙의 엄격한 보장적 효과를 가장 기본적 권리단위인 인격체들이 구성하는 사회국가의 이익을 위해 완화시킬 수 있다고 생각"한 것이다(Unerschrockenheit, scheinbar geheiligte Garantien des Rechtsstaatsgedankens im Interesse eines sozialen Gliedstaatsgedankens auf personaler Grundlage aufzulockern; Wolf [1932] 35-6)). 반면에 Wolf는 기업의 처벌은 항상 반대하였다. Wolf, ZStW 54 (1935), 560-1.

700 그러나 Marxen (1975), 84, 190은 이 문헌에서 "이미 반자유적 비판의 명시적인 주제"(bereits wegweisende Motive der antiliberalen Kritik)와 새로운 행위자론의 기본 모습이 나타나고 있다고 한다.

701 "행위자로 파악될 유형"(Typen der Täterschaftsmäßigkeit)은 Wolf (1932), 26 이하(위험한 범죄자는 공동체에 갈등을 빚고, 적대적이며, 무관심하며 위협적인 존재이다[gemeingefährlich, gemeinwidrig, gemeinfeindlich, gemeinlässig und gemeinschädlich]). 이러한 유형화 근거는 "인격체로서 태도의 황폐화"(Arten des personalen Gesinnungsverfalls) 정도로 파악할 수 있다. 같은 글, 27.

702 Wolf (1932), 31은 명시적으로 "범죄자 유형을 오늘날처럼 구성요건 유형에 따라 은밀하게 처리하는 비공개 방식이 아니라 공개적으로 정의할 필요가 있다."(Es muß ein offener Katalog von Täterschaftstypen werden, an Stelle eines heimlichen, der sich, wie es heute der Fall ist, in einem Katalog von Tatbestandstypen verbirgt).

703 Wolf (1933), 6 이하. 그는 당시의 법을 "갈등하는 세계관과 정치사회 이념 간의 불안한 타협"(Kompromiß widerstreitender Weltanschauungen und politisch-sozialer Ideale)으로 평가한다(9). 그렇기 때문에 당시 법에는 현실적인 수준의 "두단계 상이한 자유적-권위주의적 형법"(zweispuriges liberal-autoritäres Strafrecht)이 존재하고(11), 궁극적으로는 "형법의 실패"(Versagen des Strafrechts)가 발생했다고 말한다(13). Wolf는 이탈리아에서 시작된 생물학적 자연주의 범죄론(13 이하)과 사회논리주의(15-6), 그리고 "사회유기체주의"(die Idee des Sozialen)(16-7)를 개혁운동을 위한 주요 동기로 인정한다; 형사정책적인 측면에서는 후자가 사회민주주의적 형사정책의 토대가 되어 "강력한 독일 형법을 재구성"(mächtigsten sozialistischen Einflüssen auf die Gestaltung des deutschen Strafrechts)하는데 기반이 되었다

을 통해 "나치주의 형법 개혁"을 완수할 것을 제안하였다.[704] 그는 당시 형사정책의 기조는 "민족적 법치국가 안에서 민족적 형법"으로 변화되고 있다고 말한다. 이는 "사회-자유적인 것"이 아니라 "권위-사회적"으로, 또는 "권위-자유적인 것"이 아니라 "사회-권위적"인 "형법관"으로 "전환"[705]되고 있는 중이라고 진단하였다. 이런 의미에서 "법치주의를 따르는 민족국가 안에서 민족적 형법으로 전환"[706]은 "권위-자유적" 형법이 아니라, 결국 "권위-사회적" 형법으로 발전해 가야 한다고 말한다. (이를 통해 "나치주의"와 "독일 민족주의"를 결합하였다)[707] 볼프는 새로운 형법의 "사회적 요소"를 강조하였다. 그는 이 요소가— 이미 당시 성행하던 개혁운동 안에 포함되어 있었는데 — 자유를 희생해서라도 성취해야 할 우월한 이익이라고 주장하였다. 그 이유는 형법이 "권위적-보수적 국가 운영 이념과 결합되어, 새로운 인민들의 공동체 법감정을 표현해야"[708]하기 때문이었다. "형법에서 사회적 요소와 권위적 요소의 결합"[709]은 다음과 같은 세 가지 관점에서 이전의 개혁과 다르게 달성되어야 한다.(그 이유는 이전의 개혁들은 형식적인 변화에 그치고 있었기 때문이다) 첫째 이상주의적-철학적 방향성이 아니라 현상학적이어야 하고, 둘째 형식적-자유적 사회인식이 아니라 지속적이어야 하고, 마지막으로 무엇보다도 형식적 법치국가나 복지국가가 아니라 나치주의 국가적인 것이어야 한다.[710] 새로운 형법은

(17-8). Wolf (18 이하)는 개혁운동의 기본인 인본주의는 과학에 따라 결정되어야 하고, 경제-자유와 (정치적)자유적 권위주의를 존중하여, 개별적 규범수범자들은 세 가지 방식(20 이하)로 설명한다. 첫째 권리를 가진 시민으로서, 둘째 주체로서(복지정책의 대상[Objekt wohl-fahrtspflegerischer Maßnahmen, 20]), 그리고 "규범적으로 범죄를 야기할 수 있는 기회범 또는 우연범"(normale Gelegenheits- oder Zufallsverbrecher), 22)으로 각각 존재한다.

704 Wolf (1933), 6(eine Kriminalpolitik des autoritären Strafrechts, national-soziale Neubau des Strafrechts).

705 Wolf (1933), 13(Wendung vom liberal-autoritären Obrigkeitsstaat zum liberal-sozialen Volksstaat).

706 Wolf (1933), 25(Wendung zum nationalen Strafrecht im nationalen Rechtsstaat).

707 Wolf (1933), 30, 31(autoritärsozial, sozialliberal, sozial-autoritärer, autoritär-liberaler, Strafrechts-gesinnung, nationalsozialistisch-deutschnational).

708 Wolf (1933), 30(mit den Gedanken der autoritär-konservativen Staatsführung verschmolzen, einen neuen Sinn von Gemeinschaft des Volkes repräsentieren).

709 Wolf (1933), 31-2(Verschmelzung des sozialen und des autoritären Elements im Strafrecht).

710 Wolf (1933), 32.

단순한 사회와 개인이 아니라 "국가"(Staat)와 "인격체"(Person)를 중심으로 한다.[711] 국가란 "민족의 의지 통일체"이며 "법익보호를 위한 전체 체계에 통용될 기본 이념" 이었다. 그것 때문에 "법질서에 대한 모든 공격"을 "전체 국가에 대한 공격"으로 간 주할 수 있었다.[712] 또한 "인민"은 더 이상 "이기적 개인"이 아니다. 이들은 국가의 한 부분이고, 국가에 대해 의무(범죄예방 의무를 포함)를 부담하는 존재이다.[713] 범 죄 행위자는 "복지의 대상이 아니라, 법적 공동체의 일원으로서 책임을"[714] 져야 하 는 존재이다. 후에 볼프는 행위자 유형을 더욱 정밀하게 발전시킨다.(아래에 다시 후술한다)[715] 본질적으로 그의 새로운 형법 이해란 전체주의적이고 규범적 범죄론 의 재구성이라는 매우 협소한 착상[716] 안에서 전개되었다. 즉 형벌의 사회방어적 관 점[717]과 국가 이익에 반하는 범죄 목록만을 중심으로 구성하고 있다.[718]

비록 볼프의 권위주의적 — 사회적 형법 모델이 나치주의 사상과 밀접하고,

---

711 Wolf (1933), 33.

712 Wolf (1933), 33(als realer Willensverband der Nation, zur sinngebenden Grundidee des ge-samten Rechtsgütersystems, *jeder* Angriff auf die Rechtsordnung ... als Angriff auf das Ganze gelten; 이탤릭은 원문).

713 Wolf (1933), 34(als egoistisches Individuum verstanden).

714 Wolf (1933), 35(Objekt der Wohlfahrtspflege, sondern ein verantwortliches Glied der Rechts ge-meinschaft).

715 Wolf (1933), 35-6("단순한 인과적 정법론을 거부"[Ablehnung einer bloß kausalen Lehre von der Täterschaft]하고, "범죄자 유형들과 행위 유형에 맞는 태도유형"[Gesinnungstypus mit entsprechendem Handlungstypus]을 인정).

716 Wolf (1933), 36 이하(범죄구성요건 내에서 특정 "태도의 표출"[Gesinnungsausdruck]을 규범 화하여 불법을 "국가에 반하는 것"[Staatswidrigkeit]으로, 불법의 근거를 주관화하고, 정당화 근거로서 전체적-사회적 요소[사회방위 Sozialwehr]를 강조; 규범적이고 사회-윤리적 책임 개념으로 "국가에 대한 의무위반성"[Staatspflichtwidrigkeit]을 설명).

717 Wolf (1933), 40 이하("인민공동체에 범죄인을 포함시킬 것인지 또는 그를 제거할 것인 가"[Anpassung des Verbrechers an die Volksgemeinschaft oder Ausschluß von ihr], "사회적 실 존에서"[in seiner sozialen Existenz], "그의 특별한 지위가 처한 입장에서"[seinem spezifisch-ständischen Dasein], 그리고 "법적 인격으로서 그의 행위선택을 제한하여"[Einengung seiner rechtspersonalen Handlungsmöglichkeiten], 사회예방적 교육방식을 통해 범죄자를 최종처리 하거나 재신뢰할 수 있다).

718 Wolf (1933), 43(예를 들어 국가의 명예와 시민권, 노동력, 특성에 따른 명예 보호 등). 제5장 제2절 주 536.

나치주의[719]와 "킬 학파"[720]는 서로 유사한 그룹이라고 분류할 수는 있지만, 그의 "형법개혁의 위기와 새로운 구상" 자체를 나치주의 옹호 글이라고 말하기엔 아직 부족하다. 그 이유는 첫째 이 글에서는 나치주의에 대한 언급이 상투적이다. 사용된 용어를 분석해 보면, 볼프가 주로 사용한 "사회 – 권위적"과 "권위 – 사회적"이라는 표현은 그가 일부러 나치주의와 의식적으로 거리를 두려고 하는 듯한 인상을 주기도 한다. 둘째 볼프는 "인격적 권리"[721]에 대한 언급에서 자유주의와 법치주의를 보호하려고 하였고, "국가 *안에서의* 자유"[722]를 인정하려고 했다. 다만 볼프가 "소위 기본권"은 절대적인 것이 아니며, 국가의 이익[723]과 충돌할 때 언제나 희생되어야 한다고 주장한 사실은 기억해 두어야 한다. 더 나아가서 그는 단정적으로 "국가*로부터의* 자유"가 "없다"[724]라고 말했다.(이 말에서 "국가 안에서의 자유"가 있는데, 어떻게 "국가로부터의 자유"가 없는지 궁금하다–볼프는 이에 대한 답을 내놓지 못했다.) 셋째로 볼프의 관점이 아직 *인민공동체*(Volks-gemeinschaft)를 중심으로 하지 않고, 집단으로서의 국가만 전제하고 있다. 이렇게 보면 그는 나치주의자라기 보다는 파시스트 같은 측면도 있다.[725] 결국 볼프는 형법을 소위 종교적 또는 신성회복적 수단으로, 그리고 그를 통해 절대적 특성에서 벗어나려는 의도를 가진 모델로 전제한 것이 아닌가 하는 추측해 볼

719 Wolf (1933), 30("적극적인 사회주의 이념의 나치주의 형법전 인용"[aktive Hineinnahme sozialer Wertvorstellungen in die Idee eines nationalsozialistischen Strafgesetzbuchs]), 31("나치 개선 운동의 요소"[Element der nationalsozialistischen Erneuerungsbewegung]으로서 "청년"[junge Menschen]). 이런 관점에서 Wolf를 "넓은 의미"의 "나치주의자"(nationalsozialistisch)로 봐야 한다는 주장은 Gemmingen (1933), 7-8.

720 Wolf (1933), 24-5 주 1(그의 "매니페스토"[Programmschrift]에 대한 설명은 Dahm/ Schaffstein, 1933).

721 Wolf (1933), 29(Persönlichkeitsrechten) (법치국가 원칙에 따른 "사회적-자유적"[sozial-liberalen] 국가 대신 "사회적-민족적"[sozial-nationalen] 관점을 주장하나, "여전히 법치국가 원칙은 존중"[aber es bleibt beim Rechtsstaat]).

722 Wolf (1933), 32(Freiheit *im* Staat; 이탤릭은 원문).

723 Wolf (1933), 29(sogenannten Grundrechte) (기본권은 "절대적인 것이 아니다"[keine absoluten Werte]; "지나치거나 아예 위태로운 보호를 제한할"[verhindert werden, daß sie in übertriebener Weise oder gar schädigener Ausschließlichkeit geschützt sind] 필요가 있다.)

724 Wolf (1933), 32(Freiheit *vom* Staat, verschwinden; 이탤릭은 원문).

725 이탈리아 파시즘과 나치의 구분에 대하여는 제2장 제1절 주 121.

수 있다.[726]

2. 볼프의 나치주의로의 전향과 탈퇴

볼프는 1933년 또는 1934년 초반 나치주의자[727]가 된다. 그 시기 볼프는 (프라이부르크의 독일의 나치주의 법률가협회[728]에서) 나치 정권을 인정하고 나치법을 "정당한 법"[729]이라고 선언하였다. 그는 이 법이 계속 발전해야 하고,[730] 나치의 인민과 인종 개념에서부터 점차 "전체 국가" 속에서 실현되어야 한다고 주장했다.[731] 원칙적으로 형법의 "지적 기반"을 적대형법 또는 "국가의 권위를 수호"

---

726 Wolf (1933), 43-4(형법개혁은 "태도[심정]에 대한 종교적 접근"[religiösen Gesinnungseinsatz]과 "법에 대한 지속적 신뢰"[dauernd festgehaltenen Willen zum Recht]를 필요로 한다; 국가는 "법의 최상위 가치"[höchste Wert des Rechts]이지만, 법은 "절대적인게 아니다"[kein Absolutes]).

727 이를 부정하는 견해는 Ziemann (2009), 113 이하.

728 Wolf, *ARSP* 28 (1934), 348("인민 지배"[Volkstum]와 "지도자 지배"[Führertum]를 법의 근원으로 하고 "나치주의 혁명의 실질적 권한"[Kennzeichen der Echtheit der nationalsoz. Revolution]과 [348] "인민적 법공동체의 계급적 명예관"[Gedanke ständisch gestufter Ehre der völkischen Rechtsgenossen], 그리고 나치주의 법이념으로서의 명예[348-9]를 중심으로 한다).

729 Wolf (1934), 10("올바른 법이란 … 우리에게 현실적인 법은 제3제국 나치주의법이어야만 한다"[Richtiges Recht … unser wirkliches Recht kann deshalb nur das Recht des National sozialismus im Dritten Reich sein]). 또한 Wolf는 히틀러 이름을 직접 언급하지는 않지만, 그의 지도자에 대한 헌신에 찬사를 표현한 바 있다(28-9).

730 Wolf (1934), 10 이하("충분히 완성된 내용"[vollkommen sichtbare abgeschlossene Gestalt]은 아니지만, 그래도 "인민을 위한 미래의 법으로 초기 단계"[Vorstufe zum künftigen Volksrecht]로서 Hitler의 "나의 투쟁"[Mein Kampf] 등에서 제시되고 있다고 한다).

731 Wolf (1934), 13 이하("인민과 인종"[Volk und Rasse]은 "자연적-역사적 삶의 사실"[Tatsachen des natürlich-geschichtlichen Lebens]로서, "공동체의 이익과 희생의 정신" [Gemeinnützigkeit und Opfersinn]으로부터 각 개인의 "요구"[Forderungen]에 따라, 그리고 "민족과 사회 공동체 전체"[Einheit der Nation und soziale Gemeinschaft]에 의한 전체주의국가[totale Staat]임을 자각하는 요건이다[13]); 이런 관점에서 28은 "일반적인 나치주의 삶"(national-sozialistische Leben überhaupt)의 "특성"(Kennzeichen)을 설명하고 있다("인민과 인종에 속하고, 공동체 이익을 위한 희생정신이 있고, 국가와 사회공동체를 위하여 봉사하는 특성(Zugehörigkeit zu Volk und Rasse, Betätigung von Gemeinnützigkeit und Opfersinn, Hingabe an Nationalgemeinschaft und Sozialgemeinschaft)) 전체주의 국가에 대하여 Wolf (같은 글, 23 이하)는 계급적이고 직무관련 특성, 그리고 특히 *Forsthoff* (1933, 42)를 인용하여 "각 개인들의 민족에 대한 전체 의무"(totale Inpflichtnahme jedes einzelnen für die Nation)라는 표현을 매우 "아름다운 말"(schönes Wort)이라고 칭찬한다(Wolf, [1934], 25). "국가의 전체성은 … 지고한 신의 권능에 의해 정

하기 위해 적을 물리치는 수단으로 바꿀 것을 제안하였다.[732] 구체적으로 형법은 "인민들에게 해악이 될"[733] 수 있는 "위해 요소를 제거"하는 효율적인 수단이어야 한다고 말한다.[734]

볼프는 이 글과 위에서 언급한 총체적 형법학에 기고한 논문에서 나치의 양형 체계를 긍정적으로 평가하고 이 체계가 향후 공식적인 형법위원회와 독일 아카데미위원회 형법분과의 기본 견해로 발전되기를 희망하였다.[735] 다른 한편 볼프는 형벌의 결과로서 "공동체에서 범죄자의 법적 권리를 제한"[736]할 것도 주장했다. 즉 그의 "사적"인 실존뿐 아니라, "사회적" 실존도 부정되어야 한다. 행위자는 인민공동체의 구성원이므로 "인민공동체의 가치판단"에 따라 형벌의 본질을 판단하고, 형벌의 지속적이고 독창적 기능은 인민공동체를 보호하는 것이기 때문에 이런 설명도 가능하였다.[737] 다른 측면에서 규범적 행위자 유형을 발전시켜, *인민적 "태도 유형"*과 "*인민의 적들 유형*"[738]으로 구분하기도 했다. 또한 나치주의 세계관을 적용하여 — 일종의 "개인에 대한 전체의 확고한 우월

당화된다"(die Totalität des Staates … der Rechtfertigung durch die höchste Autorität Gottes; 같은 글, 27).

732 Wolf (1934), 23(staatlichen Autoritätsbewährung) ("범죄는 … 불복종이며 반역"[Verbrechen … als Ungehorsam und Auflehnung]으로서 "범죄자"[Verbrecher]는 "국가의 적"[Feind des Staates]이다) 유사하게는 Thierack, in Frank (1934), 29("권위의 유지"[Autoritätswahrung]가 "처벌의 목적"[Ziel der Strafe]이다].

733 Wolf (1934), 22(gegen volksschädliche Ausbeutung).

734 Wolf (1934), 23(Ausschliessung von Schädlingen). Wolf (같은 글)는 이 관점에서 방안을 제시한다: "유전적 기질의 성범죄자들을 발견하여 거세하고, 시민으로서의 권리를 박탈하며, 기질적인 범죄자들과 공동체에 해악이 예견되는 범죄자들은 예방차원에서 구금한다." (Zwangsunfruchtbarmachung und Entmannung erbkranker Triebtäter, Entziehung des Staatsbürgerrechts, Sicherungsverwahrung der Berufsverbrecher und Gemeingefährlichen).

735 Frank, ed (1934); 이에 대하여는 Wolf, ZStW 54 (1935), 544 주 1.

736 Wolf, ZStW 54 (1935), 545(Minderung der Rechtspersönlichkeit des Täters in der Gemeinschaft); 이전 언급은 Wolf (1932), 33(응보는 "법적 인격성을 제한"[Verminderung der Rechtspersonalität]하는 것)과 이장 제1절 주 718.

737 Wolf, ZStW 54 (1935), 545-6(als Werturteil der Volksgemeinschaft).

738 Wolf, ZStW 54 (1935), 550-1(Gesinnungstypus, Typus des Volksfeinds) ("건전한 인민의 관념"[gesunde Volksanschauung]을 언급). 올바른 태도에 관하여는 Wolf (1934), 25 이하("나치주의와 기독교 사상의 결합이 본질"[wesensnotwendige Verbindung von Nationalsozialismus und Christentum], 26).

감을 보여주기 위한"[739] — 단두대 사형도 주장한다. 여기서 볼프는 합리주의적 관점(오판시 회복불가능성 등)은 완전히 부정한다.[740] 더 나아가서 그는 정치범에 대한 관용을 없애야 한다고 말한다.[741] 그리고 명예형은 "태도에 대한 처벌"로서 범죄자의 직업적 실존까지 "뿌리뽑는"것이 필요하다고 말한다.[742] "인민들을 오염시키는" 행동을 하는 경우 공동체에서 추방하는 것(ostracism) 역시 옹호하고 있었다.[743] 양형에서 — 인민공동체를 보호하는 것이 "나치주의 형법의 근본 원칙"이고 "*의사형법*에서 나오는 유익한 사상"[744]이라고 강조하여 — "범죄자들의 해악을 평가하여 인민들의 생활을 보호하고 범죄자의 인민에 대한 태도의 적대성"을 감안한 "양형기준"을 세우는 보편 양형론을 주장하기도 했다.[745] 상습범에 대하여 더 엄격한 처벌을 요구한다.[746] 또한 "범죄자의 의지"가 "사회적으로 위태로운 수준으로"[747] 여겨지면 형량을 더 상향할 수 있다. 형량 감경은 "제한적"이어야 한다. 인민의 법감정을 혼란스럽게 할 수 있기 때문이다.[748]

1년 후 볼프는 행위 유형과 행위자 유형을 구분한 세 개의 범죄개념을 두 개

---

739 Wolf, ZStW 54 (1935), 547(Ausdruck der absoluten Herrschaft des Ganzen über den Einzelnen) (위원회 보고서 인용, 주 8).

740 Wolf, ZStW 54 (1935), 546 이하(547: "이념적으로 나치주의 국가의 본질에서 비롯된다." (weltanschaulich im Wesen des nationalsozialistischen Staates verwurzelt).

741 Wolf, ZStW 54 (1935), 548-9(548: "전체주의 국가는 어떤 경우도 "저급한 범죄자를" 인정하지 않는다"[Der totale Staat kennt keine 'anständigen Verbrecher'][위원회보고서 주 18]); 또한 제5장 제2절 주 530.

742 Wolf, ZStW 54 (1935), 561-2(Gesinnungsstrafe, Decapitierung).

743 Wolf, ZStW 54 (1935), 562-3(völkischen Gesinnungsverfall).

744 Wolf, ZStW 54 (1935), 569(Grundgedanken des nationalsozialistischen Strafrechts, fruchtbaren Gedanken des Willenstrafrechts).

745 Wolf, ZStW 54 (1935), 569(Maß der Strafe, Schutz der völkischen Lebensbedingungen im Hinblick auf den Grad der Volksschädlichkeit der Handlung und auf die Volksfeindlichkeit der Gesinnung des Täters). 그는 개혁위원회의 공적인 입장을 넘어서, "인민의 기본적 삶에 대한 충격 수준"[Grad des Verstoßes gegen die Lebensbedingungen des Volkes]에 따라야 한다고 주장했다; 같은 글, 568).

746 이 글의 초반부에서 그는 상습범처벌법을 긍정적으로 평가하고(Wolf, ZStW 54 [1935], 544) 위험스런 상습범죄자들을 미리 구금할 것을 제안한다(같은 글, 571).

747 Wolf, ZStW 54 (1935), 570-1(besonders verwerfliche Wille des Täters).

748 Wolf, ZAkdR 3 (1936), 358.

로 대체한다. 자파로니는 이 사실도 외면하고 있다.[749] 볼프는 그의 *인민— 공동체적 행위와 행위자 개념*을 고수하여 — 피해자에 대한 공격은 "인민공동체의 실체"에 대한 공격[750]으로 파악하고, 동시에 범죄자가 "태도마저 불손한" 경우는 "지능적인 범죄자의 위험성"[751]을 표현하는 것이므로, 인민공동체를 더욱 위태롭게 할 수 있어서 — 행위 — 행위자 유형을 실질적 사회 여론과 종국적으로 지도자의 의지[752]를 통해 결정할 것을 요구하였다. 초창기 행위 유형과 행위자 유형이 동등하게 중요하다고 한 주관화 관점은 여기서 포기되고 있다.[753] 볼프 사상의 변증론적 발전과정은 1939년 "킬 학파"(담과 샤프쉬타인)와 마부르크 학파(쉬빙에와 짐멀)[754]의 논쟁에서 분명해졌다. 이 논쟁에서 볼프는 모두 (나치주의적) 형사정책을 주장하던 양 학파와 그들의 논쟁은 순수 방법론적 차이에 불과하다고 평가하였다.[755] 그는 "두 극단적 견해는 형법을 새롭게 개념화하면 변증론적으로 충분히 통합"[756]될 수 있다고 말한다. 헤겔과 하이데거의 관점[757]

---

749 Wolf, *ZAkdR* 3 (1936), 358.

750 Wolf, *ZAkdR* 3 (1936), 361(die Substanz der Volksgemeinschaft selbst) (이는 "그 권한은 … 전체 정치체계로서 … 일지 문제이다"[Kraft … als politisches Ganzes … in Frage gestellt]).

751 Wolf, *ZAkdR* 3 (1936), 362(Gesinnungsverfall, intellektueller Verbrechensschaden).

752 Wolf, *ZAkdR* 3 (1936), 360 이하(법관이 법을 올바로 결정하려면 "기술되지 아니한 법"[ungeschriebenes Recht] 해석에서 "인민들의 관념"[Volksanschauung]을 살펴봐야 한다. 그러나 "지도자의 결정"[etwaige oberste Führerentscheidung]에 의하거나[361] "구체적인 지도자의 지시"[eine konkrete Weisung des obersten Führers]를 따르는 것도 가능하다 … [362]).

753 Schaffstein의 견해는 이런 면에서 유사하다. 제5장 제5절 주 660.

754 Wolf, *DRWis* 4 (1939), 168(동시에 Schwinge의 비합리주의에 관한 저서를 언급한다. 더 자세한 내용은 제4장 제2절 주 363 이하와 본문).

755 제2장 제2절 주 335, 371.

756 Wolf, *DRWis* 4 (1939), 176(synthetischer Verbindung der beiden extremen Ausgangspunkte strafrechtswissenschaftlicher Begriffsbildung). 구체적으로는 같은 글, 178-9("범죄는 의무위반일 뿐 아니라 보호된 법익에 해악을 끼치는 것이며 … 범죄자의 태도뿐 아니라 그의 행위 결정도 범죄의 내용을 결정한다.…법은 모든 구체적-추상적 질서 요소를 파악해야 한다." [Verbrechen nicht nur Pflichtverletzung, sondern auch Rechtsgüterschaden … nicht nur die Gesinnung des Täters, sondern auch der Erfolg seines Tuns den Verbrechensgehalt bestimmt …, das Recht sowohl konkrete als auch abstrakte Ordnungselemente aufweist]) 그리고 179("범죄자를 이해하려면 '어떤 행위의 범죄자'로서 판단해야 하고 '어떤 행위자의 행위'로, '그 합일태'로서 판단해야 한다[Täter als 'Täter einer Tat' und die Tat als 'Tat eines Täters' zu begreifen, Synthese]).

757 Wolf, *DRWis* 4 (1939), 181(höheren Synthetis).

인 "상위로의 통합 테제"를 여기서 적용하고 있었다. 그를 통해 위에서 설명한 대립과 안티테제를 개념화하는 것을 거부한다.[758] 이 시기를 그가 실질적, 나치주의자의 관점을 가지고 있던 때로 볼 수 있다.[759]

볼프의 저술은 고전적 행위자 유형론을 개선시키면서 첫 번째로 *변화*(1932)하고, 형법의 "재구성"을 요구(1933)한 글에서 나치 정권과 나치주의 법(1933/34)을 위하여 나치주의에 따른 *심정 유형* 또는 태도 유형을 제안(1935)하면서 다시 바뀐다. 그리고 행위 유형과 행위자 유형의 관계(1936)와 더 높은 (나치스주의에 따른) 통합론(1939)으로 최종 전환하면서 킬 학파와 근접하게 — 또한 헤겔 철학 경향으로 — 변화된 것을 확인할 수 있다.[760] 이 과정은 그가 어떻게 초기 행위 중심의 범죄자유형론에서 태도(심정형법) 유형으로 변화되는지를 명확하게 보여주고 있다.[761] 행위와 행위자 유형은 구분의 본질을 왜곡하는 수준을 넘어서 처벌을 정당화하는 근거로도 사용하고 있었다.[762] 그러나 볼프는 인민이 범죄가 아니라고 판단하면 범죄가 아니라는[763] — 예를 들어 히틀러청년단의 가톨릭 깃발 절도사건을 범죄가 아닌 것으로 해석하는 — 킬 학파의 해석과는 실제로 거리를 두고 있었다.[764]

일부 견해와 달리,[765] 볼프의 나치주의에 대한 (문헌적) 기여는 1936/37년 끝

---

758 제4장 제4절 주 467.

759 Wolf, *DRWis* 4 (1939), 177("오늘날 독일법의 법의 실질적 내용은 나치주의에 의해 구성되기 때문에"[denn die materiellen Inhalte der Gerechtigkeit im Raum des deutschen Rechts der Gegenwart sind durch den Nationalsozialismus gegeben]). 유사하게는 Mittasch (1939), 99 이하는 법익보호개념을 유지하면서도 형법의 윤리화와 의무위반론을 주장한다.

760 Wolf, *DRWis* 4 (1939), 181과 그의 킬 학파로서의 정체성은 신헤겔주의자적 입장은 "인민적 국가형이상학"(völkische Staatsmetaphysik) 용어에서 드러난다(같은 글, 174-5).

761 Vogel (2004), 81-2, 84(의지의 책임과 태도의 위험성으로서의 의사형법; 범죄자는 그 극단화를 위한 제2단계로서 대상화).

762 Zaffaroni (2017), 248는 이를 간과한다.

763 제5장 제5절 주 634와 본문.

764 제5장 제5절 주 627와 본문.

765 Wapler (2008), 252-3, 259-60(그는 주 750의 인용된 글[Wolf, *ZAkdR* 3 (1936) 을 마지막 나치주의자로서의 글로 보고 있다. 그 이후로는 "일찍 그리고 명확하게"[frühe und deutliche] 나치와 결별하였다고 평가한다); Foljanty (2013), 140 이하는 좀 더 많은 문헌을 확인할 수 있다. (그녀는 1936년과 1937년을 언급하고 있다. 140 주 24); 또한 Vogel (2004), 32.

나지 않았다. 이 시기는 그가 "고백 교회"(Bekennende Kirche, 반나치 개신교 교회 운동)에 참여하면서 종교와 국가의 분리를 주장한 시기이다. 볼프는 칼 바르트에게 쓴 두 개의 (보내지 않은) 편지에서 "1933년 이후 자신의 행위에 대한 양해"를 요구하고 있었다. 동시에 그는 나치 운동과 연관된 역사적 맥락과 유산에 대한 이해를 부탁하기도 했다.[766] 그러나 어떤 식으로 생각하건, 그는 당시에도 지속적으로 나치주의를 옹호하였다. 이 경향은 1939년 위에서 언급한 저서[767]에서도 드러난다. 그리고 1942년 — (아마도) 스페인어로만 출간되었는데 — 스페인의 발라돌리드 대학에서 행한 나치 소년 형법 강연에서도 확인된다.[768] (문헌

---

766 편지(1945년 10월 15일자와 1968년 11월 11일자)는 후에 출간되었다(Wolf, 2009, 288 이하, 중요한 인용은 290 [1933년부터의 오류와 실수]와 291 이하). Wolf는 후에 1932년 Hindenburg과 Hitler가 경쟁한 선거에서 전자에 투표했다고 한다(307). 그러나 점차 "그들의 '사회적'사고가 정치적으로 더 중요한 것으로 여겨지기"(den 'sozialen' Gedanken dieser Leute politisch ernster zu nehmen) 시작했고(309), "전후 관료주의적 국가에 대한 과오를 자기 비판하려는 의도에서"(um guten Willen zur Selbstkritik an den Fehlern des bürokratischen Beamtenstaats der Nachkriegszeit zu beweisen) 1933년 여름 나치법률가협회에 가입했다고 말한다(317). 1933년 그는 이미 프라이부르크 대학에서 나치의 공격성을 경험하였다(당시 총장이던 Heidegger의 의해 법과대학 학장으로 임명되었다) (312-3, 315, 319-20). 여기서 그는 "첩보에 의한"(Bespitzelung) 희생자(317)가 되었고, 점차 학과에서 고립되었다(317-8). 결국 그는 1934년 3월 학과장을 사임한다(Heidegger도 같이 그만둔다) (318). 그의 "실제 전향"(eigentliche Wende)은 1937년(이때는 그가 재판을 받게 된 성직자 Martin Niemöller의 변론서를 작성한 때이다) (321-2): "나는 나치운동은 진정한 혁명 의지를 영구히 잃어버리고, 저항을 위한 윤리적 정당성 없이 단순한 권력다툼으로 전락해버린 것을 깨달았다"(Ich sah, daß der gute revolutionäre Elan der ns Bewegung endgültig erloschen war und einer Machtpolitik ohne ethische Legitimation gewichen war, der man widerstehen müsse, 322). 이 언급은 Wolf의 제자 Hollerbach가 Wolf가 1932년 프랑크푸르트에서 나치주의자들에 의해 개최된 IKV conference에서 전체 청년회원들과 보수적 청년집단들에 반대하였다는 설명과 부합한다(in: Heidegger-Jahrbuch 4, 2009, 306 주 78, Wolf의 일기 초반; 같은 내용은 회합의 내용을 언급하여 Marxen [1975], 97-8).

767 주 755.

768 Wolf, REP II (1944/45), 7 이하. Juan de Rosal의 번역에서 나는 독일 원문정보를 찾을 수 없었다. 이 글의 12 이하에서 Wolf가 새로운 나치 소년형법을 옹호했고(주장하기를 그의 목적은 미성년범을 "공동체 인민의 방식"[la vida comunitaria popular]으로 완전히 성년처럼 다루기를 원했다고 한다[23]). 그는 나치 형법과 거리를 두려고 하지 않았다. 이에 대한 비판적 접근은 Torino y Roldan, RDP 1 (1945), 507-514(소위 새로운 형법에 대한 공개적 비판과 철폐를 주장하며, "그러므로 어떤 연구자에서도 이러한 흔적을 찾아 볼 수 없다. 오늘날이나 앞으로도, 이론이나 실무도, 학설이나 법률에서도, 학자나 학생들에게도, 입법에서나 법관과 집행의 측면에서도, 어떤 시도나 이렇게 생각한 사람은 찾아 볼 수 없다"[para que no vuelva más a er-

적) 자료에도 불구하고 볼프의 제자인 홀러바하가 볼프의 글 "어디에도" 나치주
의에 대한 "분명한 지지"는 없고, 이런 자료들은 "요즘 토론에서 등장하는 에피
소드"769 수준이라고 말하는 것은 이해할 수 없다. 사실 볼프의 나치적 배경을 생
각하면, 라드브루흐가 주도한 자연법 부활 운동770에서 볼프의 기여에 대한 최
근 논쟁에서 그의 편을 들어주기는 어려운 것이 사실이다.771

---

guirse enhiesto en ningún país de la tierra, ni hoy ni nunca, ni en la teoría ni en la práctica, ni en la
doctrina ni en las leyes, ni en los maestros ni en los discípulos, ni en los legisladores ni en los jue-
ces y ejecutores, ni en nada, ni en nadie]).

769 Hollerbach, in: *Heidegger-Jahrbuch* 4 (2009), 330(nirgendwo Totalaffirmation, im zeitgenössi-
schen Diskurs Episode geblieben) (특히 Emanuel Faye가 Wolf를 "중요 나치 법철학자"[promi-
nenten NS-Rechtsphilosophen]로 보는 관점을 "완전히 잘못된 설명" [völliges Zerrbild]이라
주장하며); 또한 같은 글, 346-7(Wolf가 나치주의에 "법철학적 근거"[ein rechtsphilosophisches
Fundament]를 부여했다는 주장은 "완전히 잘못된 것"[keine Rede]이라고 말한다).

770 제4장 제4절 주 499와 본문.

771 Hollerbach, *JZ* 2017, 455 이하는Wolf가 Radbruch가 1945년 이후 자연법론자로 회귀한 것에
영향을 미쳤다는 Frommel의 가설(JZ 2016, 913 이하)이 부당하다고 한다. 그러나 Wolf의 글
에는 나치주의에 대한 옹호가 포함되어 있다는 사실에 침묵하고 있다(Frommel의 글에서도
마찬가지이다).

제7장 (불완전한) 결론

1. 남미로의 (나치이념에 따른) 독일 형법의 선택적 수용

자파로니는 마지막 장[772]에서 남미에 수용된 독일 형법의 중요성과 현재까지 독일 형법과 남미 형법의 관계를 설명하고 있다. 자파로니는 특히 형법 도그마틱과 정치 체계의 관계에 대해 말한다. 그는 — 다른 저서들과 관련해서 이미 첫 장에서 언급한[773] — 인본주의적 형법을 옹호하는 학자이다. 그에 따르면 오늘날 (남미) 형법이 가진 반인권적 성향은 나치형법 도그마틱 수용 때문이라고 한다.[774] 자파로니는 법학은 문화적이고 사회 — 정치적 맥락에 영향 받는다고 말한다. 그렇기 때문에 그동안 무비판적으로 남미 국가들이 수입한 독일 형법 도그마틱에 의해 구성된 형법이론들은 조심스럽게 다시 평가해야 한다.[775] 외국법의 수용을 위해서는 두 가지를 고려해야 한다. 우선 방법론 관점에서 수입한 도그마틱이 자국의 기존 법과 조화할 수 있는지, 둘째 — 빈번하게 무시되지만 — 해당 도그마틱이 출발한 정치적 맥락이다.

자파로니는 이전에도 — 의도적이고 비판적으로 — 20세기 남미에 수용된 독일 형법을 전부 나치형법이라고 평가한 바 있다. 남미에서 나치형법은 메츠거와 같은 신칸트주의의 형식이나 킬 학파 저자들을 통해서 소개되었다. 특히 자파로니는[776] 킬 학파를 중심으로 수입된 나치적 영향력[777]을 강조하였다. 남

---

772 Zaffaroni (2017), 277 이하.
773 제1장 제1절 주 10.
774 Zaffaroni (2017), 277-8.
775 Zaffaroni (2017), 279-80. 같은 견해는 Guzmán Dalbora, *RDPC* VII (2017), 230, 232.
776 Zaffaroni (2017), 172.
777 Zaffaroni (2017), 172(arribaron los restos de una *guerra dogmática* entre nazistas [(이탤릭은 저자)].

미의 (최초) 독일 형법 수용은 "나치주의자들 간 도그마틱 논쟁"(소위 '신/구파논쟁'—역자) 소개로 시작되었다. 즉 신칸트주의와 킬 학파가 주도한 형법 이론 논쟁을 중심으로 수입된 것이다. 자파로니에 따르면 과학성과 중립성을 확보하기 위해 구성되었던 전통 독일 형법 이론은 남미에서 소개조차 되지 못했다. 그 대신 형법을 "*본질적으로는 이념적 순수함을 보호*"하는 것으로 파악하려는 기본 이해가 없었던 남미 형법학계가 피상적이고 어설프게 철학 흉내만 내던 나치주의 형법이론만 보편적인 독일 형법으로 오해하여 수입했을 것이라고 평가한다.[778]

자파로니에게 형법 도그마틱은 인본주의적 형법을 강화하는 수단이다. 그러나 나치주의적 오염 때문에 독일 도그마틱이 남미에서 기이하게 변질되었다고 평가하였다. 독일 도그마틱이 형법이 지켜야 하는 인본적인 강조점을 퇴색시키고 있다고도 말한다.[779] 자파로니는 신칸트주의의 순수 과학적이고 비정치적 이해가 엉뚱하게도 나치주의 형법 이론을 만드는데 일조했다고 비판한다.[780] 그러나 앞에서 설명한 것처럼(제4장 제3절), 신칸트주의 철학의 복잡성과 다양성을 생각할 때 이런 자파로니의 비난은 적절하지 않을 수 있다. 그러나 자파로니 설명에 동의할 수 있는 점은 있다. 어떤 정권이 민주 정권에서 전체주의로 몰락하거나 바뀔 때, 즉 민주주의에서 독재주의로 후퇴할 때는 형법 도그마틱의 순수 방법론적 기능은 민주적 *法治주의*를 보호할 수도 있지만, 동시에 반대로 작용하여 인종학살같은 비극을 정당화시키는 데도 기여할 수 있었다.[781] 이런 맥락에서 자파로니는 킬 학파가 처음부터 — 계몽주의에서 비롯된 자유적 — 개

---

778 Zaffaroni (2017), 172(nunca puede haber *asepsia ideológica* cuando se proyectan decisiones de poder, porque lo impide la propia *naturaleza de las cosas*.[이탤릭은 원문]); 같은 견해는 Guzmán Dalbora, *RDPC* VII (2017), 230. 무비판적인 독일 형법(나치 형법을 포함)의 수용에 대한 비판은 Matus, *ZIS* 9 (2014) 622-3, 627-8. 그는 (남미) 형법이론은 독재에 대한 저항력이 부족하다고 비판한다.

779 Zaffaroni (2017), 281.

780 Zaffaroni (2017), 282(mito de la *ciencia pura*: 이탤릭은 원문). 또한 그의 테크노크라트에 대한 비판은 제4장 제3절 주 379.

781 Zaffaroni (2017), 282.

인주의 형법을 붕괴시키고 — 새로운 나치 형법을 제안하는 이론을 가졌다고 판단한 것이다.[782]

2. 한스 벨첼은 진정 (신칸트주의적) 나치 형법을 극복하였는가?

이 소제목은 자파로니가 (우리가 따르기 어려운) 자신의 가설에 대하여 수사학적 의문을 제기하면서 붙인 것이다. 가설에는 두 개의 전제가 있다. 첫째 (추정적으로) 신칸트주의 철학이 나치형법의 근거라는 것과 둘째 벨첼[783]에 의한 목적적 존재론이 나치형법을 극복하는 데 도움을 주었다는 것이다. 사실 나는 이런 전제들을 모두 동의하지 않는다. 앞에서 보았듯이(제4장 3절과 4절), 나치주의 형법은 정확하게 말해서 신칸트주의의 방법론인 이원주의로는 설명할 수 없다. 그 대신 형법의 "윤리화"가 중심이다. 다른 관점에서 벨첼은 — 이미 그의 *교수자격논문*[784]과 전쟁 후 저서[785]에서(비록 그의 후기 저술들은 법과 도덕 분리론을 "근본적 차이점"으로 인정하지만)[786] — 신칸트주의에 대하여는 비판적이었고, *교수자격*

---

782 Zaffaroni (2017)는 몇 가지 측면에서 킬 학파의 지속적인 영향력을 강조한다. 284(darle la razó n a los autores de Kiel), 290 (consecuencias más coherentes); 이전 언급은 Zaffaroni, in Zaffaroni (2011), 13 이하, 51(파괴와 재건). 유사하게는 Mittermaier, *SchwZStR* 52 (1938), 210("진보적, 거의 혁명적인 방향"[fortschrittliche, ja fast revolutionäre Richtung]).

783 간략한 설명은 제1장 주 34; 상세한 내용은 Ambos, *Cardozo Law Review* 28 (2007), 2649-50.

784 Welzel (1935), 41 이하("가치에 존재적인 원인이 있다면"[wenn die Werte tief im Ontischen wurzeln], "존재 ... 자체는 '가치가 있겨'나 '가치적'이다"[das Ontische ... selbst 'wertig' oder 'wert'] "존재하는 것은 가치적 사태를 형성한다"[das ontische Sein gehört zur Materie jedes Wertes, 55), "자연주의적 실증주의를 극복하여"(Überwindung des naturalistischen Positivismus), "모든 수준높은 지적인 삶은 구체적 가치와 관련되어"[das ganze höhere geistige Leben mit seinen konkreten Wertbeziehungen] 현실을 구성한다[74]. 법개념은 "... 단지 존재의 중립적인 특성을 언급하는 것이 아니라 구체적 가치와 관련되는 존재하는 대상을 지시한다 [beziehen sich ... nicht lediglich auf wertfreie Seinsmerkmale, sondern auf in konkreten Wertbeziehungen stehendes ontisches Sein][75]); 이에 대하여 Loos, in: Loos (1987), 505; Loos, JZ 2004, 1118 주 47.

785 Welzel (1962), 190("신칸트주의 철학의 실패 원인은 법의 실증주의적 고수와 강조에서 나온다[im Beibehalten und Verfestigen des positivistischen Rechtsbegriffs liegt der tiefere Grund für das Versagen der neukantianischen Rechtsphilosophie]).

786 Welzel (1966), 22 이하(Grunddifferenz) (여기서 "존재"와 "당위" 구분을 단지[lediglich] "신

그림 18: 벨첼의 교수자격 논문, 1935

논문의 존재론적 접근법은 나치주의의 그것과 실제로 같기 때문이다.[787]

이를 무시하고 자파로니는 특별히 벨첼을 — 특히 형법을 윤리의 최소한으로 보는(필수적인 범죄 최소화의 관점에서) 벨첼의 보수적 관점은 비판함에도 불구하고 — 칭찬하고 있다. 그는 벨첼을 나치의 "공식적 형법이론가"(penalista oficial)로 보지 않는다. 벨첼을 "부수적 협력자"로 여긴다.[788] 자파로니에게 벨

칸트주의 인식론"으로 보지 않는다[einen Ausfluß der neukantianischen Erkenntnistheorie] 그는 그 이론과는 "완전히 독립적"[völlig unabhängig]인 것으로 판단한다; 구분은 "당위"가 그 자체로서는 내용을 확인할 수 없고, 오직 "존재"로만 파악된다는 측면에서 타당하다[22]; 이 구분은 Loos, in: Loos (1987), 505 이하("존재와 당위의 구분"[Trennung von Sein und Sollen]에도 "주요 관심은 규범의 입법 가능성을 … Kelsen이나 Radbruch와 달리 어떻게 설명할 것인가에 있다"[Hauptanliegen, normative Grenzen möglicher Rechtssetzung aufzuzeigen … Gegenbild zum relativistischen Positivismus à la Kelsen oder Radbruch]); 또한 Loos, JZ 2004, 1118 주 50.

787 주 785.

첼 — 여기서 자파로니의 신칸트주의에 대한 열정적 반감이 다시 한번 드러나는 데 — 은 전후 "신칸트주의 체계에 의해 무너진 법체계를 다시 설계한 학자"[789] 이다. 그의 합리적 — 논리적 (범죄)구조론은 특히 남미 형법이론의 독립적 발전을 가능하게 했다고 말한다.[790] 자파로니는 인과적 행위론과 목적적 행위론 논쟁이 남미에서는 기이하게 진행되었다고 분석한다. 원래 논쟁의 정치적 맥락과 학자들(이는 자파로니의 의도적인 평가에 따라 구성되었지만)에 대해 남미 학자들이 너무 몰랐기 때문에 벨첼의 전후 저술, 특히 그의 "형법체계의 신형상"(das neue Bild des Strafrechtssystems)과 같은 글[791]은 킬 학파를 비판한 글로도 설명되기도 한다고 말한다.[792] 사실 벨첼은 범죄구성요건을 단순히 개별적인 범죄구조의 결합물이 아니라, 논리적이고 내적으로 유지되는 하나의 통합된 체계로 구성한 킬 학파의 통합 범죄개념을 부분적으로 비판하기는 했다.[793] 게다가 남미에서는 국가 수호를 위한 정치 이념으로 형법을 파악한 맑스주의와 벨첼의 목적적 행위론을 결합하는 해프닝이 있었던 것은 사실이다.[794]

자파로니는 정통 목적적 행위론자이다. 그는 광범위한 저술을 통해 (최근에는 스페인어권 국가들에서) 벨첼이 은밀하게 나치주의에 반대하고, 그의 합리적 — 논리적 이론 구조는 나치의 그것을 포함하여 모든 권위주의적 형법에 대한 방어막 같은 역할을 했다고 전파한다.[795] 그러나 벨첼에 대하여 무비판적인 것은,

---

788 Zaffaroni (2017), 287. Zaffaroni이 비판 근거로 드는 문헌은 오직 Matus, *ZIS* 9 (2014) 622(인용문헌 포함).

789 Zaffaroni (2017), 287(arquitecto de la superación constructiva del demolida sistema neokantíano).

790 Zaffaroni (2017), 287-8.

791 Welzel (1961).

792 아르헨티나-스페인 형법학자인 Enrique Bacigalupo와 Jiménez de Asúa의 다른 제자들과 Welzel 지지자들은 후자의 킬 학파에 대한 비판을 어쩔 수 없다라고 한다. Bacigalupo, *FS Eser* (2005), 61, 69 이하(대체로 Welzel의 1944년 *Kohlrausch* 기념논문집을 인용하여 Welzel 이론을 제한적으로 이해하고 있다). Bacigalupo에 대한 반대는 Llobet (2018), 343(그는 Bacigalupo가 Welzel의 법익보호관점을 과장하고 있다고 한다).

793 Zaffaroni (2017), 289.

794 Zaffaroni (2017), 289.

795 Bacigalupo, *FS Eser* (2005), 61, 69 이하와-예를 들면 무비판적인 (맹목적) 목적주의에 대한 입장을 가진 — Donna, in: Moreno et al. (2005), 45, 51-2, 56-7(Welzel 이론을 다른 것보다 나치의 비합리주의에 대한 대응으로 보고 있으나, 심지어 Welzel이 나치를 찬양한 글은 언급조차

2. 한스 벨첼은 진정 (신칸트주의적) 나치 형법을 극복하였는가?

벨첼의 개인적 동기[796] 여부와 관련 없이, 그의 1933년부터 1945까지의 행적[797]을 객관적으로 생각해보면 어처구니없다. 첫 번째 장에서 나는 벨첼의 형법이론에 대한 정치적 관점[798]을 언급했다. 그는 궁극적으로 나치 정권에 대한 지향성을 하나의 목적(telos)으로 이해하고 있다. 특히 제3제국 안의 모든 범죄이론들과 목적주의자로서의 입장은 동일하다. (이 연구의 초반에도 이를 설명했다[799])[800] 벨첼의 *교수자격논문*(1935)은 최소한 법철학적 정당화와 역사적으로 볼 때, 나치의 새로운 법적 계획을 윤리적인 것으로 환영하고 있는 것으로 볼 수 있다.[801] 쿠비킬의 설명과 반대로,[802] 그의 공동체에 (지나치게) 기반을 둔 사

하지 않는다); 더 최근 이러한 관점은 Aller (2009), 45 이하("나치 체계에서 살아남기 위한 벨첼의 투쟁"[lucha de Welzel por sobrevivir al oprobioso sistema nazi][45], "나치 극단주의자들과 관련이 없는 형사법적 주제들만은 … 당시 형사변호인들에게는 … 형사소송에 관하여 진보적인 논문들이 환영받지 못했다"[abordó topicos penales ajenos al interés del extremismo nacionalsocialista … Los ade- lantos y ensayos sobre la acción penal … no agradaron a los penalistas de esa época][48]); 더 자세한 설명은 Llobet (2018), 321 이하(스페인어권을 넘어서는 Welzel 이론 수용에 대한 폭넓은 설명 포함).

796 이러한 관점에서 Kubiciel, in: Frisch et al. (2015) 135, 150-1(Welzel은 정치적인 이해 때문이 아니라 개인적 경력을 위한 기회를 잡기 위해서였고), 155(Welzel이 매우 탁월한 전략적인 "기술"[Geschick]을 발휘한 것이라고 말한다).

797 Welzel의 초기 글들, 특히 "Kausalität und Handlung"(*ZStW* 51 [1931], 703)은 목적주의 개념과 그의 인격 중심의 불법론을 설명하는 중요한 문헌이다. 또한 이 글은 합리적-논리적 구조를 보여준다. 그러나 이 문헌들은 우리가 여기서 관심을 가진 사항들(Welzel의 이론은 나치주의적인가?)을 확인하는 데에는 유용하지 않다.

798 제1장 제2절 주 35와 본문.

799 제1장 제2절 주 44와 본문.

800 Marxen, in: Rottleuthner (1983), 59, 63.

801 Frommel, in: Reifner/Sonnen (1984), 90-1; 비판은 Sticht (2000), 19("이념을 함의하는 분위기"[zuweilen ideologielastige(r) Ton]). 동시에 Welzel의 교수자격논문 지도교수였던 Bohne의 나치협력자 판정 소송에서의 진술에서 — 특히 Adami, *JW* 64 (1935), 2348의 글을 지적하며 — Welzel의 교수자격논문에 나치이념을 비판하는 관점이 포함되어 있음을 증언하였다고 한다(Sticht [2000]), 25-6); 유사한 비판은 Politoff (2001), 64-5(가치철학[*Wertphilosophie*]은 지도자 이념을 포함하여 나치 정권을 유지하는 데 도움을 주었다. Frommel의 글 인용); 또한 Radbruch (1936) in Radbruch (1990), 29는 Welzel이 "눈에 띄게 음침하고 모호한 문장들"(merkwürdig dunkler und unausgereifter Wendungen)로 당시의 "정치적 변화"(Umbruchs, 30)에 대해 언급하고, "그와 교류하던 동료들"(seine Gesinnungsgenossen)과 마찬가지로 "전반적으로 삶이란 개념적으로 쪼갤 수 없는 하나의 단위"(überall die begriffliche Unauflösbarkeit von Lebenseinheiten)라고 강조하였다. 결국 "'부당한' 이성을 통해 가능한 법적 안정성 원칙에 대한 위협"(in der möglichsten Durchdringung der Rechtserscheinungen mit dem 'zersetzenden' Verstand eine Garantie der Rechtssicherheit)이 된다고 말했다(31); 최근의 비판은 Kindhäuser,

상[803] — 당시의 유행을 따르기는 했지만 — 만이 아니라, 나치주의 사상으로 (더 나아간) 흔적들이 남아있다.[804] 목적적 행위론은 불법의 주관적 이해 경향을 따르고 있었다.[805] 어떤 경우도 후기 저작들 — 그가 특정 나치 조직의 구성원이 되기 이전에도[806] — 벨첼은 분명히 자신을 나치주의자로 생각했다.[807] 그의 혜

---

in: Kindhäuser (2019), 160, 180, 181, 187(Welzel의 인민 사상과 인민공동체에 대한 언급을 통해) 그리고 164(Welzel이 간혹 Radbruch의 견해를 왜곡한다는 점을 지적); Welzel의 글은 나치주의적이며, 특히 킬 학파에 대한 벨첼의 직접적 영향에 대하여는 Stopp (2018), 17 이하.

802 Kubiciel, in: Frisch et al. (2015), 146 이하("인민국가적 공동체에 대한 승인은 ... 다양하게 그의 글에서 발견되며 철학적인 입장을 통해 정당화시키고 있다. 요컨대 강력하게 사상적으로 지배되고 있다"[Bekenntnis zu den Werten einer völkisch-staatlichen Gemeinschaft ... in einen weiten Erzählbogen eingebettet und mit philosophischen Positionen begründet, kurz: vergleichsweise stark codiert] [147]) 무엇보다도 그는 Radbruch (148)를 인용하고 있다.

803 제1장 제2절 주 35에서 언급한 것처럼, 그들 자신이 공동체 중심 사상의 반자유적 이념성을 형성한다; Welzel (1935), 36(인민공동체 사상은 "나치주의의 강력한 프로그램으로서 ... 미래 우리 국가와 민족의 독립적 실존의 흥망성쇠를 결정한다"[das gewaltige Programm des Nationalsozialismus ... mit der unser künftiges staatliches und nationales Eigenleben steht und fällt]), 76("인민공동체"는 "지도자의 의지"[Führerwillen]에 따라 구체적으로 변경된다).

804 예를 들어 직접적인 언급은 Welzel (1935), vii("나치 혁명이라는 엄청난 정치적 사건"(das ungeheure politische Geschehen der nationalsoz. Revolution)은 "우리 모두에게 우리가 어떤 역사 속에서 존재하는가에 대한 물음을 던지고 있다"[uns allen die Frage nach unserem geschichtlichen Standort]), 49("로마의 몰락을 가져온 인종간 결합의 의미"[Bedeutung der Rassenmischung für den Verfall des alten Rom]), 72("형이상학적으로 도출되는 구체적 인민의 정치적 '입장'"[die im Metaphysischen wurzelnde politische 'Haltung' eines konkreten Volkstums]으로서의 "국가이념"[Staatsidee], "실재하는" 것으로서의 "인종과 *인민*"[Rasse und Volkstum]), 74-76 (C. Schmitt와 "표현된 지도자의 의지"[geäußertem Führerwillen]를 혼합한 것으로서의 구체적 질서, 76), 77("형법을 개선하기 위한 ... 우생학과 인종 연구의 중요성"[Eugenik und Rassenforschung ... für die Neugestaltung des Strafrechts]), 88("1933년 우리의 학문을 위한 ... 지적 변혁"[geistige Umbruch des Jahres 1933 ... für unsere Wissenschaft])의 대체할 수 없는 중요함"(unersetzliche Bedeutung); 이에 대한 설명은 Stopp (2018), 23 이하.

805 Welzel, *ZStW* 58 (1939), 501-2는 "행위를 목적으로 개념화하는 것은 적어도 당연하거나 일종의 하나의 흐름"(Bekenntnis oder mindestens Tendenzen zu einem finalen Handlungsbegriff)이라고 한다. 이 말은 E. Wolf와 Dahm, Schaffstein 등에 의해서도 반복되었다. 또한 Hartl (2000), 135(킬 학파는 Welzel의 법익침해론을 공격하기 위한 "모델"[Vorbild]로 볼 수 있다; 목적적 행위론은 "실질적 불법의 본질을 정의하여 ... 형법이론의 지적 방향을 객관적 관점에서 주관적 관점으로 돌려놓게 된 계기이다"[als Ausfluß jener geistigen Strömung der Strafrechtsdogmatik ..., in der sich bei der Wesensbestimmung des materiellen Unrechts eine deutliche Wendung vom Objektiven zum Subjektiven vollzog]).

806 NSDAP과 독일나치주의교수협의회(*NSD-Dozentenbund*) 등에 관한 활동은 Sticht (2000), 18-9. 이들은 Welzel의 "회원자격은 단지 하나의 단체에 국한되지 않고, 다양한 나치 조직이

겔 정치철학에 대한 논문(1937)과 공동체 명예에 대한 논문(1938)에서도 내용
에서뿐만 아니라,[808] 나치주의적 사상을 옹호하기 위한 저작들에서 이런 내용
들은 확인할 수 있다. 또한 벨첼의 다른 저술에서도 그의 나치주의자 경향이 나
치정권이 소멸할 때까지[809] 계속 반복하고 있음을 확인할 수 있다.[810] 1944년

정권과 긴밀하게 결합되어 도저히 정치적인 활동과 분리될 수 없다"(gleich mehrfache
Mitgliedschaft in NS-Organisationen eine innere Distanz zum Regime nicht plausibel erscheinen
läßt)라고 한다. 유사한 설명은 Sticht (2000), 22 이하는 Welzel의 나치주의적 경향과 활동이
괴팅엔 대학교 취임강연에서도 나타난다. 같은 지적은 Stopp (2018), 10 이하와 약간 앞선 연
구로는 Halfmann, in: Becker (1998), 123(Welzel이 NSDAP 당원권을 가지고 있지 않았던 이유
는 당시 학과장이 주도한 서류접수에서 누락되었기 때문인 것으로 생각한다. 이러한 설명은
Welzel의 제자인 Fritz Loos, 위의 글, 5).

807 같은 설명은 Kubiciel, in: Frisch et al. (2015), 148 이하(148, 150)는 아래의 두 문헌을 언급하며
강조하고 있다. Sticht (2000), 19는 "Welzel이 주류 이념들과 거리감을 두고 있었다는 것은 부
인하기 어려웠을 것"(verstärken den Eindruck, daß Welzels Distanz zur herrschenden Ideologie
nicht dezidiert gewesen sein kann)이라고 한다.

808 Welzel, in: Schürmann (1937), 87, 102 이하(Hegel에 동의하여 그의 "반개인주의"
[Anti-Individualismus, 104]가 비롯되었으나, 국가의 중요성을 "세계정신의 구체화"
[Konkretion des Weltgeistes, 102]로 여기는 것에서는 차이가 있다. 헤겔의 관점은 "단순한 심
적 태도"[letztlich eine Sache der Gesinnung ist, 103]에 불과하다[그 이유는 Hegel은 유대인과
의 통합을 옹호했으며] "혈통 중심의 관계"[blutmäßige Zusammenhang, 103]가 아니라, "*인
민*의 자연적이고 동일 지역적 토대"[naturhaft-mütterliche Boden des Volkstums] 중심으로 하
는 국가의 "창조 근거"[schöpferische Grund][102]를 "국가와 정신의 창조적 구성을 위한 제
도들을 이해하는 '본질'로 여겼기 때문이다"[Substanz', von deren Grundlage aus wir die in-
stitutionellen Formen des Staates und die Bildungsformen des Geistes zu begreifen suchen,
104]); Welzel, *ZStW* 57 (1938) 28, 40 이하("역사 속에서 살아가는 자"[Geschichtsträger, 40]로
서 실질적-역사적 공동체의 개념은 "인민적 현존재"[im völkischen Dasein, 42]에 뿌리를 두
고 있어서, 형법도 "독일인의 역사적 성취"[der historischen Leistungen des deutschen Volkes,
41]와 "최고지도자"[der höchsten Führung, 42]의 명예를 보호해야 한다; 개인이란 "역사적
으로 공동체에서만"[geschichtlich nur innerhalb der Gemeinschaft, 40] 존재한다).

809 사회적 상당성에 관하여는 제4장 제5절 주 638 ; Welzel이 정의한 "사회적으로 상당한"(sozia-
ladäquat) 행위들은 "역사적으로 진화된 인민들의 공동체 삶 속에서의 질서 안에서 특정한
기능을 하고 있다"[funktionell innerhalb der geschichtlich gewordenen Ordnung des
Gemeinschaftslebens eines Volkes bewegen; *ZStW* 58 [1939], 516); 이전의 언급은 Welzel,
DRWis 3 (1938), 113, 119("역사적인 삶과 운명"[geschichtliche Leben und Schicksal]을 위하여
"생물학적인 근거는 중요하다"[biologische Grundlagen von entscheidender Bedeutung]); 후
에 Welzel, *ZStW* 60 (1941), 428 (461-2 주 61 a는 범죄자 유형에 관한 논의에서 위에서 언급한
나치 법령[주 275]에 규정된 "인민에 대한 해악"의 해석에서 — 대체로 무해한 — 특정 태도
가 "인민의 집단을 타락하게 하는 원인"[den Zersetzungskeim für die geballte Volkseinheit]일
경우, "엄한 형법[사형까지 포함하여]으로 다루어져야 한다"[mit der ganzen Schärfe des

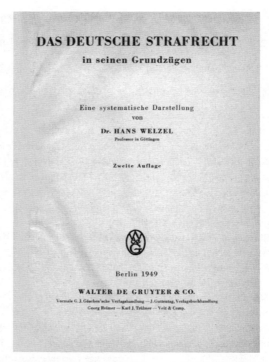

DAS DEUTSCHE STRAFRECHT

in seinen Grundzügen

Eine systematische Darstellung
von
Dr. HANS WELZEL
Professor in Göttingen

Zweite Auflage

Berlin 1949

WALTER DE GRUYTER & CO.

Vormals G. J. Göschen'sche Verlagshandlung — J. Guttentag, Verlagsbuchhandlung
Georg Reimer — Karl J. Trübner — Veit & Comp.

그림 19: 벨첼은 1940년 가장 영향력있는 교과서의 총론을 1940년에 출간하고 곧이어 전쟁이 종료된 후 1949년 제4판(그림)을 많은 부분 수정한 후 출간한다. 이 책은 제11판이 나온 1969년까지 지속되었다.

독일 형법(유추해석금지를 완화하는 내용을 담은)[811] 교과서와 그의 *콜라우쉬 기념*

Strafrechts getroffen werden]라고 말한다); 이에 대하여는 Stopp (2018), 45 (51 이하 *DRWis* 3 [1938], 113).

810 Welzel의 괴팅엔 대학교 법과대학 재직시절 나치협력에 대하여는 나치주의자 Schürmann 가 주도한 괴팅엔 대학 200주년 기념 논문집의 기고문에 잘 나와 있으며, 이를 통해 그가 당시 새로 결성된 나치법률가협회 회원이었다는 사실도 알 수 있다(Schumann, in: Schumann [2008], 90-1 주 103). *ZStW* 의 기고문은 원래는 1937년 3월 30/31일 아이제나하에서 개최된 나치법률가협회의 "대학교수" 워킹그룹 세미나(Rechtswahrerbund)에서의 강연문을 토대로 작성된 것이다(*ZStW* 57 [1938] 28) .

811 Welzel(1944), 23-4("기본적으로 처벌은 … 인민의 법인식에 따른다"[Grundlage der Bestrafung ist … das völkische Rechtsbewusstsein]). 전후 출간된 Welzel (1947, 14-5)는 이전 견해를 재해석하여 보다 극단적인 나치주의 관점(Freisler에 동조하여)으로 1935년 개정된 제국형법 제2조의 개정을 요구하기도 했다(주 181 이하).

2. 한스 벨첼은 진정 (신칸트주의적) 나치 형법을 극복하였는가?

*논문집*에 기고한 논문(1944)[812]에서도 그렇다. 비록 벨첼이 전쟁 후에 이 논문을 자신의 나치주의와 결별[813]하는 의미였다고 변명했지만 그건 사실이 아니었다.

1949년 고등법원판결에서 나치 안락사 의사에 대한 형사책임 문제를 다룬 글[814]에서 벨첼은 그들을 공범으로(히틀러만 유일한 정범으로) 설명한다. 그는 행위의 주관적 지배이론(주관적 공범론)과 원칙적으로 초법규적 긴급피난 또는 법률착오 이론에 따라 면책될 수 있다고 주장했다.[815] 독일법의 맥락에서 이러한 도그마틱 분석은 읽어볼 가치는 있다.[816] 그러나 이 주장은 벨첼의 원래 입장과 다르다. 그는 여기서야 분명히 이제 나치 법과 반대되는 입장을 표현하고 있다. 그는 ─ 벨첼의 이전 관점에서는(그의 "이제!"(jetzt!)라는 표현에 집중하면) "법률이나 객관적 규범"이

---

812 Welzel, *FS Kohlrausch* (1944), 105("공동체 형성에 필수불가결한 사실과 행위의 가치"[für die Gestaltung der Gemeinschaft unentbehrlich]), 109("인민과 제국, 지도력)에 대한 충성", "적법한 태도의 행위가치"[Treue gegenüber Volk, Reich, Führung, Aktwerte rechtlicher Gesinnung]), 112("국가의 강함과 존속" [die Kraft und den Bestand des Staates]을 보호하기 위하여 사실의 무가치 판단에서 "적법한 태도를 유지"[Bewährung rechtlicher Gesinnung]하기 위한 행위의 무가치 판단으로), 118-9(비록 Welzel은 여전히 "행위가치와 적법행위의 태도의 중요성"[die bleibenden Akt- und Gesinnungswerte rechtlichen Handelns]을 이러한 상황에서 "국가가 따라 할 중요한 기준"[die tragenden Pfeiler des Staates]이라고 생각했지만, 전쟁 후 형법에서의 "범죄구성요건 사상"[Idee der Tatbestandlichkeit]과 "사실가치"[Sachverhaltswert]에 대한 "특별한 위기"[ausnahmebedingte Krisis]가 발생함을 강조하였다). Welzel이 "새로운 국가법"(neues Staatsrecht)을 강조한 것에 대한 비판은 Sticht (2000), 28 .
813 Loos (*ZStW* 114 [2002], 657, 674 이하)는 Sticht와의 논쟁에서 Sticht의 주장은 오직 Welzel의 1935-1937 글만을 중심으로 나치와의 관련성을 파악하는 점에서 부정확하다고 말한다; Loos는 이 시기가 지나면서 다른 사항들이 발견되기 시작한다고 한다. 이 시기를 "우리는 (벨첼이) 형법이론의 금자탑으로 진입한 때로 해석할 수 있다"(was man als Rückzug in den Elfenbeinturm der Strafrechtsdogmatik einschätzen könnte, 위의 글, 674-5); 부정확하게 Kubiciel, in: Frisch et al. (2015), 150은 "그와 같은 글들"(derartige Textstellen)이 1937년에만 타당한 것처럼 말하지만, 그렇게 되면 *ZStW* 57 (1938 [sic]) 28의 입장과 모순되고 만다.
814 1949년 3월 5일 판결, StS 19/49, 부분적인 소개는 *MDR* 3 (1949) 370.
815 Welzel, *MDR* 3 (1949) 373; 착오론에 관하여는 Welzel, *SJZ* 3 (1948) 368(371 주 8).
816 예를 들어서 그의 관점 ─ OGH (*MDR* 3 [1949] 372)에 대한 ─ 은 부당한 정권의 예외적인 상황에서 나오는 초법규적인 필요성으로 표현된다(*MDR* 3 [1949] 374); 일반적인 비판은 Matus, *ZIS* 9 (2014), 627.

제7장 (불완전한) 결론

아니라[817] — 1939년 9월 1일 발효된 히틀러의 비밀명령 또는 범죄자가 "윤리적이고 법적으로 금지된 사실"에 대해 "인식"[818]한 것 "전부를 고려하여" 공리주의적 관점에서 행위자 생활을 실제로 판단하여 결정할 것을 주장했다. 그러던 벨첼은 이 글에서는 자신의 교과서 제3판(1944 165, 169)과 *콜라우쉬 기념논문집*(1944)[819]의 글을 인용하면서 이미 제3제국의 "무의미한" 인종학살을 거부했다고 주장한다. 그런데 실제로 인용된 원문은 벨첼의 이 주장과 다르다. 우리는 그의 이전 교과서가 "특별예방 목적으로 … 열등한 자를 '미리 살해'하는 것은 … 윤리적으로 정당하지 않지만"(spezialpräventive ‚Sicherungstötung' nur wegen … Minderwertigkeit … ethisch nicht zu rechtfertigen)이라고 쓴 바로 앞에 "범죄자의 열등함과 인민공동체의 부담"(die Minderwertigkeit des Täters und die Belastung der Volksgemeinschaft) 때문이라면 사형집행도 "요구된다"(erfordern)[820]라고 쓴 것을 분명히 읽을 수 있기 때문이다. 또한 벨첼은 *사적* 개인은 "사회적으로 무가치한 사람"(einen sozial wertlosen Lebensträger)을 살해할 수 없지만, "국가"는 이 경우 "생명을 박탈할 수 있다"(dem Staat … das Recht der Lebensvernichtung)라고 분명하게 적고 있었다.[821]

---

817 Welzel, *MDR* 3 (1949) 373(weder ein Gesetz noch überhaupt eine objektive Rechtsnorm).

818 같은 글, 375(als bloße Rechnungsposten in eine Gesamtrechnung; ethischen und rechtlichen Unzulässigkeit, zutiefst überzeugt). Welzel의 금지착오의 회피불가능성은 "무가치한 생활의 부정에 대한 허용과 비허용의 문제"(der Frage der Zulässigkeit oder Unzulässigkeit der Vernichtung lebensunwertens Lebens)라는 점을 감안하면, "자연법적인 증거"(natur-rechtlichen Evidenz)가 아니라고 한다. 그 때문에 회피불가능한 착오란 의도적으로 문제가 되어야만 논의가능한 주제가 된다(376). 원칙적으로 Welzel (1949), 5 이하는 철학사를 분석하여 "자연법의 자기입증명제"(evidenten Naturrechtssätze)란 불가능하고, 그 때문에 면책가능한 착오란 "비난할 수준의 요구를 아무 생각 없이 실행한 것과 같은 무의식의 경우"에서만 회피가능성이나 면책가능성을 논의할 수 있을 뿐이다"(bei Gewissenlosigkeit, d.h. bei blinder Ausführung erkennbar verwerflicher Anforderung)라고 한다(26); 비판은 Frommel, *JZ* 2016, 919. 착오를 인정하는 효과에 대하여는 *BGHSt* 2, 194와 Welzel의 나치 판결과 관련한 부분(책임론)에 관하여 Stopp (2018), 98 이하 (165 이하), 170-1(안락사 사건에 대한 면책이나 감경에 관하여). 이 이론만 보더라도 — 지금까지 존재하는 인적 나치 네트워크를 제외하여도 — 변명의 여지는 없다 (Frommel, *JZ* 2019, 197).

819 Welzel, *MDR* 3 (1949) 376.

820 Welzel (1944), 169, 168. Welzel의 언급(165 , *MDR* 3 [1949] 376)은 별로 중요하지 않다).

821 Welzel, *FS Kohlrausch* (1944), 108-9. 긍정적인 해석은 Kubiciel, in: Frisch et al. (2015), 150("반대로 '문제되는' 문장은 없었다"(kaum 'problematische' Passagen, im Gegenteil)).

2. 한스 벨첼은 진정 (신칸트주의적) 나치 형법을 극복하였는가?

어쨌든 이런 역사적 문헌들[822]을 근거로 한 *내재적* 이율배반성과 별개로 벨첼은 그의 동료들[823]과 관계가 좋았었다. 그리고 대부분 나치 협력자들은 학생들과 제자들에게 암묵적으로나 공개적 후회나 사과를 표현한 바 있다.[824] 그래

---

822 Welzel, *FS Engisch* (1969), 91, 100("역사적 상황의 조건을 요구하고 수정할 수 있는 우리 삶의 의무를 이해"[in denen wir die verpflichtenden Aufgaben unseres Lebens unter den Voraus setzungen und den wechselnden Bedingungen der *geschichtlichen Situation* zu erfassen suchen]하고 "역사적 법의 규범들"[die Normen eines *geschichtlichen Rechts*, 이탤릭은 저자]을 포함하는 "의미제안"[Sinnentwürfe]이라는 말에 대하여 Politoff, *NFP* 45 [1989], 320은 나치 시절의 역사 상황을 의미하는 것으로 해석한다).

823 그의 교과서가 여러 판본을 가지고 있다는 것은 흥미롭다: Welzel (1940), 2(범죄는 "인민의 실제 공동체 질서를 위반하거나 무시하는 것"[Ausbrechen oder Abfallen von den wirklichen sittlichen Gemeinschaftsordnungen des Volkes]) 그리고 1944년 제3판의 1(형법의 뿌리는 올바른 "태도"[Gesinnung]에서 비롯되는 "인민의 특별히 기본적인 도덕가치에 있다"[in den spezifisch sittlichen Grundwerten eines Volkes]: "인민과 제국, 지도자에 대한 충성, 국가권력과 방어태세, 그리고 선서에 대한 복종"[Treue gegenüber Volk, Reich, Führung, der Gehorsam gegenüber der Staatsgewalt, die Wehrbereitschaft, die Reinheit des Eides]; 이러한 배경에 반하여 제3제국의 입법을 요약(11)하면서 단순한 설명을 넘어서는 주장을 하고 있다); 1947년 판 (제1편은 총론의 제4판과 같다)에서 Welzel은 나치 개혁을 "비정치적"(unpolitisch, 10)으로 묘사하는 데 이는 자신이 법학의 정치적 역할에 대하여 주장한 이전의 입장과 반대된다(제1장 제2절 주 35).

824 Welzel의 제자 중 Fritz Loos만이 그의 스승의 나치 협력에 관하여 언급한 학자이다. 그가 Sticht의 책(주 812)에 대하여 논평할 때와 2년 후의 글(Loos, *JZ* 2004, 1118 주 48-9)("나치의 국가 개조에 기반한 법학의 입장에 대한 난감한 설명들"[irritierende Aussagen zu den Grundlagen der Rechtswissenschaft aufgrund der nationalsozialistischen Neugestaltung des Staates]), 그리고 그 이전의 글 (이 글은 본인의 서술은 아니다. Loos, in: Loos [1987], 486). Loos는 Welzel을 위한 소위 "신분세탁"(Persilscheine: 세탁 세제인 Persil의 효과를 빗대어 형성된 단어)이 헌법학자 Rudolf Smend와 법사학자 Eb. Schmidt에 의해서 적극적으로 이루어졌다고 한다(*ZStW* 114 [2002], 675 주 24; 비판은 Sticht [2000], 25 이하 [28-9]; Matus, *ZIS* 9 [2014] 524 주 22). Welzel의 제자 Jakobs와 Schreiber는 심지어 Welzel의 Hegel철학(주 809)에 관한 논문들을 1974년 *Welzel* 고희기념논문집(이 책의 편집자는 Stratenwerth 등)에 수록된 저술 목록에서 빼버리기도 했다(Kubiciel, in: Frisch et al. [2015], 149 주 110); Jakobs는 Welzel의 나치 협력을 "소극적 행동"이리고 평가했고, 벨첼의 나치 협력사실의 "폭로"(Entdeckung)는 주로 Loos와 Schreiber에 의해서만 이루어졌다(이 사실은 2018년 본인과의 이메일에서 확인). 반대로 Hirsch는 언제나 Welzel을 변호했다. 그는 Welzel 이론은 나치 시기에는 중요하지 못했거나 당시 유행하던 관점에 비해 "혁신적인 입장"이었다고 평가한다(Hirsch, *ZStW* 116 [2004], 1, 3, 7) 또한 구두로 다른 학자들과 대화에서도 항상 동일한 입장을 취했다(2019년 3월 7일자 Jakobs와의 이메일). 최근의 비판은 모두 Kubiciel에 의해 이루어졌고, 후에는 (간접적인) Welzel의 문하생들 (그의 직접 제자인 Jakobs로부터 배운 Pawlik, 그는 또한 Kubiciel 논문의 지도교수)에 의해 비롯된다. Kubicie, in: Frisch et al. (2015), 137 이하(다른 제자보다 Hirsch의 입장에 대하여 반대하면서도 Welzel의 나치관련성에 대하여는 소극적); 초기 비판은 Amelung (1972), 223, 225(그는 Welzel의 제자가 아니었다); 또한 Ziemann (2009), 133("신칸트주의의 형

서 자파로니가 벨첼에 대해 이러한 의견을 가진 것은 놀랍다. 두 가지 점에서도 이해하기 어렵다. 첫째 자파로니는 히메네즈 드 아수아의 스승이다. —그는 1947년 나치형법에 대해 뛰어난 연구를 한 바 있다. 이 연구에서 아수아는 벨첼의 이론을 "권위주의적"[825]이라고 치밀하게 비판하고 있다. 더 나아가서 1980년대 스페인어권과 특히 남미[826] 형법 이론에서 활발했던 벨첼에 대한 비판으로 최소한 히메네즈 드 아수아의 견해가 타당하다는 명백한 흐름이 있었기 때문이다. 이 운동은 칠레 학자 세르지오 폴리프로[827]부터 시작하여, 컬럼비아의 페르난도 발라스케[828]와 폴리토프의 제자인 우앙 피에르 마투스,[829] 그리고 최근에

식주의에 대한 비판과 … 존재론적으로 미리 구성된 실재성으로의 방향성"[Kritik am neu-kantianischen Formalismus und … Hinwendung zu einem ontologisch vorgegebenen Material]).

825 Jiménez de Asúa (1947), 100.

826 이러한 입장에서 남미 형법학은 스페인 형법보다는 훨씬 더 비판적이었다. Llobet (2018), 24. 스페인 학자 중 예외가 Tomás Vives Antón이다. 그는 Welzel의 나치 연관성을 교과서에서 언급하며, 목적주의와 가치철학을 모두 권위주의적인 것으로 설명한다(Vives Antón [2011], 40-1, 452). 그는 서문에서 Llobet의 책에서 Welzel을 나치주의자로 묘사한 것을 "당연한 것"으로 말한다(in Llobet (2018), 14: compromiso de Welzel con el nacional-socialismo … indiscutible). 같은 비판적 입장은 Muñoz-Conde, in Zaffaroni (2017), 20-1(Welzel을 "중요한 나치형법 이론가로 설명하는 것은 … 전혀 문제되지 않는다"[tuvo ningún problema … en asumir algunos de los postulados de moda entre los penalistas nazis]).

827 Politoff, DPC VII, no 22 (1984), 71(Welzel의 1933 이후 글들에 대한 비판, 73-4, 다만 — 주제들이 제안하는 것을 감안하면 — 사회적 상당성론에 대한 분석은 보이지 않는다); Politoff, NFP no 45(September 1989), 313, 318 이하(특히 Schmitt 가 제안한 국가에 대한 이해와 태도 중심 구성에 대한 비판과 Frommel의 견해를 중심으로 FS Kohlrausch 에서 나오는 나치적 관점에 대한 비판); Politoff (2001), 64 이하(Politoff/Matus/Ramirez [2004], 41 이하) (법익보호론 대신 목적주의와 의사/심정형법으로 권위주의적 이론을 구성했다는 비판); Politoff, LH Rivacoba y Rivacoba (2004), 529, 537-8, 543(Welzel 의 1944년 FS Kohlrausch 서문의 가설에서 전쟁에서 발생되는 살인과 다른 범죄는 형사범죄가 아니며 "목적적 수단"(Zweckmassnahmen, 537-8)에 불과하고 지도자 원칙의 방어[543]라는 설명에 대한 비판).

828 Velásquez, in: Moreno et al. (2005), 69, 79 이하(Welzel의 교수자격논문과 다른 문헌에 대한 비판과 함께 그의 콜라우쉬 기념논문집 논문에서 나치정권에 대한 편향성이 발견된다고 지적하지만, 궁극적으로는 Welzel의 연구 전체에서는 나치 시기의 업적을 지나치게 과장하면 안된다는 관점[87-8]; Velásquez (2009), 383(그는 특별히 Welzel의 콜라우쉬 기념논문에 기고한 글에서 "당시 독일의 나치 테러 집단에 기여한 … 내용들이 보인다"[párrafos en los cuales el autor ponía toda su construcción al servicio del régimen de terror que entonces imperaba en Alemania]라고 서술한다. 스페인어 번역은 저자).

829 Matus, ZIS 9 (2014), 622 이하(그는 나치형법과 목적론적 행위론[623] 간의 연속성을 강조하고 Welzel의 개인적인 행위[624와 주 22]와 이후의 업적[625 이하]도 상세한 예를 들어 지적하고 있다).

는 하비에르 롤베트가 나치형법에 대하여 정확하게 분석한 책들까지 유지되었
다.[830] 자파로니는 이들을 모두 무시하고(마투스만 예외로[831]) 있다. 그는 완전하
고 편견 없이 나치형법을 재조명하는 게 아니라, 오히려 인과적 행위론과 목적
적 행위론을 옹호하려는 목적만 추구한다. 이는 자파로니 자신의 비판과도 모
순되고 있다.

비록 벨첼은 — 당시 독일 형법학자들처럼 — "독재자 히틀러의 형법 이론
가"[832]라고 부르기는 어렵다. 또한 그의 저술이 — 위에서 말한 킬 학파처럼[833]
— 나치의 "핵심이론"[834]이라고 평가할 수는 없을지 모른다. 그럼에도 불구하고
그가 나치주의 사상에 동조하는 글들을 지속적으로 쓴 것은 사실이다. 결국 벨
첼은 "새롭게 집권한 정권에 맞는 기본 이념 구조를 제시하기 위해 경쟁적으로
협력하면서"[835] 정권에 봉사하던 기회주의적[836] 학자들 중 한 명으로 평가할 수

---

830 Llobet (2018), 247 이하(Welzel의 자서전, 논문 등을 분석하여 Llobet 자신은 Welzel의 문헌 속
에서의 나치 이념에 대해 비판할 뿐 아니라 — 그가 이미 입증한 대로 — Welzel이 전후 법치
주의 원칙으로 전향하고 인간의 존엄성을 강조하는 태도를 보인 과정도 설명한다. 다만
Welzel 자신을 킬 학파와 같은 광적인 나치주의자로 설명하지 않았다. 같은 글, 334 이하(339,
352), 440-1). 포르투갈의 관점을 보여주는 Sousa Mendes (2007), 371 이하는 Welzel의 견해를
두 가지 입장으로 구분하고, 그의 이론이 Schmitt의 질서 중심의 사상과 킬 학파와의 유사성
을 첫번째 입장으로 분류한다(이 견해는 1945경까지 지속된다) (같은 글, 371-2에는 상세한
포르투갈어와 스페인어 문헌이 제공).
831 Zaffaroni (2017), 287; 주 789와 본문.
832 Müller (1989), 223(Strafrechtsideologen der Hitlerdiktatur); 비판은 Sticht (2000), 21-2("의심스
럽게" [fraglich]); Kubiciel, in: Frisch et al. (2015), 146; Stopp (2018), 65(그는 Müller의 옹호적
의견은 "문맥을 너무 벗어난"[inhaltlich zu weit] 것으로 판단); 또한 Zaffaroni, Velásquez, in:
Moreno et al. (2005), 87.
833 Welzel의 Dahm과 Schaffstein과의 관계에 대하여, 1936년 괴팅엔 대학교 학생회장이었던
Riechelmann의 증언에 따르면 "학문적으로 Welzel은 킬 학파 형법학자인 Dr Dahm과 Dr
Schaffstein과 다르지 않았다"([Wissenschaftlich steht W. in derselben Richtung, wie sie von den
beiden Kieler Strafrechtlern Dr. Dahm und Dr. Schaffstein vertreten wird], 인용은 Sticht [2000],
22).
834 Frommel, in: Reifner/Sonnen (1984), 90(Kampfliteratur) ("그의 완화된 표현에도 불구하
고"[trotz der moderateren Töne]); 또한 Frommel, JZ 2016, 919("끔찍한 법률가"[furchtbarer
Jurist]).
835 Hilgendorf, in: Hilgendorf/Joerden (2017), 160 (165) (einer Art Konkurrenzkampf um die
Schaffung eines den neuen Machthabern möglichst genehmen ideologischen Grundgerüsts).
836 또한 Frommel, JZ 2016, 919("어처구니 없게"[furchtbar] ... "Hans Welzel이 기회주의자라는

있다.

3. 남미에서의 나치 형법의 지속성?

책의 결론에서 자파로니는 나치 사상이 오늘날 — 특히 남미 — 형법 속에서
여전히 남아 있다고 한다.[837] 자파로니에 따르면 나치 핵심 사상은 남미에서 형
법이 가진 세 가지의 중첩적 원인[838] 속에서 숨겨진 인민공동체 개념으로 유지
되고 있다라고 한다. 이런 사실은 학자들에게 인식되지 못한 채,[839] 남미 형법에
서 여전히 논의되고 있다고 한다. 그 목적은 나이더의 설명처럼[840] "개미사회"
를 형성하는 것이다. 즉 형법을 열등하고 견해가 다르며, 반역적인 개미를 박멸
하는 수단처럼 파악하고 있다고 한다. 자파로니는 형사책임을 행위자 태도로
보는 관점과 나치가 주장한 혁신적 인종주의(우생학-역자)를 강하게 비판한
다.[841] 이 인종주의가 시민 집단의 "불건전한 요소"를 제거하는 이념적 원천이
되기 때문이다.[842] 그는 신식민지적 유럽식 인종주의가 여전히 남미에서 지속
되고 있다고 한다. 그는 또한 스펜서의 진화론적 인종주의와 혁신적 인종주의
를 구분하여 남미식 인종주의는 스펜서식의 저급한 인종주의라고 주장한다.[843]
킬 학파에 따른 나치형법은 궁극적으로 인민공동체와 지도자라는 환상을 윤리
화하면서 비롯된다. 즉, 경험적 판단 또는 통제력을 무기력하게 만든다.[844] 자파
로니는 나치 비합리주의가 가진 정치적 의미가 나치주의 계획과 사회 모델에

사실에 대해서는 침묵하고 있다[die Lautlosigkeit, mit der Hans Welzel opportunistisch sein konnte]).

837 Zaffaroni (2017), 299 이하.
838 Zaffaroni (2017), 297 이하(의사형법과 나치주의적 신칸트주의자와 킬 학파를 언급).
839 Zaffaroni (2017), 289 이하.
840 제2장 제1절 주 131과 본문.
841 Zaffaroni (2017), 294.
842 Zaffaroni (2017), 295.
843 Zaffaroni (2017), 297.
844 Zaffaroni (2017), 299.

반하는 모든 자를 최대한 강하게 처벌하려는 남미적 형법이론 속에 포함되는 이유라고 지적하고 있다.[845]

자파로니는 오늘날 (남미의) 형법은 여전히 이런 흔적을 가지고 있으며, 형법과 미디어 테러, 그리고 견해가 다른 자를 낙인 찍는 등[846]의 윤리화 과정에서, 특히 형사 판결 내에서 작용됨을 지적한다.[847] 그는 형법 도그마틱이 남미 지도자들의 포퓰리즘이나 *인민*민족주의의 위협으로부터 국가형벌권을 합리적으로 유지시키는 유일한 방어수단이 되고 있다고 설명한다.[848] (주로 언론이 주도한) 남미 형사사법의 한 가지 범죄혐의만으로도 민중적인 비난과 혐오를 개인에게 부과하는 익숙한 현실을 생각해보면 자파로니의 분석이 틀렸다고 말하기는 어렵다. 특정 남미 사회에 만연한 권위주의적 경찰권[849]과 "적대적 형사 판결"을 생각하면 더욱 그렇다. 이런 사항들은 아마도 — 더 구체적이고 정밀한 — 새로운 연구에 따라 자파로니의 입장에서 보완되어야 할 내용일 것이다. 이런 측면에서 — 자파로니의 연구를 따라[850] — 생각해볼 수 있는 것은, 이 책을 통해 남미뿐 아니라, 모든 권위주의적이고 비인권적 형법들의 문제점이 자각되고, 이와 유사한 관점을 통한 새로운 연구들이 촉발되기를 희망해 본다.

---

845 Zaffaroni (2017), 299.

846 Zaffaroni (2017), 299 이하.

847 Zaffaroni (2017), 301(signos áun más marcados); Batista, in Zaffaroni (2017), 111-2.

848 Zaffaroni (2017), 301, 303.

849 Batista, in Zaffaroni (2017), 109-10는 나치주의 형사정책 이념을 응용하여 설립한 브라질 리우 데자네이로의 슬럼가의 소위 "태평양 경찰단"(Policia Pacificadora: 일종의 자경단으로 주로 인신매매와 마약에 대한 특별경찰-역자)과 유사성을 가지고 있다고 한다("palavra 'paz' … desmoralizada pelo programa das Unidades de Polícia Pacificadora, que compartilha algumas caracerísticas com o modelo do 'campo', que tanto deve ao nazismo").

850 Zaffaroni (2017), 303.

참고문헌

I. 1945 이전

Binding, Karl (1885): Handbuch des Strafrechts. In: Binding, Karl, Systematisches Handbuch der deutschen Rechtswissenschaft, Abtheilung 7, Theil 1, Leipzig 1885.

Binding, Karl (1905): Lehrbuch des gemeinen deutschen Strafrechts, Besonderer Teil, Band II, Abteilung 2, Leipzig 1905.

Binding, Karl (1913): Grundriß des deutschen Strafrechts: Allgemeiner Teil, Leipzig 1913.

Binding, Karl/Hoche, Alfred (1920): Die Freigabe der Vernichtung lebensunwerten Lebens. Ihr Maß und Ihre Form, Leipzig 1920 [스페인어 번역은 B. Serigós in Zaffaroni, ed (2009b), 47-97].

Blasco y Fernández de Moreda, Francisco (1943): Las escuelas de Kiel y de Mar-burgo y la doctrina penal nacional-socialista. In: *Criminalia* (Mexico), IX, 4 (1943), 235-251; republished in Zaffaroni, ed (2011), 109-132.

Bruns, Hans-Jürgen (1938): Die Befreiung des Strafrechts vom zivilistischen Denken, Berlin 1938.

Cavaleiro de Ferreira, Manuel (1938): A Reforma do Direito Penal Alemão. In: Cavaleiro de Ferreira, Manuel, Obra Dispersa, vol I, Lisbon 1996 (reprint), 69-81.

Dahm, Georg (1931): Die Zunahme der Richtermacht im modernen Strafrecht, Tübingen 1931 [Heidelberg 대학 취임 강연].

Dahm, Georg (1933): Autoritäres Strafrecht. In: *MSchrKrimPsych* 24 (1933), 162-180.

Dahm, Georg (1934): Das Ermessen des Richters im nationalsozialistischen

Strafrecht. In: *DStR* 80 [new numbering 1] (1934), 87-96.

Dahm, Georg (1934): Die Ehre im Strafrecht. In: *DR* 4 (1934), 417-419.

Dahm, Georg (1934): Die Erneuerung der Ehrenstrafe. In: *DJZ* 39 (1934), 821-832.

Dahm, Georg (1935a): Gemeinschaft und Strafrecht, Hamburg 1935.

Dahm, Georg (1935b): Nationalsozialistisches und faschistisches Strafrecht, Berlin 1935.

Dahm, Georg (1935): Verbrechen und Tatbestand. In: Dahm, Georg et al, Grundfragen der neuen Rechtswissenschaft, Berlin 1935, 62-107.

Dahm, Georg (1938): Der Methodenstreit in der heutigen Strafrechtswissenschaft, *ZStW* 57 (1938) 225-294. (또한 in: Dahm/ Schaffstein, Methode und System des neuen Strafrechts, Berlin 1938, p 1 ff).

Dahm, Georg (1938): Staatsanwaltschaft und Kriminalpolizei. In: *DRWis* 3 (1938), 148-169.

Dahm, Georg (1940): Der Tätertyp im Strafrecht, Leipzig 1940.

Dahm, Georg/Schaffstein, Friedrich (1933): Liberales oder autoritäres Strafrecht?, Hamburg 1933 [스페인어 번역은 L.G. Brond in Zaffaroni, ed (2011), 57-107].

Dahm, Georg/Eckhardt, Karl August/Höhn, Reinhard/Ritterbusch, Paul/ Siebert, Wolfgang: Leitsätze über Stellung und Aufgaben des Richters, *DRWis* 1 (1936), 123-124.

Donnedieu de Vabres, Henri (1938): La Politique criminelle des États autoritaires, Paris 1938.

Exner, Franz (1934): Das System der sichernden und bessernden Maßregeln nach dem Gesetz v.24.November 1933 [Habitual Offenders Act]. In: *ZStW* 53 (1934), 629-655.

Exner, Franz (1939): Kriminalbiologie, Hamburg 1939. Forsthoff, Ernst (1933): Der totale Staat, Hamburg 1933. Fraenkel, Ernst (1941): The Dual State, Oxford 1941.

Frank, Hans, ed. (1934): Denkschrift des Zentralausschusses der Strafrechtsabteilung der Akademie für Deutsches Recht über die Grundzüge eines Allgemeinen Deutschen Strafrechts, Berlin 1934.

Frank, Hans, ed. (1935): Nationalsozialistische Leitsätze für ein neues deutsches Strafrecht, Part 1 (General Part), 2nd ed 1935.

Frank, Hans, ed. (1936): Nationalsozialistische Leitsätze für ein neues deutsches Strafrecht, Part 2 (Special Part), 1936.

Frank, Reinhard (1907): Über den Aufbau des Schuldbegriffs, Giessen 1907.

Freisler, Roland (1933): Gedanken zur Strafrechtserneuerung. In: Preußischer Justizminister, Denkschrift des preußischen Justizministers, Nationalsozialistisches Strafrecht, Berlin 1933, p 6-9.

Freisler, Roland (1934): Des Führers Tat und unsere Pflicht. In: *DJ* 96 (1934), 850-851.

Freisler, Roland (1934): Willensstrafrecht; Versuch und Vollendung. In Gürtner (1934), p 9-36. [스페인어 번역E.R. Zaffaroni, F.J.Arnedo, A. Bartos and G. Otano in Zaffaroni (2017), 113-157].

Freisler, Roland (1934): Ergebnisse der Beratungen des Zentralausschusses der Strafrechtsabteilung der Akademie für deutsches Recht. In: Frank, Hans, Denkschrift des Zentralausschusses der Strafrechtsabteilung der Akademie für deutsches Recht über die Grundzüge eines Allgemeinen Deutschen Strafrechts, Berlin 1934, 7-24.

Freisler, Roland (1935): Aufbau des Besonderen Teils und seine Stellung im Gesetz. In Gürtner (1935), 9-66.

Freisler, Roland (1935): Schutz des Volkes oder des Rechtsbrechers, Fesselung des Verbrechers oder des Richters. In: *DStR* 2 (1935), 1-32.

Freisler, Roland (1935): Der Wandel der politischen Grundanschauungen. In: *DJ* 97 (1935), 1247-1254.

Freisler, Roland (1936): Staatssekretär Staatsrat Dr. Freisler über "Recht und Gesetzgeber" [Breslau OLG 법원장 취임 강연문]. in: *DJ* 98 (1936), 153-156.

Freisler, Roland (1936): Der Rechtswahrer im Kampfe des Vierjahresplans. In: *DJ* 98 (1936), 1630.

Freisler, Roland (1941): Gedanken über das Gesetz zur Änderung des Reichsstrafgesetzbuchs. In: *DJ* 103 (1941), 929-938.

Gallas, Wilhelm (1936): Zur Kritik der Lehre vom Verbrechen als Rechtsgutsverletzung. In: Dahm, Georg et al, Festschrift zum 60. Geburtstag von Graf W. Gleispach, Berlin, Leipzig 1936, 50-69.

Gemmingen, Hans Dieter von (1933): Strafrecht im Geiste Adolf Hitlers, Heidelberg 1933.

Gemmingen, Hans Dieter von (1933): Willensstrafrecht oder Gefä hrdungsstrafrecht? In: JW 62 (1933), 2371-2373.

Gerland, Heinrich (1933), Neues Strafrecht. In: DJZ 38 (1933), 857-861.

Gobineau, Arthur de (1853-1855), Essai sur l'inegalité des races humaines, Paris 1967 (first published 1853).

Göring, Hermann (1935): Die Rechtssicherheit als Grundlage der Volksgemeinschaft, Hamburg 1935.

Grispigni, Filippo (1940), Expiación y defensa en el nuevo código penal alemán. In: Zaffaroni (2009a), 29-42.

Grispigni, Filippo (1941a), Los principios fundamentales del nuevo derecho penal alemán. In: Zaffaroni (2009a),51-70.

Grispigni, Filippo (1941b), El significado de las nuevas disposiciones sobre el derecho penal de la juventud en Alemania. In: Zaffaroni (2009a), p 71-92.

Grossmann, Hans (1926): Die Grenze von Vorsatz und Fahrlässigkeit, Hamburg 1926.

Gürtner, Franz, ed (1934), Das kommende deutsche Strafrecht. Allgemeiner Teil, Bericht über die Arbeit der amtlichen Strafrechtskommission, Berlin 1934.

Gürtner, Franz, ed (1935), Das kommende deutsche Strafrecht. Besonderer Teil, Bericht über die Arbeit der amtlichen Strafrechtskommission, Berlin 1935.

Gürtner, Franz (1936): Eröffnungsansprache Internationaler Strafrechts- und Gefängniskongress, 1935. In: Actes du Congrès pénal et pénitentiaire international de Berlin Aout 1935, Procès-verbaux des séances, Volume I a, Berne 1936, 4-23.

Hartmann, Nicolai (1926): Ethik, Berlin 1926.

참고문헌

Hegler, August (1915): Merkmale des Verbrechens. In: *ZStW* 35 (1915), 19-44.

Henkel, Heinrich (1933): Der Begriff der Wissenschaft in Forschung und Lehre. In Krieck, Ernst/Staufing, Friedrich, Die deutsche Hochschule, Marburg 1933, p 8-29.

Henkel, Heinrich (1934a): Strafrichter und Gesetz im neuen Staat. Die geistigen Grundlagen, Hamburg 1934.

Henkel, Heinrich (1934b): Die Unabhängigkeit des Richters in ihrem neuen Sinngehalt, Hamburg 1934.

Hentig, Hans v. (1933): Nationalsozialistisches Strafrecht. In: *MSchrKrimPsych* 24 (1933), 633-634.

Heuber, Wilhelm (1937?): Die Paragraphen-Sklaverei und Ihr Ende, Berlin 1937(?).

Hoefer, Frederick (1945): The Nazi Penal System-I. In: *JCL&Crim* 35 (1945), 385-393.

Honig, Richard (1919): Die Einwilligung des Verletzten. Die Geschichte des Ein- willigungsproblems und die Methodenfrage, vol 1, Mannheim 1919.

Jiménez de Asúa, Luis (1920): El estado peligroso del delincuente y sus consecuencias ante el Derecho penal moderno. In: Publicaciones de la Real Academia de Jurisprudencia y Legislación de Madrid, 27 de febrero de 1920, 6-34.

Jiménez de Asúa, Luis (1922): El estado peligroso. Nueva fórmula para el tratamiento penal y preventivo, Madrid 1922.

Jiménez de Asúa, Luis (1933): Manual de Derecho Penal, Volumen Primero, Madrid 1933.

Kerrl, Hanns (1933): Nationalsozialistische Staatskunst und Strafrecht- serneuerung. In: Preußischer Justizminister, Denkschrift des preußischen Justizministers, Nationalsozialistisches Strafrecht, Berlin 1933, 3-5.

Kirchheimer, Otto (1939/40): Criminal Law in National Socialist Germany. In: *Studies in Philosophy and Social Science* VIII (1939/40), 444-463.

Kohlrausch, Eduard (1936): Das kommende deutsche Strafrecht. In: *ZStW* 55 (1936), 384-398.

Lange, Friedrich Albert (1915): Geschichte des Materialismus und Kritik seiner Bedeutung in der Gegenwart, Zweites Buch: Geschichte des Materialismus seit Kant, Leipzig 1915.

Lange, Heinrich (1933): Liberalismus, Nationalsozialismus und Bürgerliches Recht: Ein Vortrag, Tübingen 1933.

Lange, Heinrich (1934): Vom alten zum neuen Schuldrecht, Hamburg 1934.

Larenz, Karl (1933): Über Gegenstand und Methode des völkischen Rechtsdenkens, Berlin 1933.

Larenz, Karl (1934): Deutsche Rechtserneuerung und Rechtsphilosophie, Tübingen 1934.

Larenz, Karl (1935): Rechtsperson und subjektives Recht. Zur Wandlung der Rechtsgrundbegriffe. In: Dahm, Georg/Huber, Ernst Rudolf/Larenz, Karl/Michaelis, Karl/Schaffstein, Friedrich/Siebert, Wolfgang, Grundfragen der neuen Rechtswissenschaft, Berlin 1935, 225-258.

Larenz, Karl (1935): Volksgeist und Recht. Zur Revision der Rechtsanschauung der Historischen Schule. In: *ZKph* 1 (1935), 40-60.

Liszt, Franz von (1883): Der Zweckgedanke im Strafrecht. In: *ZStW* 3 (1883), 1-47.

Liszt, Franz von (1907), Das "richtige Recht" in der Strafgesetzgebung. Ⅱ., *ZStW* 27 (1907), 91-96.

Luetgebrune, Walter (1934): "Nullum crimen sine lege, nulla poena sine lege". In: Frank (1934), p 42-45.

Maunz, Theodor (1943): Gestalt und Recht der Polizei. In: Huber, Ernst Rudolf, Idee und Ordnung des Reiches. Vol 2, Hamburg 1943, 1-104.

Mayer, Max Ernst (1901): Die schuldhafte Handlung und ihre Arten im Strafrecht, Leipzig 1901.

Mayer, Max Ernst (1915): Der Allgemeine Teil des deutschen Strafrechts, Heidelberg 1915.

Merkel, Adolf (1899): Vergeltungsidee und Zweckgedanke im Strafrecht. In: Gesammelte Abhandlungen aus dem Gebiet der allgemeinen Rechtslehre und des Strafrechts, Zweite Hälfte, Strasbourg 1899.

Mezger, Edmund (1924): Die subjektiven Unrechtselemente. In: *GerS* 89 (1924), 207-314.

Mezger, Edmund (1928): Konstitutionelle und dynamische Verbrechensauffassung. In: *MSchKrimPsych* 19 (1928), 385-400.

Mezger, Edmund (1934): Kriminalpolitik auf kriminologischer Grundlage, Stuttgart 1934.

Mezger, Edmund (1934): Willensstrafrecht, Gefährdungsstrafrecht und Erfolgsstrafrecht. In: *DJZ* 39 (1934), col 97-104.

Mezger, Edmund (1936): Deutsches Strafrecht. Ein Leitfaden, Berlin 1936.

Mezger, Edmund (1936): Das neue Strafrecht und die Strafrechtswissenschaft. In: *DJZ* 41 (1936), 601-607.

Mezger, Edmund (1936): Die materielle Rechtswidrigkeit im kommenden Strafrecht, *ZStW* 55 (1936), 1-17.

Mezger, Edmund (1938): Deutsches Strafrecht. Ein Grundriss, Berlin 1938.

Mezger, Edmund (1940): Vergeltung und Schutz im neuen Deutschen Strafrecht, *MSchKrimBio* 31 (1940), 105-110; 스페인어 번역 in: Zaffaroni (2009a), 43-50.

Mezger, Edmund (1942): Kriminalpolitik auf kriminologischer Grundlage, Stuttgart 2nd ed 1942.

Mezger, Edmund (1944): Rechtsirrtum und Rechtsblindheit. In: Boeckelmann, Paul et al, Probleme der Strafrechtserneuerung, Festschrift für Eduard Kohlrausch zum 70. Geburtstage, Berlin 1944, 180-198.

Mittasch, Helmut (1939): Die Auswirkungen des wertbeziehenden Denkens in der Strafrechtssystematik, Berlin 1939.

Mittermaier, Wolfgang (1924): Über den Begriff "Verbrechen", *ZStW* 44 (1924), 2-15.

Mittermaier, Wolfgang (1938): Die Krise in der deutschen Strafrechtswissenschaft. In: *SchwZStR* 52 (1938), 209-226.

Naucke, Alfred (1920): Einführung. In Binding, Karl/Hoche, Alfred, Die Freigabe der Vernichtung lebensunwerten Lebens, Berlin: BWV, 2006 [reprint], VI-LXXI.

Neumann, Franz (1942): Behemoth: The Structure and Practice of National Socialism, Toronto/New York/London 1942.

Neumann, Franz (1944): Behemoth: The Structure and Practice of National Socialism, 2nd ed with new appendix, Toronto/New York/London 1944 (Octagon Books 1963).

Nicolai, Helmut (1932): Die rassengesetzliche Rechtslehre: Grundzüge einer nationalsozialistischen Rechtsphilosophie, Munich 1932.

Nider, Johannes (1473): Formicarius, Cologne 1473 (년도미상).

Oetker, Friedrich (1934): Die Teilnahme am Verbrechen. In: Frank (1934), 116-134.

Osterreich, Traugott Konstantin (1951): Friedrich Ueberwegs Grundriss der Geschichte der Philosophie, Vierter Teil, Tübingen 1951.

Preußischer Justizminister (1933): Denkschrift des preußischen Justizministers, Nationalsozialistisches Strafrecht, Berlin 1933 (Denkschrift).

Radbruch, Gustav (1932): Rechtsphilosophie, Leipzig 1932 (Dreier, Ralf/ Paulson, Stanley, Heidelberg 1999).

Radbruch, Gustav (1933/1957): Autoritäres oder soziales Strafrecht? In: *Die Gesellschaft* X (1933); cited according to the republished version in: Radbruch, Gustav, Der Mensch im Recht, Göttingen 1957, 63-79.

Radbruch, Gustav (1936/1990): Rezension zu 'Welzel, Naturalismus und Wertphilosophie im Strafrecht, 1933', *Zentralblatt für die Juristische Praxis* 54 (1936), 43-45. In: Radbruch, Gustav, Gesamtausgabe vol 3, Heidelberg 1990, 29-31.

Radbruch, Gustav (1939): Rezension zu Erich Schwinge, Irrationalismus und Ganzheitsbetrachtungen in der deutschen Rechtswissenschaft, Bonn 1938. In: *SchwZStR* 53 (1939) 109-110.

Radbruch, Gustav (1945): Fünf Minuten Rechtsphilosophie, reprinted in: Dreier/ Paulson (1999), 209-10 (Appendix 2).

Rauch, Herbert (1936): Die klassische Strafrechtslehre in ihrer politischen Bedeutung, Leipzig 1936.

Riecke, Heinz (1935): Der Rassegedanke und die neuere Philosophie, Leipzig

1935.

Riemer, Svend (1933): Autorität-Wofür? In: *MSchrKrimPsych* 24 (1933), 222-226. Rauch, Herbert (1936): Die klassische Strafrechtslehre in ihrer politischen Bedeutung, Leipzig 1936.

Sauer, Wilhelm (1936): Lebendes Recht und lebende Wissenschaft, Tübingen 1936.

Schäfer, Ernst (1934): Die Schuldlehre. In: Gürtner (1934), 37-55.

Schaffstein, Friedrich (1933): Die Nichtzumutbarkeit als allgemeiner übergesetzlicher Schuldausschließungsgrund, Leipzig 1933.

Schaffstein, Friedrich (1934): Ehrenstrafe und Freiheitsstrafe in ihrer Bedeutung für das neue Strafrecht. In: *DStR* 80 [new numbering 1] (1934), 273-281.

Schaffstein, Friedrich (1934): Formalismus im Strafrecht. In: *DR* 4 (1934), 349-352.

Schaffstein, Friedrich (1934): Nationalsozialistisches Strafrecht. In: *ZStW* 53 (1934), 603-628.

Schaffstein, Friedrich (1934): Der Begriff "Strafanspruch" und sein rechtspolitischer Gehalt. In: *DJZ* 39 (1934), col 1174-1180.

Schaffstein, Friedrich (1934): Politische Strafrechtswissenschaft, Hamburg 1934 (Leipzig 대학 취임 강연).

Schaffstein, Friedrich (1935): Das Verbrechen als Pflichtverletzung. In: Dahm, Georg/ Huber, Ernst Rudolf/Larenz, Karl/Michaelis, Karl/ Schaffstein, Friedrich/ Siebert, Wolfgang, Grundfragen der neuen Rechtswissenschaft, Berlin 1935, 108-142.

Schaffstein, Friedrich (1935): Das Verbrechen eine Rechtsgutsverletzung? In: *DStR* 81 (1935), 97-105.

Schaffstein, Friedrich (1936): Das subjektive Recht im Strafrecht. In: *DRWis* 1 (1936), 39-49.

Schaffstein, Friedrich (1936): Die Bedeutung des Erziehungsgedankens im neuen deutschen Strafvollzug. In: *ZStW* 55 (1936), 276-290.

Schaffstein, Friedrich (1936): Die unechten Unterlassungsdelikte im System des neuen Strafrechts. In: Dahm, Georg et al, Gegenwartsfragen der Strafrechtswissenschaft, Festschrift zum 60. Geburtstag von Graf W. Gleispach, Berlin, Leipzig 1936, 70-114.

Schaffstein, Friedrich (1936): Strafrechtsreform und unechte Unterlassungsdelikte, DJ 98 (1936), 767-770.

Schaffstein, Friedrich (1936): Zur Problematik der teleologischen Begriffsbildung im Strafrecht. In: Leipziger Juristenfakultät, Festschrift der Leipziger Juristenfakultät für Dr. Richard Schmidt, Leipzig 1936, 47-77. (Ellscheid, Günter/Hassemer, Winfried, Interessenjurisprudenz, Darmstadt 1974, 380-417).

Schaffstein, Friedrich (1937): Literaturbericht Strafrecht. Allgemeiner Teil. In: ZStW 56 (1937), 104-175.

Schaffstein, Friedrich (1937): Rechtswidrigkeit und Schuld im Aufbau des neuen Strafrechtsystems, ZStW 57 (1937), 295-336 (Dahm, Georg/ Schaffstein, Friedrich, Methode und System des neuen Strafrechts, Berlin 1938).

Scheler, Max (1915/1919): Vom Umsturz der Werte, 2 vols, Leipzig 1915, 1919.

Scheler, Max (1916): Der Formalismus in der Ethik und die materiale Wertethik, Paderborn 1916.

Schmidt, Eberhard (1933): Inaugural speech "Juristisches Denken und Politik". In: Hamburgerische Universität, Reden gehalten bei der Feier des Rektorswechsels am 7. Nov. 1933, Hamburg 1933, 27-49.

Schmidt, Eberhard (1942): Anselm von Feuerbach und Franz von Liszt. In: MschrKrim 33 (1942), 205-223.

Schmidt-Leichner, without first name (1942): Der Durchbruch der materiellen Gerechtigkeit im Strafrecht. In: DStR 9 (1942), 2-18.

Schmitt, Carl (1934): Der Führer schützt das Recht. Zur Reichstagsrede Adolf Hitlers vom 13. Juli 1934. In: DJZ 39 (1934), 945-960.

Schmitt, Carl (1934): Der Weg des deutschen Juristen. In: DJZ 39 (1934), 691-698.

Schmitt, Carl (1934): Nationalsozialismus und Rechtsstaat. In: JW 63 (1934), 713-718.

Schmitt, Carl (1934): Über die drei Arten des rechtswissenschaftlichen Denkens, Hamburg 1934.

Schumacher, Oskar (1927): Um das Wesen der Strafrechtsschuld, Mannheim 1927.

Schwinge, Erich (1930): Teleologische Begriffsbildung im Strafrecht: ein Beitrag zur strafrechtlichen Methodenlehre, Bonn 1930.

Schwinge, Erich (1938): Irrationalismus und Ganzheitsbetrachtung in der deutschen Rechtswissenschaft, Bonn 1938.

Schwinge, Erich/Zimmerl, Leopold (1937): Wesensschau und konkretes Ordnungsdenken im Strafrecht, Bonn 1937.

Seidenstücker, Herbert (1938): Strafzweck und Norm bei Binding und im nationalsozialistischen Recht, Quakenbrück 1938.

Siegert, Karl (1934): Der Treuegedanke im Strafrecht. In: *DR* 4 (1934), 528-531.

Siegert, Karl (1934): Grundzüge des Strafrechts im neuen Staate, Tübingen 1934.

Spencer, Herbert (1851): Social Statistics: Or, the Conditions Essential to Human Happiness Specified and the first of them developed, London 1851.

Spencer, Herbert (1860): The Social Organism. In: *The Westminster Review* 17 (1860), 90-121.

Spencer, Herbert (1864): Principles of Biology, London 1864.

Strauß, Friedrich (1934): Die Erweiterung des Rechtsgüterschutzes im nationalsozialistischen Strafrecht. In: Frank (1934), p 31-41.

Thierack, Georg (1934): Sinn und Bedeutung der Richtlinien für die Strafrechtsreform. In Frank (1934), p 25-30.

Torino y Roldan, Fernando (1945): Lineas fundamentales del nuevo derecho penal juvenil de Alemania-una crítica a las ideas de Erik Wolf. In: *RDP* (Buenos Aires) 1 (1945), 507-514.

Welzel, Hans (1931): Kausalität und Handlung. In: *ZStW* 51 (1931), 703-720.

Welzel, Hans (1935): Naturalismus und Wertphilosophie im Strafrecht, Münster 1935.

Welzel, Hans (1938): Tradition und Neubau in der Strafrechtswissenschaft. In: *DRWis* 3 (1938), 113-121.

Welzel, Hans (1938): Über die Ehre von Gemeinschaften. In: *ZStW* 57 (1938) 28-52. 184

Welzel, Hans (1938): Über die Grundlage der Staatsphilosophie Hegels. In: Schürmann, Artur, Volk und Hochschule im Umbruch, Oldenburg 1937, 87-104.

Welzel, Hans (1939): Studien zum System des Strafrechts. In: *ZStW* 58 (1939), 491-566.

Welzel, Hans (1940): Der Allgemeine Teil des deutschen Strafrechts in seinen Grundzügen, Berlin 1940.

Welzel, Hans (1941): Persönlichkeit und Schuld. In: *ZStW* 60 (1941), 428-474.

Welzel, Hans (1944): Über den substantiellen Begriff des Strafgesetzes. In: Boeck-elmann, Paul et al, Probleme der Strafrechtserneuerung, Festschrift für Eduard Kohlrausch zum 70. Geburtstage, Berlin 1944, 101-119.

Welzel, Hans (1944): Der Allgemeine Teil des deutschen Strafrechts in seinen Grundzügen, Berlin 3rd ed 1944.

Wolf, Erik (1932): Vom Wesen des Täters, Tübingen 1932.

Wolf, Erik (1933): Krisis und Neubau der Strafrechtsreform, Tübingen 1933 (1933년 5월23일 Heidelberg 대학 강연과 1933년 6월 16일 Freiburg 대학 강연).

Wolf, Erik (1934): Das Rechtsideal des nationalsozialistischen Staates. In: *ARSP* 28 (1934), 348-363.

Wolf, Erik (1934): Literaturbericht "Rechts- und Staatsphilosophie". In: *ZStW* 53 (1934), 544-574.

Wolf, Erik (1934): Richtiges Recht im nationalsozialistischen Staat, Freiburg 1934 (1933년 12월 7일 Freiburg 대학 강연).

Wolf, Erik (1935): Das künftige Strafensystem und die Zumessungsgrundsätze. In: *ZStW* 54 (1935), 544-574.

Wolf, Erik (1936): Tattypus und Tätertypus. In: *ZAkdR* 3 (1936), 358-363.

Wolf, Erik (1939): Der Methodenstreit in der Strafrechtslehre und seine Uberwindung In: *DRWis* 4 (1939), 168-181.

Wolf, Erik (1944/45): Lineas fundamentales del nuevo derecho penal juvenil de Alemania, REP (Universidad de Valladolid, Facultad de Derecho) vol II (1944/45), 7-27.

Zimmerl, Leopold (1935): Täterschaft, Teilnahme, Mitwirkung. In: *ZStW* 54 (1935), 575-590.

Zimmerl, Leopold (1936): Zur Auslegung des § 2 StGB. In: Dahm, Georg et al, Gegenwartsfragen der Strafrechtswissenschaft, Festschrift zum 60. Geburtstag von Graf W. Gleispach, Berlin et al 1936, 173-187.

II. 1945 이후 문헌

Alexy, Robert (1992): Fortwirkungen nationalsozialistischer Denkweisen in Rechtslehre und Rechtsprechung nach 1945? In: Säcker, Franz Jürgen, Recht und Rechtslehre im Nationalsozialismus, Baden-Baden 1992, 219-226.

Aller, Germán (2009): Dogmática de la acción y praxis penal, Montevideo/ Buenos Aires 2009.

Ambos, Kai (2007): Toward a universal system of crime: comments on George Fletcher's Grammar of Criminal Law. *Cardozo Law Review* 28 (2007), 2647-2673.

Ambos, Kai (2013): Rechtsgutsprinzip und harm principle: theoretische Ausgangspunkte zur Bestimmung der Funktion des Völkerstrafrechts. Ein zweiter Beitrag zu einer grundlegenden Theorie des Völkerstrafrechts. In: Zöller, Mark et al, eds, Gesamte Strafrechtswissenschaft in internationaler Dimension. Festschrift für Jürgen Wolter zum 70. Geburtstag, Berlin 2013, 1285-1310.

Ambos, Kai (2015): The Overall Function of International Criminal Law: Striking the Right Balance between the Rechtsgut and the Harm Principles. In: *Criminal Law and Philosophy* 9 (2015), 301-329.

Ambos, Kai (2017): Stand und Zukunft der Rechtsvergleichung. In: *RW* 8 (2017), 247-276. 영문판은 24 *UCLA J. Int'l L & For. Aff.* (2020).

Ambos, Kai (2018): Book Review, Kim Christian Priemel, The Betrayal, The Nuremberg Trials and German Divergence, Oxford 2016. In: *CLF* 29 (2018) 157-164.

Ambos, Kai (2019): NS-Kriminologie. In: Dessecker, Axel/Harrendorf, Stefan/ Höffler, Katrin, Angewandte Kriminologie-justizbezogene Forschung, Göttingen, 2019

Amelung, Knut (1972): Rechtsgüterschutz und Schutz der Gesellschaft, Frankfurt am Main 1972.

Amelung, Knut (2002): Der Einfluss des südwestdeutschen Neukantianismus auf die Lehre vom Rechtsgüterschutz im deutschen Strafrecht. In: Alexy, Robert et al, Neukantianismus und Rechtsphilosophie, Baden-Baden 2002, 363-373.

Amos, Maximilian (2019): Juristische Fachverlage im 3. Reich. Die Verleger des Unrechts. In: *LTO*, 7.8.2019 〈https://www.lto.de/recht/ hintergruende/h/ juristisc he-verlage-nationalsozialismus-ideologie- erbe-verantwortung/〉.

Arnedo, Fernando J., Roland Freisler: "El soldado político de Hitler". In Zaffaroni, ed (2017), 9-84.

Ayaß, Wolfgang (1998): "Gemeinschaftsfremde". Quellen zur Verfolgung von "Asozialen" 1933-1945, Koblenz 1998.

Bacigalupo, Enrique (2005): Die Diskussion über die finale Handlungslehre im Strafrecht. In: Arnold, Jörg et al, Menschengerechtes Strafrecht. Festschrift für Albin Eser zum 70. Geburtstag, Munich 2005, 61-75.

Batista, Nilo, Atualidade de Roland Freisler. In Zaffaroni, ed (2017), 103-112.

Beulke, Werner (2002): In memoriam Friedrich Schaffstein. In: *MSchrKrim* 85 (2002), 81-83.

Beyer, Wilhem (1947): Rechtsphilosophische Besinnung, Karlsruhe 1947.

Bockenförde, Ernst-Wolfgang (1990): Zur Kritik der Wertbegründung des Rechts. In: Dreier, Ralf, Rechtspositivismus und Wertbezug des Rechts (*ARSP* supplement 37), Stuttgart 1990, 33-46.

Böckenförde, Ernst-Wolfgang (1991): Recht, Staat, Freiheit, Studien zur Rechtsphilosophie, Frankfurt am Main 1991.

Braun, Johann (2001): Rechtsphilosophie im 20. Jahrhundert, Munich 2001.

Braun, Jens-Daniel/Falk, Georg D. (2015): Die deutschen Richter im Jahre 1933. In: Wolfgang Form, Theo Schiller and Lothar Seitz, NS-Justiz in Hessen. Verfolgung, Kontinuitäten, Erbe, Marburg 2015, 21-44.

Caroli, Paolo (2019), Die Strafbarkeit des Römischen Grußes in Italien. In: Vorm-baum, Thomas, JJZ 19 (2018), Berlin 2019, 48-64.

Cattaneo, Mario A. (2001): Strafrechtstotalitarismus, Baden-Baden 2001.

Codino, Rodrigo, Algunas consideraciones sobre Filippo Grispigni, in Zaffaroni (2009a), 115-132.

Cohn, Ernst J. (1973): Gelehrter in Zeiten der Wirrnis. In: Evers, Hans Ulrich et al, Persönlichkeit in der Demokratie. Festschrift für Erich Schwinge zum 70. Geburtstag, Cologne/Bonn 1973, 1-6.

Czollek, Max (2018): Desintegriert Euch! 3rd ed Munich 2018.

Dahm, Georg (1956): Zur Problematik des Völkerstrafrechts, Göttingen 1956.

Dahm, Georg (1963): Deutsches Recht. Die geschichtlichen und dogmatischen Grundlagen des geltenden Rechts. Eine Einführung, 2nd ed Stuttgart 1963.

Detering, Heinrich (2019): Was heißt hier »wir«? Zur Rethorik der parlamentarischen Rechten, Stuttgart 2019.

Dierlamm, Alfred (2014): § 266 StGB. In: Joecks, Wolfgang et al, Münchener Kommentar zum Strafgesetzbuch, Munich 2014, 547-652.

Donna, Edgardo Alberto (2005): El pensamiento de Hans Welzel, entre el positivismo y el nacionalsocialismo. In: Moreno, Hernández et al, Problemas Capitales del Moderno Derecho Penal, Mexico D.F 2005, 45-67.

Dölling, Dieter (1989): Kriminologie im "Dritten Reich". In: Dreier, Ralf/Sell-ert,Wolfgang, Reich und Justiz im "Dritten Reich", Frankfurt am Main 1989, 194-225.

Dreier, Ralf/Paulson, Stanley, eds (1999): Gustav Radbruch-Rechtsphilosophie. Student's edition, Heidelberg 1999.

Dreier, Ralf/Paulson, Stanley (1999): "Vorwort" and "Einführung in die Recht-sphilosophie Radbruchs", in Dreier/Paulson (1999), V-VIII, 235-250.

Eckert, Jörn (1992): Was war die Kieler Schule. In: Säcker, Franz Jürgen, Recht und Rechtslehre im Nationalsozialismus, Baden-Baden 1992, 37-70.

Eser, Albin (2001): "Sozialadäquanz": eine überflüssige oder unverzichtbare Rechtsfigur?-Überlegungen anhand sozialüblicher Vorteilsgewährungen. In: Schünemann, Bernd, Festschrift für Claus Roxin zum 70. Geburtstag, Berlin 2001, 199-212.

Eser, Albin (2010): Über Grenzen-Streben nach Mitte. In: Hilgendorf, Eric, Die deutschsprachige Strafrechtswissenschaft in Selbstdarstellungen, Berlin 2010, 75-122.

Eser, Albin and Sternberg-Lieben, Detlev (2019), Vorbemerkungen zu den §§211ff. In: Eser, Albin, Schönke/Schröder, *Strafgesetzbuch*, Munich 30th ed 2019, 2055-2096.

Etzel, Matthias (1992): Die Aufhebung von nationalsozialistischen Gesetzen durch den Allierten Kontrollrat (1945-1948), Tübingen 1992.

Exner, Frank (1949): Kriminologie, Berlin/Heidelberg 1949.

Falk, Georg D. (2017): Entnazifizierung und Kontinuität. Der Wiederaufbau der hessischen Justiz am Beispiel des Oberlandesgerichts Frankfurt am Main, Marburg 2017.

Feldmüller-Bäuerle, Berit (2010): Die strafrechtliche Kieler Schule, Hamburg 2010.

Ferrajoli, Luigi (2005): Derecho y razón. Teoría del garantismo penal, Madrid 7th ed 2005.

Foljanty, Lena (2013): Recht oder Gesetz, Tübingen 2013.

Forsthoff, Ernst (1968): Zur heutigen Situation einer Verfassungslehre. In: Bari-on, Hans, Epirrhosis, Festgabe für Carl Schmitt, subvolume 1, 1968, 185-212.

Fraenkel, Ernst (1974): Der Doppelstaat, Frankfurt am Main 1974.

Frei, Norbert (1996): Vergangenheitspolitik: die Anfänge der Bundesrepublik und die NS-Vergangenheit, Munich 1996.

Frei, Norbert/Maubach, Frank/Morina, Christina/Tändler, Maik (2019): Zur Rechten Zeit. Wieder die Rückkehr des Nationalismus, Berlin 2019 (e-book).

Frommel, Monika (1984): Welzels finale Handlungslehre. Eine konservative Antwort auf das nationalsozialistische Willensstrafrecht—oder die Legende von der "Überwindung des Wertneutralismus" im Strafrecht. In: Reifner, Udo/ Sonnen, Bernd-Rüdeger, Strafjustiz und Polizei im Dritten Reich, Frankfurt am Main/New York 1984, 86-96.

Frommel, Monika (1987): Präventionsmodelle in der deutschen Strafzweckdiskussion, Berlin 1987.

Frommel, Monika (2016): Rechtsphilosophie in den Trümmern der Nachkriegszeit. In: *JZ* 2016, 913-920.

Frommel, Monika (2019): (review) Heike Stopp, 2018. In: *JZ* 2019, 196-197.

Garbe, Detlef (1989): In jedem Einzelfall—bis zur Todesstrafe: der Militä rstrafrechtler Erich Schwinge: ein deutsches Juristenleben. Hamburg 1989.

Garcia Amado, Juan Antonio (2019): Neokantismo y Derecho Penal. Sobre el pa- pel y el sentido de la dogmática penal y sobre el papel de los penalistas en los regîmenes autoritarios. In: Almacén Derecho, 7 February 2019, https://almacend ederecho.org/ neokantismo-y-derecho-penal/

Geyer, Christian (2018), Gibt es Germanen?, *FAZ*, 7 June 2018.

Goltsche, Friederike (2010): Der Entwurf eines Allgemeinen Deutschen Strafgesetzbuches von 1922 (속칭 Radbruch 초안), Berlin 2010.

Görtemaker, Manfred/Safferling, Christoph (2016): Die Akte Rosenburg, Munich 2016.

Graver, Hans Petter (2018): Why Adolf Hitler spared the Judges: Judicial Opposition against the Nazi State. In: *GLJ* 19 (2018), 845-877.

Grill, Bartholomäus (2019): Wir Herrenmenschen. Unser rassistisches Erbe: Eine Reise in die deutsche Kolonialgeschichte, Munich 2019.

Gross, Raphael (2010): Anständig geblieben: Nationalsozialistische Moral (Die Zeit des Nationalsozialismus), Frankfurt am Main 2010 (e-book).

Große-Vehne, Vera (2005): Tötung auf Verlangen (§ 216 StGB), "Euthanasie" und Sterbehilfe: Reformdiskussion und Gesetzgebung seit 1870, Berlin 2005.

Guez, Oliver (2018): Das Verschwinden des Josef Mengele, Berlin 2018 (e-book).

Günther, Klaus (1995): Von der Rechts-zur Pflichtverletzung. Ein "Paradigmawechsel" im Strafrecht? In: Institut für Kriminalwissenschaften der Johann Wolfgang Goethe-Universität, Vom unmöglichen Zustand des Strafrechts, Frankfurt am Main/Berne 1995, 445-460.

Gusy, Christoph (2019): Aus der Geschichte lernen: NS-Unrecht im Jurastudium— Einige Vorüberlegungen und 10 Thesen. In: *ZDRW* 1 (2019), 1-15.

Guzmán Dalbora, José Luis (2017), Contexto histórico-ideológico del Derecho penal de la voluntad. In Zaffaroni (2017), 85-102.

Guzmán Dalbora, José Luis (2017), Doctrina penal nazi etc. [book review], *RDPC* VII, no 10 (November 2017), 229-232.

Hammon, Kathrin (2011): Karl Binding/Alfred E. Hoche, "Die Freigabe der Vernichtung lebensunwerten Lebens. Ihr Maß und Ihre Form", Göttingen 2011.

Hartl, Benedikt (2000): Das nationalsozialistische Willensstrafrecht, Berlin 2000.

Hartung, Fritz (1971): Jurist unter vier Reichen, Cologne et al 1971.

Harzer, Regina (1999): Die tatbestandsmäßige Situation der unterlassenen Hilfeleistung, Frankfurt am Main 1999.

Hattenhauer, Hans (2005): Eine Türkenschrift im "langen Krieg" aus dem Jahre 1606. In: *JJZG* 7 (2005), 173-202.

Henkel, Heinrich (1955): "Kollektivschuld". In: Nottarp, Hermann et al, Monumentum Bambergense. Festgabe für Benedikt Kraft, Munich 1955, p 106-128.

Henkel, Heinrich (1977): Einführung in die Rechtsphilosophie, Munich 1977.

Hilliger, Fedja Alexander (2018): Das Rechtsdenken Karl Bindings und die "Freigabe der Vernichtung lebensunwerten Lebens", Berlin 2018.

Hilgendorf, Eric (2017): Rechtsphilosophie zwischen 1860 und 1960. In: Hilgendorf, Eric/Joerden, Jan, Handbuch Rechtsphilosophie, Stuttgart 2017, 160-169.

참고문헌

Hirsch, Hans Joachim (2002): Die verfehlte deutsche Gesetzesfigur der "besonders schweren Fälle". In: Dölling, Dieter/Erb, Volker, Festschrift für Karl-Heinz Gössel zum 70. Geburtstag, Heidelberg 2002, 287-302.

Hirsch, Hans Joachim (2004): Zum 100. Geburtstag von Hans Welzel. In: ZStW 116 (2004), 1-14.

Höffler, Katrin (2018): Vom juvenilen Rechtsbrecher und dessen "schädlichen Neigungen"-Zeit, mit einem überkommenen Menschenbild aufzuräumen. In: Bartsch, Tillmann/Görgen, Thomas/Hoffmann-Holland, Klaus/Kemme, Stefanie/Stock, Jürgen: Festschrift für Artur Kreuzer zum 80. Geburtstag, Frankfurt am Main, 239-249.

Hollerbach, Alexander (2009): Zum Verhältnis von Erik Wolf und Martin Heidegger: Ein nicht abgeschickter Brief Erik Wolfs an Karl Barth. In: Heidegger-Jahrbuch 4, Freiburg/Munich 2009, 284-347.

Hollerbach, Alexander (2017): Rechtsphilosophische Irrlehre: Monika Frommel über Erik Wolf. Zu Monika Frommel. In: JZ 2017, 455-457.

Holzhey, Helmut (1984): Neukantianismus. In: Ritter, Joachim/Gründer, Karlfried, Historisches Wörterbuch der Philosophie, vol 6, Darmstadt 1984, 747-754.

Honig, Richard (1962): Das amerikanische Strafrecht. In: Mezger, Edmund/ Schönke, Adolf/Jescheck, Hans-Heinrich, Das ausländische Strafrecht der Gegenwart: Amerika-Norwegen-Türkei, vol IV, Berlin 1962, 7-262.

Höffler, Katrin (2017): Tätertypen im Jugendstrafrecht. In: Schumann, Eva/ Wapler, Friederike, Erziehen und Strafen, Bessern und Bewahren. Entwicklungen und Diskussionen im Jugendrecht im 20. Jahrhundert, Göttingen 2017, 61-71.

Hoyer, Andreas (1997): Strafrechtsdogmatik nach Armin Kaufmann. Lebendiges und Totes in Armin Kaufmanns Normentheorie, Berlin 1997.

Hoyer, Andreas (2008), Strafrechtswissenschaft und Nationalsozialismus. In: Hoyer, Andreas/Hattenhauer, Hans/Meyer-Pritzl, Rudolf/Schubert, Werner, Gedächtnisschrift für Jörn Eckert, Baden-Baden 2008, 351-368; in Spanish: Ciencia del derecho penal y nacionalsocialismo, RP 23 (January 2009),

41-51.

Jäger, Herbert (1967): Verbrechen unter totalitärer Herrschaft. Studien zur nationalsozialistischen Gewaltkriminalität, Frankfurt am Main 1967.

Jäger, Herbert (2006): [interview] In: Horstmann, Thomas/Litzinger, Heike, An den Grenzen des Rechts. Gespräche mit Juristen über die Verfolgung von NS- Verbrechen, Frankfurt am Main/New York, 2006, 35-67.

Jakobs, Günther (1993): Strafrecht-Allgemeiner Teil, Berlin 1993.

Jeßberger, Florian (2019): Heinrich Henkel (1903-1981): Ideologie und Recht. In: Jeßberger, Florian/Kotzur, Markus/Repgen, Tilman, Festschrift 100 Jahre Fakultät für Rechtswissenschaft der Universität Hamburg, Tübingen 2019, 235-254.

Jiménez de Asúa, Luis (1946-1952): *El Criminalista*, volumes 1-10, Buenos Aires 1946-1952.

Jiménez de Asúa, Luis (1947): El derecho penal totalitario en Alemania y el derecho voluntarista. In: *El Criminalista*, vol VII, Buenos Aires 1947, 63-186.

Jiménez de Asúa, Luis (1957-1970): Tratado de Derecho penal, volumes 1-7, Buenos Aires 1957-1970.

Kale, Steven (2010): Gobineau, Racism, and Legitimism: A royalist heretic in nineteenth-century France. In: *MIH* 7 (2010), 33-61.

Kaufmann, Arthur/von der Pfordten, Dietmar (2016): Problemgeschichte der Rechtsphilosophie. In: Hassemer, Winfried et al, Einführung in die Rechtsphilosophie und Rechtstheorie, Heidelberg 2016, 80-101.

Kazim, Hasnain (2018): Auf rechts gedreht (Gespräch mit Sommerfeld), Spiegel Online, 10 April 2018, available at: http://www.spiegel.de/politik/deutschland/caroline-sommerfeld-ikone-der-neuen-rechten-und-identitaeren-a-1201899.ht ml (26 June 2019).

Kindhäuser, Urs (2017): § 266 StGB. In: Kindhäuser, Urs et al, Nomos Kommentar Strafgesetzbuch, Baden-Baden 2017, 1142-1169.

Kindhäuser, Urs (2019): Günther Jakobs und Hans Welzel. In: Kindhäuser, Urs et al, Strafrecht und Gesellschaft, Tübingen 2019, 155-193.

Kirchheimer, Otto (1976): Das Strafrecht im nationalsozialistischen

Deutschland. In: id, Von der Weimarer Republik zum Faschismus: Die Auflö
sung der demokratischen Rechtsordnung, Frankfurt am Main 1976,
186-212.

Kirchheimer, Otto (1976): Staatsgefüge und Recht im Dritten Reich. In: KJ 9
(1976), 39-59; reprinted in id, Von der Weimarer Republik zum Faschismus:
Die Auflösung der demokratischen Rechtsordnung, Frankfurt am Main 1976,
p 152-185.

Klippel, Diethelm (1995): Subjektives Recht und germanisch-deutscher Rechts-
gedanke in der Zeit des Nationalsozialismus. In: Rückert, Joachim/
Willoweit, Dietmar, Die Deutsche Rechtsgeschichte in der NS-Zeit, Tü
bingen 1995, 31-54.

Kroeschell, Karl (1992): Rechtsgeschichte Deutschlands im 20. Jahrhundert,
Göttingen 1992.

Kroeschell, Karl (1995): Führer, Gefolgschaft und Treue. In: Rückert, Joachim/
Willoweit, Dietmar, Die Deutsche Rechtsgeschichte in der NS-Zeit, Tü
bingen 1995, 55-76.

Kroeschell, Karl (1995): Studien zum frühen und mittelalterlichen Recht, Berlin
1995.

Krüper, Julian (2018): Auf der Suche nach neuer Identität. Die Verfassung der
Berliner Republik verlässt den Schonraum der Nachkriegszeit. In: Duve,
Thomas/Ruppert, Stefan, Rechtswissenschaft in der Berliner Republik,
Frankfurt am Main 2018, 238-269.

Kubiciel, Michael (2015): "Welzel und die anderen". Positionen und
Positionierungen Welzels vor 1945. In: Frisch, Wolfgang et al, Lebendiges
und Totes in der Verbrechenslehre Hans Welzels, Tübingen 2015, 135-156.

Kubink, Michael (2002): Strafen und ihre Alternativen im zeitlichen Wandel,
Berlin 2002.

Lepsius, Oliver (1994): Die gegensatzaufhebende Begriffsbildung, Munich
1994.

Lepsius, Susanne (2003): Die mittelalterliche italienische Stadt als Utopie. In:
Cordes, Stadt-Gemeinde-Genossenschaft: Festschrift für Gerhard Dilcher,

Berlin 2003, 389-455.

Lindner, Josef Franz (2017): Rechtswissenschaft als Metaphysik, Tübingen 2017.

Llobet R., Javier (2018): Nacionalsocialismo y antigarantismo penal (1933-1945), Valencia 2018.

Loos, Fritz (1970): Zur Wert- und Rechtslehre Max Webers, Tübingen 1970.

Loos, Fritz (1987): Hans Welzel (1904-1977). Die Suche nach dem Überpositiven im Recht. In: Loos, Fritz, Rechtswissenschaft in Göttingen, Göttinger Juristen aus 250 Jahren, Göttingen, 1987, 486-509.

Loos, Fritz (2002): Literaturbericht Rechtsphilosophie. In: *ZStW* 114 (2002), 657-680.

Loos, Fritz (2004): Hans Welzel (1904-1977). In: *JZ* 2004, 1115-1119.

Lübbe, Hermann (2007), Vom Parteigenossen zum Bundesbürger. Uber beschwiegene und historisierte Vergangenheiten, Munich 2007.

Luig, Klaus (1995): "Römische und germanische Rechtsanschauung, individualistische und soziale Ordnung". In: Rückert, Joachim/Willoweit, Dietmar, Die Deutsche Rechtsgeschichte in der NS-Zeit, Tübingen 1995, 95-137.

Mahlmann, Matthias (2017): Rechtsphilosophie und Rechtstheorie, Baden-Baden 2017.

Maiwald, Manfred (2002): Friedrich Schaffstein. In: *NJW* 2002, 1250-1251.

Marxen, Klaus (1975): Der Kampf gegen das liberale Strafrecht, Berlin 1975.

Marxen, Klaus (1983): Die rechtsphilosophische Begründung der Straftatlehre im Nationalsozialismus. In: Rottleuthner, Hubert, Recht, Rechtsphilosophie und Nationalsozialismus (*ARSP* supplement 18), Wiesbaden 1983, 55-64.

Marxen, Klaus (1984): Zum Verhältnis von Strafrechtsdogmatik und Strafrechtspraxis im Nationalsozialismus. In: Reifner, Udo/Sonnen, Bernd-Rüdeger, Strafjustiz und Polizei im Dritten Reich, Frankfurt am Main/New York 1984, 77-85.

Marxen, Klaus (1990): Das Problem der Kontinuität in der neueren deutschen Strafrechtsgeschichte. In: *KritV* 73 (1990), 287-289.

Matus, Jean Pierre (2014): Nacionalsocialismo y derecho penal. Apuntes sobre el caso de H. Welzel. In: *ZIS* 9 (2014), 622-628.

Maus, Ingeborg (1989): "Gesetzesbindung" der Justiz und die Struktur der nationalsozialistischen Rechtsnormen. In: Dreier, Ralf/Sellert, Wolfgang, Reich und Justiz im "Dritten Reich", Frankfurt am Main 1989, 81-104.

Mayer, Hellmuth (1947): Das Analogieverbot im deutschen Strafrecht. In: *SJZ* 2 (1947), 12-19.

Meister, Hans-Georg (1949): Wandlungen und Entwicklungen des Strafrechts seit der Kapitulation, Bleckede an der Elbe 1949.

Mercurio, Ezequiel (2013), El estado peligroso del delincuente: 90 años después. Psiquiatría y prognosis criminal en el ámbito de ejecución de la pena, January 2013 ⟨https://www.researchgate.net/publication/305850976⟩.

Mezger, Edmund (1949): Strafrecht. Ein Lehrbuch, Berlin 1949 (2014).

Mezger, Edmund (1950): Moderne Wege der Strafrechtsdogmatik, Berlin 1950.

Muñoz Conde, Francisco (2003): Edmund Mezger y el Derecho Penal de su tiempo. Estudios sobre el Derecho Penal en el Nacionalsocialismo, Valencia 2003.

Muñoz Conde, Francisco (2003): Comentario a "La Riforma Penale Nazionalsocialista", de Filippo Grispigni y Edmund Mezger, *NDP* 2003A, 303-315.

Muñoz-Conde, Francisco (2017): Prólogo. In: Zaffaroni, Eugenio Raúl, Derecho penal humano. La doctrina de los juristas y el poder en el siglo XXI, Buenos Aires 2017, 15-23.

Murmann, Uwe (2005): Die Selbstverantwortung des Opfers im Strafrecht, Heidelberg 2005.

Müller, Claudius (1994): Die Rechtsphilosophie des Marburger Neukantianismus, Tübingen 1994.

Müller, Ingo (1989): Furchtbare Juristen. Die unbewältigte Vergangenheit der Justiz, Munich 1989.

Naucke, Wolfgang (1953): Naturrecht und Rechtspositvismus. In: Universität Göttingen. Rechts- und Staatswissenschaftliche Fakultät, Festschrift für Hans Nidermayer zum 70. Geburtstag, Göttingen 1953, 279-294.

Naucke, Wolfgang (1981): Die Aufhebung des strafrechtlichen Analogieverbots 1935. In: Institut für Zeitgeschichte, NS-Recht in historischer Perspektive, Berlin 1981, 71-108.

Naucke, Wolfgang (2010): "Schulenstreit"? In: Herzog, Felix et al, Festschrift für Winfried Hassemer, Heidelberg 2010, 559-572.

Neumann, Franz (1984): Behemoth. Struktur und Praxis des Nationalsozialismus 1933-1944, Frankfurt am Main 1984.

Nolte, Ernst (1963): Der Faschismus in seiner Epoche, Munich 1963.

Oneca, José Antón (1970): La obra penalista de Jiménez de Asúa. In: Anuario de Derecho Penal y Ciencias Penales 23 (1970), 547-535.

Ott, Walter (2016): Die Vielfalt des Rechtspositivismus, Baden-Baden 2016.

Paulson, Stanley (2002): Einleitung. In: Alexy, Robert et al, Neukantianismus und Rechtsphilosophie, 2002, 11-22.

Paulson, Stanley L., Die spätere Allgemeine Rechtslehre von Hermann Kantorowicz. In: JZ 2018, 1061-1068.

Pfordten, Dietmar von der (1996): Die gegensatzaufhebende Begriffsbildung. Methodenentwicklungen in der Weimarer Republik und ihr Verhältnis zur Ideologisierung der Rechtswissenschaft unter dem Nationalsozialismus (Münchener Universitätsschriften. Reihe der Juristischen Fakultät, vol 100) by Oliver Lep- sius. In: ARSP 82 (1996), 591-593.

Pfordten, Dietmar von der (2004): Die Rechtsidee bei Kant, Hegel, Stammler, Radbruch und Kaufmann. In: Shing-I-Liu, ed, Value, Pluralism, Tolerance and Law, Taipeh 2004, 333-379.

Pfordten, Dietmar von der (2010): Gustav Radbruch-Über den Charakter und das Bewahrenswerte seiner Rechtsphilosophie. In: JZ 2010, 1021-1027.

Politoff, Sergio (1984): Adecuación social y terror en América Latina, el papel de la Justicia. In: Derecho Penal y Criminologia VII, no 22 (1984), 71-81.

Politoff, Sergio (1989): Sistema jurídico-penal y legitimación política en el Estado democrático de derecho. In: NFP no 45 (1989), 313-327.

Politoff, Sergio (2001): Derecho Penal. Tomo I, Santiago de Chile 2001.

Politoff, Sergio (2004): Obediencia y delito en contextos cambiantes. In:

Guzmán Dalbora, José Luis, El penalista liberal. Libro Homenaje a Manuel de Rivacoba y Rivacoba (FS Rivacoba), Buenos Aires 2004, p 529-562.

Politoff, Sergio/Matus, Jean Pierre/Ramîrez, Cecilia (2004): Lecciones de Derecho Penal Chileno. Parte General. Santiago de Chile 2004.

Priemel, Kim Christian (2016): The Betrayal, Oxford 2016.

Radbruch, Gustav (1946): Gesetzliches Unrecht und Übergesetzliches Recht. In: SJZ 1 (1946), 105-108.

Regge, Jürgen and Schubert, Werner (1989): Quellen zur Reform des Straf- und Strafprozessrechts. Abt. II NS-Zeit (1933-1939) Strafgesetzbuch. Band 2 Protokolle der Strafrechtskommission des Reichtsjustizministeriums. Teil 2: 1. Lesung: Allgemeiner Teil (Strafrahmen, Unternehmen einer Straftat). Besonderer Teil (Fortsetzung und Abschluss der Beratungen), Berlin 1989.

Robbers, Gerhard (1990): Zur Verteidigung einer Wertorientierung in der Rechts- dogmatik. In: Dreier, Ralf, Rechtspositivismus und Wertbezug des Rechts (ARSP supplement 37), Stuttgart 1990, 162-172.

Roxin, Claus (1963): Straftaten im Rahmen organisatorischer Machtapparate, GA 1963, 193-207.

Roxin, Claus (2006): Strafrecht, Allgemeiner Teil I, Munich 2006.

Rückert, Joachim (1986): Das "gesunde Volksempfinden"—eine Erbschaft Savignys? In: ZRG—GA 103 (1986), 199-247 (Rückert, Unrecht durch Recht, 2018, 40-79).

Rückert, Joachim (1995): Einführung. In: Rückert, Joachim/Willoweit, Dietmar, Die Deutsche Rechtsgeschichte in der NS-Zeit, Tübingen 1995, 1-5.

Rückert, Joachim (1995): Der Rechtsbegriff der deutschen Rechtsgeschichte in der NS-Zeit: Der Sieg des "Lebens" und des konkreten Ordnungsdenkens, seine Vorgeschichte und seine Nachwirkungen. In: Rückert, Joachim/ Willoweit, Dietmar, Die Deutsche Rechtsgeschichte in der NS-Zeit, Tübingen 1995, 177-240.

Rückert, Joachim (2001): Strafrechtliche Zeitgeschichten-Vermutungen und Widerlegungen. In: KritV 94 (2001), 223-264 (Rückert, Unrecht durch Recht, 2018, p 163-208).

Rückert, Joachim (2004): Die erste und die zweite Schuld. In: Hartmut Lehmann/Otto Gerhard Oexle, Nationalsozialismus in den Kulturwissenschaften. Band 1: Fächer-Milieus-Karrieren, Göttingen 2004, 657-367.

Rückert, Joachim (2011): Zwölf Jahre "Dienst am Recht?" In: Heiner Lück/Armin Holänd, Die Rechts- und Staatswissenschaftliche Fakultät der Martin-Luther-Universität Halle-Wittenberg im Nationalsozialismus, Halle-Wittenberg, 2011, 111-137 (Rückert, Unrecht durch Recht, 2018, 335-360).

Rückert, Joachim (2015): Unrecht durch Recht—zum Profil der Rechtsgeschichte in der NS-Zeit. In: *JZ* 2015, 793-804 (Rückert, Unrecht durch Recht, 2018, 3-32).

Rückert, Joachim (2018): Rezension Whitman (2017). In: ZRG-GA,135 (2018), 669-671.

Rückert, Joachim (2018a): Die NS-Jurisprudenz und ihre methodischen Kontinuitäten. In: id, Unrecht durch Recht, Tübingen 2018, 271-286.

Rückert, Joachim (2018b): Nachwort. In: id, Unrecht durch Recht, Tübingen 2018, 361-367.

Rückert, Joachim (2019): Lernen aus der NS-Zeit? Perversion der Verwaltung und Verwaltung der Perversion. In: *ZDRW* 2019, 30-61.

Rüping, Hinrich (1989): Zur Praxis der Strafjustiz im "Dritten Reich". In: Dreier, Ralf/Sellert, Wolfgang, Reich und Justiz im "Dritten Reich", Frankfurt am Main 1989, 180-193.

Rüping, Hinrich/Jerouschek, Günter (2011), Grundriß der Strafrechtsgeschichte, Munich 6th ed 2011.

Rüthers, Bernd (1968/2017): Die unbegrenzte Auslegung: zum Wandel der Privatrechtsordnung im Nationalsozialismus, Tübingen 1968/8th ed 2017.

Rüthers, Bernd (1989): Entartetes Recht. Rechtslehren und Kronjuristen im Dritten Reich, Munich 1989.

Rüthers, Bernd (2017): "Rechtsphilosophie in den Trümmern der Nachkriegszeit". In: *JZ* 2017, 457-460.

Rüthers, Bernd (2017): Deutsche Funktionseliten als Wende-Experten? Erinnerungskulturen im Wandel der Systeme und Ideologien 1933, 1945/49 und 1989. Konstanz and Munich 2017.

Rüthers, Bernd / Schmitt, Martin (1988): Die juristische Fachpresse nach der Machtergreifung der Nationalsozialisten. In: *JZ* 1988, 369-377.

Safferling, Christoph (2011): Bestimmt oder nicht bestimmt: Der Untreuetatbestand vor den verfassungsrechtlichen Schranken. In: *NStZ* 2011, 376-379.

Safferling, Christoph (2017): Verfolgung der Täter durch Täter? Vom Versagen der Politik und der Justiz bei der Strafverfolgung von NS-Tätern im Nachkriegsdeutschland. In: Lüttig, Frank/Lehmann, Jens, Die letzten NS-Verfahren, Baden- Baden 2017, 19-40.

Schaffstein, Friedrich (1965): Die Jugendkriminalität in der industriellen Wohlstandsgesellschaft. In: *MschrKrim* 48 (1965), 53-67.

Schaffstein, Friedrich (1974): Nachwort 1974 [on "Problematik der teleologis- chen Begriffsbildung", originally Schaffstein, FS R. Schmidt (1936)]. In: Ellscheid, Günter/Hassemer, Winfried, eds, Interessenjurisprudenz, Darmstadt 1974, 417.

Schaffstein, Friedrich (2000): Robert von Hippel und Curt Bondy: Die beiden Persönlichkeiten, die vor anderen bestimmend für meinen strafrechtswissenschaftlichen Weg wurden. In: *RJ* 19 (2000), 647-654.

Schaffstein, Friedrich (2005): Erinnerungen an Georg Dahm. In: *JJZG* 7 (2005), 173-202.

Schmidt, Eberhard (1947): Einführung in die Geschichte der deutschen Strafrechtspflege, Göttingen 1947.

Schmidt, Eberhard (1947a): Unabhängigkeit der Rechtspflege. In: Zentral- Justizamt für die Britische Zone, Reden und Vorträge der Tagung deutscher Juristen in Bad Godesberg, Hamburg 1947, 223-251.

Schmidt, Eberhard (1951): Einführung in die Geschichte der deutschen Strafrechtspflege, 2nd ed, Göttingen 1951.

Schmidt, Eberhard (1965): Einführung in die Geschichte der deutschen Strafrechtspflege, 3rd ed, Göttingen 1965 (2nd 1995).

Schmitt, Carl (1967): Die Tyrannei der Werte. In: Forsthoff, Ernst et al, Sä kularisation und Utopie, Ebracher Studien, Ernst Forsthoff zum 65.

Geburtstag, Stuttgart 1967, 37-62.

Schreiber, Hans-Ludwig (1989): Die Strafgesetzgebung im "Dritten Reich". In: Dreier, Ralf/Sellert, Wolfgang, Reich und Justiz im "Dritten Reich", Frankfurt am Main 1989, 151-179.

Schröder, Jan (2016): Rechtswissenschaft in Diktaturen. Die juristische Methodenlehre im NS-Staat und in der DDR, Munich 2018.

Schumann, Eva (2006): Dignitas-Voluntas -Vita. Überlegungen zur Sterbehilfe aus rechtshistorischer, interdisziplinärer und rechtsvergleichender Sicht, Göttingen 2006.

Schumann, Eva (2008): Die Göttinger Rechts- und Staatswissenschaftliche Fakultät 1933-1955. In: Schumann, Eva, Kontinuitäten und Zäsuren. Rechtswissenschaft und Justiz im "Dritten Reich" und in der Nachkriegszeit, Göttingen 2008, 65-121.

Schumann, Eva (2013): Fortwirken von NS-Juristen in der Bundesrepublik. In: BMJ (ed), Die Rosenburg. 2. Symposium. Die Verantwortung von Juristen im Aufarbeitungsprozess, Berlin 2013, 70-123.

Schumann, Eva (2017): Die DVJJ und die NS-Zeit. In: *ZJJ* 28 (2017), 313-332.

Schumann, Eva (2017): Der Ausschuss für Jugendrecht der Akademie für deutsches Recht 1934-1941, in Schumann, Eva/Wapler, Friederike, Erziehen und Strafen, Bessern und Bewahren, Göttingen 2017, 73-138.

Schumann, Eva/Wapler, Friederike (2017): Erziehen und Strafen, Bessern und Bewahren, Göttingen 2017.

Schünemann, Bernd (1984): Einführung in das strafrechtliche Systemdenken. In: Schünemann, Bernd, Grundfragen des modernen Strafrechtssystems, Berlin 1984, 1-68.

Sontheimer, K. (1962): Antidemokratisches Denken in der Weimarer Republik, Munich 1962.

Spendel, Günter (1994): Nachruf: Zum Tod von Erich Schwinge. In: JZ 1994, 720.

Starck, Christian (1990): Zur Notwendigkeit einer Wertbegründung des Rechts. In: Dreier, Ralf, Rechtspositivismus und Wertbezug des Rechts (*ARSP* supplement 37), Stuttgart 1990, 47-74.

Stefanopolou, Georgia (2010), Friedrich Schaffstein und die Lehre vom Verbrechen als Pflichtverletzung. In: *JoJZG* 2010, 111-118.

Sticht, Oliver (2000): Sachlogik als Naturrecht? Zur Rechtsphilosophie Hans Welzels (1904-1977), Paderborn 2000.

Stolleis, Michael (2016): Recht im Unrecht. Studien zur Rechtsgeschichte des Nationalsozialismus, Frankfurt am Main 2016.

Stratenwerth, Günter et al (1974): Festschrift für Hans Welzel zum 70. Geburtstag, Berlin 1974.

Stuckenberg, Carl-Friedrich (2019): Neukantianismus. In: Kindhäuser, Urs/ Kreß, Claus/Pawlik, Michael/Stuckenberg, Carl-Friedrich, Strafrecht und Gesellschaft. Ein kritischer Kommentar zum Werk von Günther Jakobs, Tü bingen 2019, 125-154.

Sousa Mendes, Paulo de (2007): O torto intrinsecamente culposo como condiç ão necessária da imputação da pena, Coimbra 2007.

Sousa Mendes, Paulo de (2013): Lições de Direito Processual Penal. Lisbon 2013.

Sousa Mendes, Paulo de (2018): O ensino de Cavaleiro de Ferreira. In: Sousa Mendes, Paulo de, Novos Elementos de Estudo de Direito Processual Penal, Lisbon 2018, 21-29.

Telp, Jan (1992): Ausmerzung und Verrat. Zur Diskussion um Strafzwecke und Verbrechensbegriffe im Dritten Reich, Frankfurt am Main 1992.

Thulfaut, Gerit (2000) Kriminalpolitik und Strafrechtslehre bei Edmund Mezger (1883-1962): eine wissenschaftsgeschichtliche und biographische Untersuchung, Baden-Baden 2000.

Velásquez, Fernando (2005): Hans Welzel: Una aproximación a su vida y a su obra. In: Moreno, Hernández et al, Problemas Capitales del Moderno Derecho Penal, Mexico D.F. 2005, 69-92.

Velásquez, Fernando (2009): Derecho Penal: Parte General, Bogota 2009.

Vives Antón, Tomás p (2011): Fundamentos del Sistema Penal, Valencia 2011.

Vives Antón, Tomás p (2018): Prólogo, in: Llobet (2018), 13-18.

Vogel, Joachim (2004): Einflüsse des Nationalsozialismus auf das Strafrecht, Berlin 2004.

Vormbaum, Moritz (2019): Eberhard, Schmidt: Strafrecht im Rechtsstaat und im Führerstaat. In: Jeßberger, Florian/Kotzur, Markus/Repgen, Tilman, Festschrift 100 Jahre Fakultät für Rechtswissenschaft der Universität Hamburg, Tübingen 2019, 399-413.

Vormbaum, Thomas (1995): Review of Godau-Schüttke, Ich habe nur dem Recht gedient. Die 'Renazifizierung' der Schleswig-Holsteinischen Justiz nach 1945, Baden-Baden 1993. In: GA 1995, 146-148.

Vormbaum, Thomas (2010): Eduard Kohlrausch (1874-1948). Opportunismus oder Kontinuität? In: Grundmann, Stefan et al, Festschrift 200 Jahre Juristische Fakultät der Humboldt-Universität zu Berlin, Berlin 2010, 523-544.

Vormbaum, Thomas (2011): Die Strafrechtsangleichungsverordnung vom 29. Mai 1943, Münster 2011.

Vormbaum, Thomas (2014): A Modern History of German Criminal Law, ed Bohlander, Michael, 영어 번역은 Hiley, Margaret, Berlin 2014.

Vormbaum, Thomas (2015): Einführung in die moderne Strafrechtsgeschichte, Berlin/Heidelberg 3rd ed 2015.

Waibel, Dieter (1996): Von der wohlwollen Despotie zur Herrschaft des Rechts. Entwicklungsstufen der amerikanischen Besatzung Deutschlands 1944-1949, Tübingen 1996.

Wapler, Friederike (2008): Werte und das Recht. Individualistische und kollektivistische Deutungen des Wertbegriffs im Neukantianismus, Baden-Baden: Nomos, 2008.

Walther, Manfred (1989): Hat der juristische Positivismus die deutschen Juristen im "Dritten Reich" wehrlos gemacht? In: Dreier, Ralf/Sellert, Wolfgang, Reich und Justiz im "Dritten Reich", Frankfurt am Main 1989, 323-354.

Weil, Heinz (1986): Am Rande des Strudels. Erinnerungen 1913-1983, Stuttgart 1986.

참고문헌

Werle, Gerhard (1989): Justiz-Strafrecht und polizeiliche Verbrechensbekä mpfung im Dritten Reich, Berlin 1989.

Welzel, Hans (1947): Das deutsche Strafrecht in seinen Grundzügen, Berlin 1947.

Welzel, Hans (1948): Der Irrtum über die Rechtswidrigkeit des Handelns. In: *SJZ* 3 (1948), 368-372.

Welzel, Hans (1949): Anmerkung zu einer Entscheidung des OGH vom 5.3.1949. In: *MDR* 3 (1949), 373-376.

Welzel, Hans (1949): Vom irrenden Gewissen: eine rechtsphilosophische Studie, Tübingen 1949.

Welzel, Hans (1953): Naturrecht und Rechtspositivismus, Festschrift für Hans Niedermeyer zum 70. Geburtstag, Göttingen 1953, 279 [Maihofer, Werner, Naturrecht oder Rechtspositivismus?, Bad Homburg 1962, 322].

Welzel, Hans (1961): Das neue Bild des Strafrechtssystems-eine Einführung in die finale Handlungslehre, Göttingen 1961.

Welzel, Hans (1962), Naturrecht und materiale Gerechtigkeit, Göttingen 1962.

Welzel, Hans (1969): Gedanken zur "Willensfreiheit". In: Bockelmann, Paul et al, Festschrift Karl Engisch zum 70. Geburtstag, Frankfurt am Main 1969, 91-102.

Wetzell, Richard F. (2000): Inventing the criminal. A history of German criminology 1850-1945, Chapel Hill and London 2000.

Whitman, James Q (2017): Hitler's American Model: The United States and the Making of Nazi Race Law, Princeton and Oxford 2017 (paperback edition of 2018] (독일어판: Hitlers amerikanisches Vorbild, 2018).

Wiegand, Marc Andre (2014): Unrichtiges Recht, Tübingen 2014.

Wolf, Erik (2009): Brief an Karl Barth v. 15.10.1945 u. 11.11.1968. Published by Hollerbach, Alexander. In: *Heidegger—Jahrbuch* 4 (2009), 284-347.

Wolf, Gerhard (1996): Befreiung des Strafrechts vom nationalsozialistischen Denken? In: *JuS* 1996, 189-195.

Wolters, Gereon (2001): Das Unternehmensdelikt, Baden-Baden, 2001.

Zaffaroni, Eugenio Raúl, ed (2009a): Filippo Grispigni/Edmund Mezger, La reforma penal nacional-socialista, Buenos Aires, 2009.

Zaffaroni, Eugenio Raúl, ed (2009b): Karl Binding/Alfred Hoch, La licencia para la aniquilación de la vida sin valor de vida, Buenos Aires, 2009.

Zaffaroni, Eugenio Raúl, ed (2011): Georg Dahm/Friedrich Schaffstein, Derecho penal liberal o derecho penal autoritario?, Buenos Aires, 2011.

Zaffaroni, Eugenio Raúl, ed (2016): Willem Pompe/Anton, Peters, La Escuela Penal de Utrecht, Buenos Aires, 2016.

Zaffaroni, Eugenio Raúl, ed (2017): Roland Freisler, Derecho penal de voluntad, Buenos Aires, 2017.

Zaffaroni, Eugenio Raúl (2009a): Introducción. In: Zaffaroni, (2009a), 9-26.

Zaffaroni, Eugenio Raúl (2009b): Introducción. In: Zaffaroni, (2009b), 7-46.

Zaffaroni, Eugenio Raúl (2011): Estudio preliminar. In: Gómez, Eusebio, La mala vida en Buenos Aires, Buenos Aires 2011, 9-28.

Zaffaroni, Eugenio Raúl (2011): Prólogo. In: Zaffaroni, ed (2011), 7-54.

Zaffaroni, Eugenio Raúl (2017): Derecho penal humano. La doctrina de los juris- tas y el poder en el siglo XXI, Buenos Aires 2017.

Ziemann, Sascha (2009): Neukantianisches Strafrechtsdenken, Baden-Baden 2009.

Zimmer, Erhard (1990): Reichsgericht. In: Adalbert Erler/Ekkehard Kaufmann, HRG IV, Berlin 1990, 576-580.

Zippelius, Reinhold (2012): Juristische Methodenlehre, Munich 2012.

사항색인

사항색인

역자 후기

카이 암보스 교수의 2019년 출간 "나치 형법"(Nationalsozialistisches Strafrecht: Kontinuität und Radikalisierung)은 기존의 나치법학에 대한 연구서들과 다른 점이 있다. 기존 연구들은 나치법이론과 나치법이론을 형성한 이론가, 그리고 그들의 생애와 전쟁 후 회복에 집중하고 있다. 그러나 이 책은 나치 형법을 수용한 남미 형법의 상황을 중심으로 논의하고 있다. 특히 우리에게는 생소할 수 있는 학자인 자파로니(Eugenio Raúl Zaffaroni)의 나치 형법에 대한 설명과 이를 수용한 아르헨티나를 비롯한 남미 형사법에 대한 반성적 평가를 대상으로 독일 형법학자의 입장에서 세밀한 분석과 미세한 오류 수정을 다루고 있다. 암보스 교수는 나치 형법이론에 대한 실제 문헌들을 분석하여 남미 형법이론가들이 주장하는 내용을 미시적 관점에서 검토하고 있다. 책의 본문에 비하여 각주가 방대한 이유는 암보스 교수의 학문적 엄격성과 문헌적 사실성 때문이다.

법은 일종의 "문화"다. 법률은 그를 탄생시킨 배경이나 다른 법규들과의 관계성, 그리고 그 시대와 장소에 존재한 사람들의 태도와 인식이 언어로 표현된 결과다. 나치 형법은 나치들이 만든 법률로만 이해하는 것은 부족하다. 국가사회주의라는 정치적 관념이 발생한 배경이나 사회적 원인을 파악하지 못한다면, 결과인 나치 법률을 선명하게 이해하기란 불가능에 가깝다. 이런 측면에서 암보스와 자파로니 중 누가 더 나치 형법을 잘 간파하고 있는지 제3자가 판단하기는 어렵다. 다만, 암보스의 연구가 제시하는 풍부한 실증 자료의 설득력에 조금 더 우호적인 판단을 할 수 있다. 물론 역자들이 남미 형법이나 암보스가 언급한 남미 형법학자들의 저작을 직접 확인하지 못했다는 한계는 있다.

책을 번역하게 된 계기는 이제는 역사가 된 나치 형법을 다시 생각하자는 의도가 아니었다. 이 책은 1933년에서 1945년까지의 나치 형법과 그 추악한 역사를 보여주는 저작은 아니다. 오히려 오늘날까지 끈질기게 지속되고 있는 나치의 비합리적이고 야만적인 형법 사상과 형사정책이 지금까지 극복되지 못한 채 독일 형법에 남겨진 흔적을 여과없이 보여주고 있다. 그리고 남미 학자들이 독일 형법을 통해 수용한 주요 이론들은 실제로는 나치 형법이론이라는 가설을 제시한다(제1장과 제7장). 암보스 교수에 따르면, 나치 형법 구상이란 전통 독일 형법이론들의 외형적 이론 구조를 따르면서, 자신들의 정치적 욕망을 정당화하기 위하여 독일 철학의 추상적인 논증을 정밀하게 왜곡시킨 결과물이다(제2장과 제4장). 그 내용은 권위적이고 비과학적이며, 당시 독일인들의 열등감을 어설프게 회복시키려는 과장된 허세를 보여주고 있다. 리스트(Franz von Liszt 1851-1919)의 목적론적 형벌사상이나 빈딩(Karl Lorenz Binding 1841-1920)의 규범이론의 변태적 활용이나 유대인 철학자 후설(Edmund Husserl 1859-1938)의 현상학에 대한 수정적 모방은 나치 형법의 그럴듯한 외관을 만드는 데 도움을 주었다고 말한다(제3장 내지 제5장).

근대 형법에 대한 관심들이 높아지던 시기에 나치 형법이 주도한 가짜 논쟁들(목적형주의나 형벌론에 관한 신구학파 논쟁 등)은 독일 형법이론을 깊게 이해하지 못한 남미학자들에게 마치 치밀하게 완성된 독일제 자동차와 같은 인상을 주기 충분했다. 대부분 당시의 해외 학자들은 짧은 논문이나 가공된 저서, 게다가 근거 없는 루머 등으로 나치 형법을 획기적이고 세련된 학문으로 오해하는 경험을 공유한다. 그렇기 때문에 나치 형법은 전쟁 종료 후에도 독일 영토 내에서나 이를 수입한 국가들에서 반성되지 못한 채 유지되었다. 오히려 남겨진 나치 형법이론들로 정치적 반대자를 억압하고, 은밀한 권위주의적 처벌 감정을 외관상 자유주의 형법정책으로 포장하여 달성할 수 있다는 장점 때문에 일부 정치체계에서 선호되기도 했다. 정치적 개혁이 진행되어도 사법부는 형식적 전통이라는 핑계로 유지되기도 하였다. 암보스 교수는 일반적 법감정을 근거로 그 의무 위반에 대하여 강한 처벌을 강조하는 관념들은 언제나 나치 형법이 선호하던 관념적 기술이라고 말한다.

반면에 나치가 황폐화시킨 전통 형법이론은 과학적 명확성에 따라 금지 행위와 허용 행위를 정해주는 합리적 규칙을 의미한다. 리스트의 목적적 형법사상이란 실정법의 종교적 권위를 부정하고, 법규 적용으로 얻을 수 있는 실제 이익(목적)을 논의의 중심에 두는 프로그램이었다. 나치 형법이론가들은 이를 행위자의 생활 태도나 의무위반에 대한 무해화 전략으로 변질시켜 나치주의 반대자들과 특정 인종을 학살하는 데 이용했다. 또한 법률 해석에서 법규(법률) 이전에 공동체가 승인한 금지와 허용 규범을 존중하여 법률 해석을 해야 한다는 과학 이론을 제안한 빈딩의 규범론은 법률 이전에 존재하는 공동체의 의무(규범)를 보호하는 형법이론으로 왜곡해버렸다. 빈딩은 형법의 본질이 국가형벌권을 제한하는 것이며, 형법은 오직 국가만이 지켜야 하는 것이라는 신념을 자신의 책(Die Normen und Ihre Übertretung Ⅰ)에서 반복적으로 말하고 있다. 기획 차원에서 본다면 리스트나 빈딩 모두 실정법의 탈형이상학화 의도를 공유한다. 나치 형법은 19세기 자유주의 합리적 형법을 형이상학(실은 미신적) 신화화한 정반대 태도로 볼 수 있다. 나치 이론가들은 자신들 목적에 명쾌하게 불리한 법이론(벨링의 객관적 구성요건론이나 호니히, 켈젠 같은 유대인 학자의 형법론)은 구시대적 이론으로 배제하고, 명쾌하게 이해못한 이론들은 멋대로 왜곡하는 저급한 수준에 머물렀다.

나치의 세력 확장은 제1차 세계대전 패망 후 우연적 사건이기도 했지만, 그 배경에는 독일 사회가 가진 다양한 불안감도 원인이었다. 1918년 패전으로 인한 독일제국의 멸망과 이듬해 성립된 바이마르 공화국의 급격한 정치적 변혁에 의해 기본 생활조차 유지할 수 없던 시민들의 삶은 극단적으로 황폐해졌다. 그 중심에는 젊은 세대들에게 더 가혹했던 고용불안정이나 남은 이익을 갈취하려는 기성 세대간 갈등도 엄연히 존재했다. 당시 독일 대학 구성원들이 나치에 동조하게 된 계기는 나치가 어설프게 변형시킨 니체 철학이나 바그너적 예술 상상력이 아니었다. 이들은 나치가 제시한 "새로운 독일의 미래"에 열광했다. 구체적인 계획에 기존 중견 교수들을 나치주의 반대자로 낙인 찍어 축출하고, 빈 자리를 젊은 세대로 채우는 "자리 싸움"에 더 관심이 있었다. 그 과정은 1917년 10월 볼셰비키 혁명에서 제시된 변혁 운동과 유사했다. 유대인 교수와 반나치주의 교수들이 사라진 자리는 아직 기회를 잡지 못한 젊은 나치주의자들로 채워졌다. 당시 대학생들은 나치 군복에 군화를 신은 채 나치공격대의 노래를 부르고 수업을 했다고 한다(암보스, 나치 형법, 각주 511의 당시 학생 Heinz Weil의 진술 중에서).

광기에 사로잡힌 나치주의 교수들이 제안한 나치 형법이론들은 소위 신구 학파논쟁으로 변질되었고, 착오론과 실질적 불법론, 규범적 구성요건론, 행위자 책임론과 과실범이론, 그리고 총체적 형법사상으로까지 전개되었다. 오늘날 우리가 정통 독일 형법이론이라고 생각하는 많은 부분은 교수 자리를 강탈한 수준 미달의 어설픈 교수들이 정권에 충성경쟁을 하면서 급조한 것들일 수 있다. 유대인 교수들과 반나치주의자들(예를 들어 라드브루흐)이 추방되자, 그 공석은 샤프쉬타인(Friedrich Schaffstein 1905-2001, 그는 라이프치히 대학 교수와 스트라스부르크 제국대학 교수를 역임하고 전쟁 후 사면되어 1954년 괴팅엔 대학으로 복귀하여 정년함)과 같은 열성 나치주의 이론가들로 채워진다. 이들은 독일 자유주의를 적으로 선언하고 개인을 뛰어넘는 "공동체의 의지"를 전제한 형법으로 변질시킨다. 그들의 방법론은 리스트의 모더니즘과 신칸트주의의 방법이원론 등을 따른 것처럼 보였다. 또한 정치 형법 프로그램을 위해 헤겔의 법철학에서 변증법적 완성체계인 국가이성만을 강조하였다. 보수적 철학인 피히테나 하르트만 등의 철학자들 역시 열악한 조합에 동원되었다. 나치 헌법이론가인 쉬미트(Carl Schmitt 1888-1985)의 결정주의 지도자론이나 목적론적 형법이론을 제시한 마부르크 학파의 쉬빙에(Erich Schwinge 1903-1994)와 짐멀(Leopold Zimmerl 1899-1945)의 이론은 유대인 철학자 후설의 "본질관"(Wesenschau)과 칸트의 구성주의를 엉성하게 조합하면서 탄생하였다. 실제로 이들은 당시 쉬미트만 제외하면 2-30대의 젊은 대학교수들이었다.

암보스는 책에서 끊임없이 독일은 나치 형법을 극복했는가를 묻는다. 그의 대답은 단호하게 "노"(Nein)이다. 독일 형법은 여전히 나치주의자들이 설계한 이론을 그대로 유지하고 있고, 독일 대학은 나치 청산에도 실패했다. 전쟁 후 그들은 극단적 예외(칼 쉬미트)만 제외하고 모두 대학으로 복귀하여 수많은 제자들을 지도했다. 그들 이론은 전쟁 후 일부만 수정되어 그대로 유지되었고, 다른 국가들에 대량 수출되었다. 암보스의 문제 의식은 나치 형법의 남미식 수용을 넘어서, 나치 형법이 가진 핵심적 위험성이 여전히 수없는 국가의 형법에 살아 있다는 폭로이다. 나치의 악행은 강조하면서 어떻게 나치 형법의 수입과 활용이 가능했는지 명확하지는 않다. 다만, 유사한 상황을 겪고 있을 우리 형법학을 살펴본다면, 무지와 불완전한 이해가 빚어낸 무의식적 나치 정신 계승이라는 불편한 현실을 만나게 된다. 그의 마지막 말: "자파로니의 연구를 따라 생각해 볼 수 있는 것은, 이 책을 통해 남미 뿐 아니라, 모든 권위주의적이고 비인권적 형법들의 문제점이 자각되고, 이와 유사한 관점을 통한 새로운 연구들이 촉발되기를 희망해 본다."는 우리에게 다음과 같은 진지한 질문을 던진다: "우리는 얼마나 나치 형법에 친화적인가?"

책이 한국어로 출판될 수 있도록 격려와 도움을 준 암보스 교수에게 진심으로 감사하며, 어려운 출판을 결심해 준 박영사에도 고마움을 표한다.

2022년 7월
신동일/박경규

저자 약력

카이 암보스(Kai Ambos) 교수

■ 주요 이력

콜롬비아 평화진전을 위한 노력으로 "Orden Carlos Lemos Simmonds"상 수상(2018.9.)

콜롬비아 '평화를 위한 특별 재판부' 자문인(amicus curiae) 선임됨(2017.12.)

코소보 특별재판소 재판관(2017.2.~현재)

국제형사재판소(ICC) 변호인단(Counsel) 구성원

페루 "Universidad Nacional de la Amazonía Peruana" 대학교 명예박사(2013.11.)

괴팅엔 대학교 '라틴아메리카 형사법 연구소(CEDPAL)' 소장(2013~현재)

괴팅엔 지방법원(LG) 판사(2006~2017) 및 브라운슈바이크 고등지방법원(OLG) 판사(2015)

괴팅엔 대학교 형사법 교수(2003~현재)

막스프랑크 외국·국제형법 연구소 선임연구원(1991~2003)

하빌리타치온(교수자격논문 과정)(2001)

독일 사법고시 합격(1994)

뮌헨 대학교 법학박사(1992)

프라이부르크 대학교 법학학사, 옥스퍼드 대학교 법학석사(1984~1990)

■ 주요 연구분야

- 형사법, 국제형사법, 형사·국제형사법 비교법학

　(특히 라틴아메리카, 포르투칼, 스페인, 동유럽 등과의 비교에 중점을 두면서)

■ 주요 저작, 연구활동 등

국제형사법(Internationales Strafrecht), 제5판, Beck 출판사, 2018

국제형사법 I(Treatise on International Law. Vol I: Foundation and General Part), 제2판,
　OUP, 2021

국제형사법 II(Treatise on International Law. Vol II: The Crimes and Sentencing), 제1판,
　OUP, 2014

국제형사법 III(Treatise on International Law. Vol III: International Criminal Procedure), 제1
　판, OUP, 2016

그 외 독일어, 영어, 스페인어 등으로 된 수많은 논문 및 기타 단행본

Criminal Law Forum 편집위원장, 기타 Goltdammer's Archiv für Strafrecht, International
　Criminal Law Forum 등 많은 독일 형사법학술잡지, 외국 학술잡지 및 국제학술잡지 편집위원

※ 저자 이력, 연구분야 및 연구활동 등에 대해 보다 상세히는 카이 암보스 교수 홈페이지 참조
　https://www.department-ambos.uni-goettingen.de/index.php

역자 약력

신동일(법학박사)

(현) 한경국립대학교 법경영학부 교수

박경규(법학박사)

(현) 한국형사·법무정책연구원 부연구위원

나치형법

초판발행	2022년 9월 30일
지은이	Kai Ambos
옮긴이	신동일 · 박경규
펴낸이	안종만 · 안상준
편 집	이승현
기획/마케팅	김한유
표지디자인	이영경
제 작	고철민 · 조영환
펴낸곳	(주) **박영사**
	서울특별시 금천구 가산디지털2로 53, 210호(가산동, 한라시그마밸리)
	등록 1959. 3. 11. 제300-1959-1호(倫)
전 화	02)733-6771
f a x	02)736-4818
e-mail	pys@pybook.co.kr
homepage	www.pybook.co.kr
ISBN	979-11-303-3991-7 93360

* 파본은 구입하신 곳에서 교환해 드립니다. 본서의 무단복제행위를 금합니다.
* 역자와 협의하여 인지첩부를 생략합니다.

정 가   20,000원